Virginia
1850 Agricultural Census
Volume 3

Linda L. Green

WILLOW BEND BOOKS
2007

WILLOW BEND BOOKS
AN IMPRINT OF HERITAGE BOOKS, INC.

Books, CDs, and more—Worldwide

For our listing of thousands of titles see our website
at
www.HeritageBooks.com

Published 2007 by
HERITAGE BOOKS, INC.
Publishing Division
65 East Main Street
Westminster, Maryland 21157-5026

Copyright © 2007 Linda L. Green

All rights reserved. No part of this book may be reproduced or transmitted in any form or by any means, electronic or mechanical, including photocopying, recording or by any information storage and retrieval system without written permission from the author, except for the inclusion of brief quotations in a review.

International Standard Book Number: 978-0-7884-4280-3

Introduction

This census names only the head of the household. Often times when an individual was missed on the regular U. S. Census, they would appear on this agricultural census. So you might try checking this census for your missing relatives. Unfortunately, many of the Agricultural Census records have not survived. But, they do yield unique information about how people lived. There are 48 columns of information. I chose to transcribe only six of the columns. The six are: Name of the Owner, Improved Acreage, Unimproved Acreage, Cash Value of the Farm, Value of Farm Implements and Machinery, and Value of Livestock. Below is a list of other types of information available on this census.

Linda L. Green
13950 Ruler Court
Woodbridge, VA 22193

Other Data Columns

Column/Title

6. Horses
7. Asses and Mules
8. Milch Cows
9. Working Oxen
10. Other Cattle
11. Sheep
12. Swine
14. Wheat, bushels of
15. Rye, bushels of
16. Indian Corn, bushels of
17. Oats, bushels of
18. Rice, lbs of
19. Tobacco, lbs of
20. Ginned cotton, bales of 400 lbs each
21. Wood, lbs of
22. Peas and beans, bushels of
23. Irish potatoes, bushels of
24. Sweet potatoes, bushels of
25. Barley, bushels of
26. Buckwheat, bushels of
27. Value of Orchard products in dollars
28. Wine, gallons of
29. Value of Products of Market Gardens
30. Butter, lbs of
31. Cheese, lbs of
32. Hay, tons of
33. Clover seed, bushels of
34. Other grass seeds, bushels of
35. Hops, lbs of
36. Dew Rotten Hemp, tons of
37. Water Rotted Hemp, tons of
38. Other Prepared Hemp
39. Flax, lbs of
40. Flaxseed, bushels of
41. Silk cocoons, lbs of
42. Maple sugar, lbs of
43. Cane Sugar, hunds of 1,000 lbs
44. Molasses, gallons of
45. Beeswax, lbs of
46. Honey, lbs of
47. Value of Home Made Manufactures
48. Value of Animals Slaughtered

Table of Contents

County	Page
Hanover	1
Henrico Part I	13
Henry Part I	16
Henrico Part II	18
Henry Part II	25
Highland	34
Isle of Wight	43
James City	57
King and Queen	60
King George	71
King William	77
Lancaster	85
Lee	91
Loudoun	102
Louisa	126
Lunenburg Part I	143
Madison Part I	153
Lunenburg Part II	155
Madison Part II	157
Mathews	169
Index	175

Hanover County, Virginia
1850 Agricultural Census

The University of North Carolina at Chapel Hill filmed the 1850 agricultural census for Hanover County from originals at the Library of Virginia under a grant from the National Science Foundation in 1963.

Columns 1, 2, 3, 4, 5, and 13 represent the following information on the census:
1. Name of Owner, Agent or Manager of Farm
2. Acres of Improved Land
3. Acres of Unimproved Land
4. Cash Value of the Farm
5. Value of Farming Implements and Machinery
13. Value of Livestock

Lucy Ferrell, 275, 282, 2600, 200, 470
John Montgomery, -, -, -, -, 650
John D. Doswell, 300, 235, 6000, 50, 650
Edward Lowry, 150, 150, 1800, 5, 360
James B. Matthews, 150, 50, 2000, 100, 520
Jno. A. Mathews, -, -, -, -, 85
Ed. M. Anderson, 400, 433, 6000, 500, 1125
James Lowry, 300, 100, 4000, 200, 660
James Fontaine, 400, 243, 10000, 500, 2320
Jno. R. Noel, 250, 275, 4000, 100, 700
Edward L. Nelson, 130, 70, 1500, 100, 375
Saml. Redd, 400, 530, 10000, 300, 1200
Isaac Butler, 300, 241, 3500, 150, 815
Simon Goulden, 250, 250, 4000, 250, 25
James L. Haves, 30, 70, 500, 30, 500
John Martin, 200, 50, 3300, 150, 525
John Hewlett, 75, 167, 1600, 100, 275
Benj. G. Spicer, 70, 248, 1200, 50, 225
Ro. A. Nelson, 500, 514, 10000, 500, 1715
Wm. C. Winston, 250, 484, 8000, 150, 1127
M. M. Brown, 700, 100, 4000, 250, 1575
Zach Hale, -, -, -, -, 75
Rich. Terrell (Ferrell), 600, 592, 11000, 375, 1370
Alfred Duke, 300, 203, 4000, 500, 660
Lancelot Phillips, 480, 490, 6800, 475, 1175
Ann M. Harris, 170, 30, 1300, 100, 300
Jos. B. Cason, 125, 50, 950, 100, 225
Saml. J. Ragland, 50, -, 250, 25, 110
Austin Farmer, 40, 30, 390, 25, 165
Jos. Hancock, 250, 250, 2500, 100, 625
Henry W. Tyler, -, -, -, 30, 150
Turner W. Gentry, -, -, -, 40, 325
Wm. M. Thompson, -, -, -, 25, 175
Jno. W. Tary, 200, 190, 1000, 30, 150
Peter Tinsley, 100, 100, 2000, 100, 400
Wm. Phillips, 35, 30, 800, 50, 170
Thos. S. Mallory (Mallony), 100, 50, 900, 75, 175

Charles Thompson, 360, 200, 4500, 100, 775
R. Fontaine, 500, 278, 1600, 350, 930
Wilson Lowry, 150, 75, 800, 25, 207
W. C. Henderson, 10, -, 210, 20, 105
Wmson. Talley, 500, 540, 8000, 500, 1300
Ed. W. Kimbrough, 200, 120, 2000, 160, 660
Jno. D. G. Brown, 330, 100, 3500, 200, 235
Michael Korb, 40, 18, 500, 75, 210
L. B. Hancock, 180, 159, 2800, 100, 400
James Winston, 400, 240, 4000, 200, 725
Wm. Thompson, 243, 200, 5000, 50, 490
Jno. J. Taylor, 900, 300, 9000, 500, 585
Jas. D. Kimbrough, 130, 129, 1300, 25, 207
Stephen V. Stone Jr., 30, -, 300, 20, 10
Ed. C. Duke, 20, 26, 150, 25, 100
Wm. Priddy, 300, 259, 6000, 40, 1075
Ro. D. Sacrae, 35, -, 300, 40,100
Charles Vest, 275, 350, 4300, 400, 1050
Wm. H. Vest, 150, 125, 2700, 30, 460
Hugh Campbell, 600, 300, 10000, 400, 1600
Garland James, 175, 125, 2000, 150, 433
Lemuel Vaughan, 650, 666, 8000, 200, 950
John Stanley Jr., 175, 91, 1700, 150, 475
Wm. Fleming, 500, 300, 6500, 500, 700
Ed. W. Davis, 100, 50, 1200, 50, 290
L. S. Clough, 200, 292, 3500, 100, 390

Ed. J. Crenshaw, 120, 68, 1400, 150, 630
Mary Crenshaw, 100, 120, 1700, 150, 325
Jno. R. Ellett, 200, 130, 2640, 200, 600
Henry Pollard, 150, 50, 1500, 460, 470
Lucius Page, 600, 600, 8500, 250, 1000
Jessie Rice, 90, 20, 700, 30, 175
Jas. P. Holloway, 150, 100, 1700, 30, 150
Timothy Ferrell (Terrell), 70, 45, 700, 200, 235
Jno. W. Jackson, 75, 125, 1000, 40, 220
Philip Nelson, 300, 300, 6000, 400, 620
Wm. J. Carpenter, 1000, 150, 6000, 500, 1200
N. C. Berkeley, 250, 200, 6500, 300, 800
Ed. E. Bumpass, 40, 45, 450, 25, 75
Ed. C. Taylor, 150, 175, 3500, 150, 610
Jacob K. Strong, 140, 100, 700, 50, 135
Thos. Stanley, 160, 120, 2000, 150, 676
David G. Jones, 60, 40, 1500, 100, 260
David Rice, 100, 30, 1200, 40, 125
Ro. J. Pulliam, 75, 25, 600, 10, 100
Jno. H. Vaughen, 50, 64, 650, 30, 134
Jno. J. Jones, 150, 117, 1500, 125, 285
B. F. Turner, 75, 75, 2500, 75, 335
Shandy Perkins, 150, 234, 3000, 30, 225
Abraham Stanley, 85, 87, 1200, 75, 310
Thos. Bumpass, 250, 94, 2900, 500, 310

Edward A. Pendleton, 60, 46, 800, 50, 134
H. W. Davis, 80, 88, 1350, 50, 313
Catherine S. Vaughen, 400, -, -, 300, 750
Richard Waldrop, 150, 95, -, 50, 400
Garland T. Vest, 20, -, 150, 100, 120
Bolling Vaughen, 300, 214, 3750, 250, 1578
Thos. L. Jones, 150, 100, 1750, 100, 500
Margaret Vaughen, 200, 100, 1810, 150, 570
Benj. Vaughen, 150, 54, 1250, 100, 320
Vouton H. Harris, 50, 73, 615, 25, 200
Jno. L. Vaughen, 125, 120, 1500, 75, 240
Jos. Perkins, 100, 200, -, 50, 425
Mary Leadbetter, 75, 20, 800, 30, 70
Ann Gilman, 75, 70, 900, 30, 130
Wm. B. Stone, 200, 100, 1500, 75, 420
Peter Massie, 400, 265, 4000, 100, 350
R. G. Meredith, 275, 281, 4000, 200, 580
Mary O. Wingfield, 325, 325, 5000, 100, 1000
Jos. Childress, 50, 25, 450, 30, 90
Chas. Childress, 75, 58, 850, 30, 135
Jos. P. Terrell, 300, 164, 4500, 250, 600
Hezekiah G. Pollard, 50, 42, 600, 20, 128
Chas. W. Dabney, 500, 100, 5000, 350, 1175
John Teller, 75, 73, 950, 30, 157
Isaac Leadbetter, 300, 322, 5000, 350, 645
Wm. Massie, 122, 100, 1400, 40, 366
Judith Smith, 300, 204, 2650, 200, 600

Geo. W. Doswell, 1000, 775, 12500, 500, 2234
Geo. B. Mason, 118, 118, 1700, 75, 390
A. W. Lambert, 120, 121, 1700, 40, 315
Geo. Mason, 100, 50, 900, 30, 275
B. F. Wiltshire, 20, 186, 2000, 200, 320
Augustus Perkins, 300, 11, 2850, 50, 175
Wm. Glenn, 100, 23, 900, 40, 265
Edmund D. Ford, 122, 50, 5200, 100, 200
Edmund Wash, 325, 100, 2000, 50, 430
Jas. C. Wash, 100, 170, 1400, 75, 300
Chas. Nuckolls, 100, 152, 11250, 40, 220
Jas. M. Wright, 100, 152, 1200, 75, 60
Jno. L. Woodson, 200, 154, 3000, 125, 500
Unity Bates, 75, 43, 1000, 25, 110
Walter E. Shelton, 660, 325, 6000, 350, 1114
Thos. J. Puryear, 200, 31, 1350, 100, 388
Jos. Talley, 200, 608, 5000, 100, 900
A. W. Notling, 1150, 678, 15000, 800, 1455
Tarleton Woodson, 100, 59, 2760, 75, 640
William Roch, 200, 251, 3000, 250, 735
Reuben Nuckolls, 670, 200, 6000, 300, 806
Wm. H. Nuckolls, 150, 50, -, 200, 550
David R. Jones, 400, 200, 9000, 500, 593
Thos. Jones, 300, 300, 9000, 500, 825
Peter Wade, 150, 163, 1800, 75, 271

Thos. Saunders, 100, 40, 900, 30, 196
Jno. R. Dandrige, 200, 50, 2500, 20, 172
Wm. W. Pulliam 150, 150, 1800, 100, 316
Henry Atkins, 70, 74, 700, 30, 100
Wm. P. Hopkins, 65, 68, 1300, 40, 437
Wm. Wilcher, 100, 94, 2300, 40, 117
Stephen T. Pulliam 160, 160, 3000, 45, 490
Wm. R. Irby, 200, 170, 2400, 100, 616
Jesse T. Bowles, 175, 47, 1700, 50, 355
S. Mosby, 175, 241, 2000, 100, 375
N. H. Wash, 275, 125, 3500, 250, 365
Saml. Pleasants, 225, 1155, 2000, 100, 330
Geo. A. Baugher, 100, 29, 2000, 60, 336
Jno. F. Staly, 30, 10, 300, 20, 100
Overton Mason, 200, 240, 2200, 60, -
Thos. C. Lowry, 125, 75, 2000, 20, 250
Isom Lowry, 100, 100, 2000, 30, 130
Jno. Trevillian, 37, 38, 400, 25, 179
Jas. Holmes, 75, 82, 1100, 50, 275
Thos. H. Harris, 325, 125, 3500, 200, 1120
Francis G. Taylor, 100, 130, 3000, 75, 340
Jos. Norment, 800, 232, 15000, 400, 1786
Peter J. Carter, 680, 1410, 25000, 453, 1961
R. B. Hendrick, 250, 310, 3000, 75, 628
Wm. T. Perkins, 100, 103, 1200, 25, 190
Saml. C. M. Baker, 200, 300, 5000, 100, 671

Ann C. Robinson, 255, 200, 3000, 30, 290
John V. Wyatt, 136, 190, 4000, 200, 431
Henry H. Wood, 275, 108, 2000, 100, 506
Wm. N. Waldrep, 200, 110, 3000, 100, 273
Saml. Perrin, 60, 40, 2500, 20, 350
John B. Wood, 250, 200, 2200, 100, 330
Jerman R. Glinn, 100, 50, 800, 40, 250
James King, 200, 375, 3200, 100, 284
John N. Malloy, 240, 233, 3500, 150, 160
John D. Thomas, 150, 135, 3800, 30, 450
Saml. Ford, 15, 83, 100, 15, 252
Thos. Nelson, 500, 250, 8000, 500, 1550
Joseph Starke, 300, 200, 7500, 50, 733
Peter W. Brown, 90, 135, 1500, 50, 545
Saml. R. Wingfield, 400, 301, 14000, 300, 998
Thos. M. White, 75, 161, 700, 60, 322
Ballard Kensey, 40, 44, 700, 40, 230
P. Slaughter, 7, 35, 200, 15, 71
John C. Stone, 50, 50, 500, 75, 162
Robt. J. Perkins, 100, 58, 1000, 50, 245
Jos. D. Perkins, 20, 53, 250, 50, 175
A. C. Pollard, 120, 53, 1200, 50, 341
John W. Ligner (Lignes), 90, 30, 1500, 40, 198
John A. Brooks, 150, 150, 700, 25, 106
Edward M. Tomkies, 266, 135, 2800, 300, 697
Chs. F. McDowell, 225, 147, 1500, 150, 500

Nancy Cross, 125, 129, 2000, 100, 317
G. N. Parrish, 30, 170, 1000, 50, 45
A. C. Dietrick, 35, 65, 500, 30, 690
Jas. P. Woodson, 30, 397, 1500, 50, 185
Sarah Patman, 150, 90, 400, 100, 200
Chs. P. Goodall, 408, 580, 16000, 120, 1051
Danl. A. Melton, 40, 10, 250, 50, 200
Jas. M. Terry, 170, 130, 1500, 70, 186
Richd. Gwaphmey, 1000, 300, 12000, 900, 1910
Wm. L. White, 240, 240, 3500, 300, 1235
Wm. Land, 250, 183, 2000, 100, 735
Alban Edderton (Eddleston), 30, 39, 500, 30, 55
Edmund Winston, 900, 900, 14000, 2000, 1264
Wm. H. Winston, 390, 62, 5300, 200, 230
Josiah Hazelgrove, 25, 15, 300, 30, 95
Nancy Cross, 100, 50, 600, 90, 516
Wm. H. B. Campbell, 140, 93, 1200, 30, 210
John J. Davis, 80, 79, 1500, 75, 1315
Wm. J. Sacrae (Lacrae), 60, 78, 600, 200, 120
Nathl. Cross, 100, 4, 750, 20, 334
Robert Taylor, 596, 370, 11000, 400, 1578
Jasper Clayton, 100, 60, 2000, 60, 235
James M. Newman, 240, 100, 4000, 90, 178
Heath J. Miller, 100, 97, 700, 40, 130
James F. Francis, 146, 350, 1800, 75, 330
Wm. P. Derracott, 200, 100, 2500, 100, 375
John H. Taliaferro, 370, 315, 11000, 500, 1385
Benj. Hazelgrove, 60, 20, 1200, 50, 223
George Trainen, 50, 169, 1200, 50, 240
Alexander Bertson, 200, 150, 1750, 100, 485
Joseph S. Wingfield, 100, 75, 1000, 300, 680
Wm. W. Mallory, 230, 230, 1400, 300, 603
C. H. G. Noland, 210, 210, 5700, 250, 395
John Cooke, 400, 600, 16000, 522, 2015
Mary Thacker, 66, 34, 1800, 50, 198
Benj. Johnson, 200, 196, 2800, 50, 170
Mathew Seay, 20, 16, 600, 30, 154
Joseph Y. Terrell, 500, 500, 9000, 200, 1035
Maria A. Gipson, 50, 27, 500, 190, 100
Pleasant Yeomans, 350, 175, 3000, 200, 741
Richd. D. Rowzie, 200, 100, 2000, 75, 474
Robt. J. Hall, 10, 3, 300, 25, 100
Albert Lowry, 80, 86, 1162, 50, 261
John D. Luck, 120, 82, 2500, 75, 416
Maria D. Anderson, 500, 100, 2000, 200, 465
John Mills, 150, 50, 1000, 40, 184
Edwin A. Rowzie, 400, 400, 5000, 400, 575
Wm. F. Dickinson, 120, 60, 1800, 100, 435
H. B. Arnold, 50, 27, 650, 50, 80
Wyatt Seay, 100, 80, 1080, 25, 216
Wm. Hatch, 250, 250, 6000, 250, 678
B. Spicer, 75, 139, 1000, 30, 243
Hardin D. Nuckolls, 200, 100, 2500, 150, 611
John Utley, 60, 148, 1000, 50, 346

Spot Childress, 100, 112, 700, 100, 490

B. E. Anderson, 140, 93, 2000, 150, 388

R. R. Taylor, 112, 111, 1000, 75, 284

Thos. Carter, 75, 151, 1000, 250, 705

A. P. Woodson, 300, 700, 7000, 100, 770

M. W. Nuckolls, 50, 125, 1000, 25, 280

John Nuckolls, 500, 300, 6500, 250, 930

Wm. Duggins, 100, 50, 750, 50, 326

Jno. P. Bowles, 90, 20, 660, 75, 187

Chas. K. Bowles, 200, 50, 1500, 125, 459

Thos. R. Atkinson, 60, 10, 210, 30, 80

M. R. Powers, 30, 32, 300, 50, 175

W. W. Nuckolls, 190, 50, 1340, 60, 250

P. G. Spindle, 200, 100, 1800, 50, 314

Charlotte A. Carver, 113, 100, 1300, 50, 108

F. H. Thompson, 75, 25, 600, 75, 210

Jno. M. Moody, 200, 200, 4000, 200, 900

Ann Swift, 380, 380, 5300, 300, 816

B. P. Jones, 229, 125, 1500, 150, 413

C. Goodman, 60, 50, 500, 80, 259

N. E. Lowry, 150, 59, 1000, 50, 550

Wm. M. Strong, 90, 90, 1200, 15, 150

L. B. Anderson, 50, 225, 2900, 50, 471

Jno. W. Goodwin, 436, 200, 5000, 650, 600

Jno. D. Langden, 136, 30, 800, 50, 247

Jos. F. Price, 793, 773, 12000, 250, 1176

Catherine White, 200, 100, 3000, 40, 275

John Seay, 40, 57, 800, 30, 40

M. M. Kennedy, 70, 120, 1500, 10, 125

J. C. Dickinson, 150, -, 1500, 15, 128

Count R. Terrell, 100, 50, 750, 20, 60

Joseph C. Terrell, 60, 60, 600, 30, 225

John Terrell, 500, 500, 4000, 150, 550

Sam. D. Jones, 150, 50, 1000, 150, 481

Daniel Corker, 100, 60, 960, 15, 70

Wm. A. Wash, 100, 78, 1000, 50, 255

Mary W. Goodwin, 200, 212, 3000, 150, 630

John J. Smith, 50, 188, 2150, 130, 395

Catherine Hall, 100, 50, 450, 150, 191

Austin Yearmans (Yeomans), 100, 65, 1000, 20, 195

Arthy Buller, 210, 116, 2000, 10, 110

Ed H. Smith, 50, 170, 2000, 100, 120

R. P. Mallery, 83, 80, 900, 50, 250

Wm. Perkins, 50, 47, 600, 12, 45

P. H. Price, 800, 500, 10400, 500, 1580

E. Berkely, 400, 240, 4000, 200, 675

L. T. Blunt, 150, 80, 1500, 100, 316

Ed Sacrae, 60, 27, 500, 75, 165

John Edwards, 35, 19, 200, 30, 55

S. James, 85, 85, 1000, 100, 420

Wm. Lumpkins, 375, 381, 3000, 200, 438

Jno. D. Taylor, 100, 107, 1500, 100, 277

Jno. C. Perkins, 50, 50, 800, 100, 145

N. W. Berkely, 225, 225, 3000, 40, 387

H. G. Cross, 125, 122, 1200, 40, 272

Paulina Simms, 120, 100, 1300, 35, 195

O. C. Chisholme, 130, 40, 1500, 200, 385
Jno. W. Royster, 115, 100, 1300, 45, 230
Solomon Harris, 100, 80, 1200, 75, 260
Mary Baker, 70, 30, 700, 20, 72
Edward Maynard, 50, 40, 650, 20, 210
James Higgason, 150, 150, 1500, 75, 390
Geo. Johnson, 500, 175, 5400, 350, 975
Mary Fulcher, 275, 150, 4300, 175, 15
Wm. W. Fulcher, 500, 500, 10000, 300, 825
Wm. H. G. Deals, 100, 175, 2000, 100, 230
Elizabeth Lowry, 50, 60, 550, 30, 187
Elijah Harris, 75, 61, 1000, 35, 188
S. Maynard, 163, 150, 2000, 100, 285
Wm. Baughan, 50, 50, 500, 40, 136
Nelson Jackson, 200, 50, 1400, 100, 554
Geo. C. Lunsden, 50, 30, 400, 15, 719
D. M. Sharp, 75, 75, 750, 25, 300
Pettus Chick, 375, 115, 2500, 300, 612
Ro. K. Stanly, 100, 237, 2000, 25, 287
John Stanly, 40, 21, 200, 35, 328
Richd. H. Hall, 100, 21, 650, 50, 92
C. C. Butler, 75, 25, 550, 30, 191
C. S. Chisholme, 275, 275, 3000, 200, 632
Stephen O. Harris, 37, 13, 250, 40, 153
Thomas Harden, 450, 500, 5000, 350, 1354
Jno. J. R. Saunders, 230, 200, 3400, 100, 280
Wm. Harris, 100, 200, 2000, 50, 345
Jno. B .Jonas, 200, 600, 8000, 250, 925
Chas. C. Mitchell, 150, 120, 1800, 75, 450
Ed. Mann, 200, 33, 1800, 20, 244
M. A. Wingfield, 200, 50, 1800, 50, 296
Jessie Harlow, 50, 130, 800, 50, 296
Amanda W. Nash, 93, 40, 1000, 40, 154
C. C. Tinsley, 600, 300, 5500, 500, 1000
Wm. Chiles, 350, 270, 4500, 300, 517
P. P. Armstrong, 80, 500, 2250, 50, 15
O. Halley, 100, 400, 5000, 500, 1630
Fleming Putman (Patman), 60, 59, 600, 60, 247
Thos. G. Winn, 130, 200, 2500, 50, 305
R. H. Carver, 125, 306, 2000, 150, 563
Richd. Gray, 80, 50, 1300, 50, 194
S. H. Cawthorne, 60, 166, 1200, 50, 340
N. S. Ledbetter, 150, 87, 1650, 100, 205
Hugh McDowell, 120, 10, 2000, 75, 311
Shelton E. Cross, 40, 160, 800, 100, 103
Jane W. Snead, 160, 80, 2000, 150, 818
Aron Harris, 50, 15, 556, 60, 171
Jordan Harris, 150, 73, 2500, 75, 316
M. W. Cross Sr., 400, 380, 4000, 300, 638
James Donnell, 100, 150, 400, 50, 131
Walter Crenshaw, 250, 25, 3000, 50, 481
Robert Coleman, 800, 450, 11000, 400, 1890
Wm. _. Perkins Jr., 100, 20, 600, 40, 128

Wm. O. Day, 550, 850, 8500, 300, 1422
H. C. Doswell, 300, 548, 6000, 450, 2081
J. T. Bumpass, 100, 87, 700, 50, 293
Lewis P. Kimbrough, 150, 150, 1200, 80, 346
John T. Clough, 250, 300, 3000, 150, 391
R. B. Gilman, 130, 130, 2000, 500, 704
Saml. Bumpass, 75, 30, 600, 40, 220
Jos. T. Hughes, 70, 32, 500, 50, 136
Pas__ (Parker) H. England, 40, 35, 300, 60, 216
Sam. H. Tinsley, 50, 156, 800, 75, 135
Jos. C. England, 100, 71, 510, 40, 112
Benj. Thomas, 150, 156, 1500, 50, 245
Wm. R. Winn, 250, 250, 2000, 300, 428
John Snead, 137, 139, 1500, 125, 255
James A. Hines, 75, 151, 800, 100, 371
Wm. Andrew, 90, 80, 500, 75, 290
Andre McDowell, 150, 76, 1300, 125, 320
Melton M. Mallory (Mallony), 70, 50, 650, 40, 110
Ryddal Bowles, 85, 85, 1200, 100, 340
Wm. Anderson, Jr., 100, 457, 5000, 225, 1020
Jesse G. Yarbrough, 200, 100, 2000, 75, 406
Joseph Perrin, 75, 78, 600, 40, 125
Hector Borve, 150, 152, 2400, 250, 480
Mary Gentry, 39, 38, 300, 40, 150
Robert Smith, 60, 79, 1300, 125, 227
Roscow Lipscombe, 300, 325, 5500, 300, 595

P. W. Grubbs, 150, 177, 3500, 150, 554
J. P. Jenkins, 250, 100, 5000, 200, 800
Thos. F. Carter, 193, 140, 2500, 156, 180
Marietta (Manetta) A. McGee, 200, 101, 1800, 7, 585
Achilles Lumpkin, 560, 225, 8000, 400, 1292
John S. Chesterman, 35, 60, 1700, 75, 352
Albert S. Jones, 100, 150, 3000, 50, 325
Saml. White, 60, 58, 1800, 75, 150
A. C. Atkisson, 100, 100, 3000, 100, 505
Francis Poitiany, 70, 13, 1100, 75, 165
Eliza S. Crenshaw, 800, 850, 15000, 300, 1113
A. B. Timberlake, 300, 150, 5000, 256, 1050
George Carter, 75, 76, 1000, 50, 350
Richd. Gentry, 100, 60, 800, 50, 190
Ralph Wingfield, 100, 150, 2500, 20, 240
Elizabeth H. Miller, 183, 150, 2500, 100, 354
B. W. Talley, 225, 85, 2500, 100, 1250
John Tally, 200, 50, 2500, 100, 486
E. J. Tally, 250, 300, 5000, 200, 875
P. R. Norment, 339, 300, 5000, 150, 455
J. M. McKenzie, 130, 60, 2000, 75, 345
John Haw, 175, 125, 2000, 175, 557
Margaret M. Hard (Hand), 100, 165, 2500, 75, 250
H. D. Gentry, 180, 130, 1500, 100, 540
Judith Bicehenbrough, 586, 120, 9000, 500, 972
Lucy A. Page, 900, 300, 20000, 350, 1450

Benj. Tyree, 450, 335, 9300, 200, 1241
Ed. Ruffin, 750, 850, 34100, 900, 2585
Jas. E. Ellett, 60, 40, 6000, 70, 910
Wm. R. Nelson, 60, 450, 1200, 250, 1535
Mary G. Cosby, 375, 375, 6000, 250, 1213
Thomas Doswell, 800, 700, 16500, 925, 3860
Thos. H. Fox, 250, 170, 7000, 250, 775
Jno. H. Blunt, 80, 170, 1000, 80, 354
Sarah F. Green, 200, 218, 2400, 75, 400
Thos. Sledd, 150, 150, 1200, 200, 320
William Mac, 80, 250, 2000, 40, 175
Mat. Jordon, 200, 163, 1800, 258, 727
Lancy Jones, 500, 570, 10000, 650, 1485
Geo. W. Pollard, 500, 520, 15000, 250, 965
Wm. T. A. Pollard, 300, 80, 3000, 250, 915
Aba. Archer, 100, 135, 1100, 50, 130
Charles Tyler, 144, 144, 600, 50, 386
Edwin Shelton, 400, 460, 10000, 500, 1559
Thos. Gardner, 834, 256, 11000, 300, 1050
James F. Hoffman, 100, 250, 4000, 300, 650
Catherine A. Bowe, 70, 70, 1500, 50, 200
Thos. Rutherford, 175, 175, 2500, 100, 560
John Gibson, 75, 77, 900, 75, 247
Jos. F. Ellis, 100, 30, 1500, 100, 40
Wm. H. Blake, 150, 100, 2000, 50, 355
Isaac Burnett, 175, 175, 2500, 100, 275

Jno. B. Green, 205, 200, 3000, 150, 325
Saml. Overton, 163, 100, 2500, 60, 245
Jas. H. Smith, 80, 118, 1700, 150, 576
Thos. G. Tinsley, 300, 200, 4000, 200, 1030
John C. Brock, 400, 400, 4800, 150, 555
Mat. C. Crenshaw, 350, 350, 8000, 250, 900
Nancy Winston, 30, -, 300, 25,100
Jos. Wingfield, 100, 200, 1500, 50, 330
Benj. Wingfield, 400, 20, 700, 100, 1340
S. B. Price, 1000, 1100, 23000, 450, 2310
Jas. T. Sutton, 800, 450, 15000, 450, 2370
Wm. Carter, 1000, 600, 24000, 1000, 2942
Wm. O. Winston, 250, 321, 7000, 200, 1265
H. M. Wingfield, 75, 75, 1250, 135, 325
J. P. Harrison, 100, 70, 2700, 150, 655
Ed. W. Morris, 1000, 1500, 22000, 400, 2800
Jno. T. Ache, 50, 50, 500, 20, 157
Wm. F. Wickham, 1600, 1700, 50000, 1500, 4250
Philip B. Winston, 578, 352, 12000, 670, 2573
Jno. T. Anderson, 500, 997, 14000, 305, 1597
Ed. Fontaine, 700, 712, 15000, 492, 1570
S. H. Minor, 400, 220, 6000, 200, 910
Wm. D. Winston, 300, 586, 10000, 200, 775
Jno. G. Harris, 228, 116, 4000, 200, 738

George W. Bassett, 1300, 800, 50000, 500, 3750
Ronald Mills, 120, 60, 3500, 60, 775
Carter Braxton, 900, 400, 40000, 500, 5660
J. Walker Tomlin, 200, 250, 12000, 1000, 1024
William H. Mason, 67, 100, 500, 50, 120
George W. Johnson, 40, 22, 1000, 60, 268
Henry R. Jones, 350, 86, 8000, 150, 961
William H. Wood, 900, 400, 20000, 788, 2890
Richard G. Smith, 800, 1200, 20000, 500, 2890
John Beale, 200, 20, 5500, 100, 655
James Trimmer, 10, 10, 200, 10, 75
John S. Corbin, 200, 33, 8000, 160, 958
Susannah Turner, 200, 60, 2000, 50, 437
Mary W. Ellett, 400, 300, 10000, 500, 1028
William A. Baker, 200, 400, 10000, 500, 645
Reuben Huckston, 15, 20, 50, 65, 91
Nicholas T. Lipscomb, 120, 238, 3700, 60, 462
George W. Robinson, 70, 128, 1600, 30, 106
James Brown, 200, 240, 4400, 40, 135
Grandison Wade, 30, 10, 400, 2, 236
David Anderson, 15, 20, 300, 7, 15
John H. Earnest, 130, 130, 3500, 150, 570
John Waddle, 20, -, 1000, 10, 110
William West, 250, 96, 1200, 50, 241
Joseph Parsley, 200, 175, 3750, 50, 540
Jack Wade, 15, 10, 250, 10, 110
Jane Hill, 5, -, 50, 30, 148

Alexander Slaughter, 50, 72, 1250, 30, 160
Martha R. Otey, 50, 40, 900, 30, 125
Watt H. Tyler, 80, 317, 3500, 75, 1134
Armistead Curtis, 300, 100, 9000, 30, -
William Turner, 50, 46, 500, 30, 147
Martha M. Peace, 100, 113, 1000, 25, 200
Thomas Baker, 30, 10, 300, 10, 33
Carter Via, 90, 95, 1000, 50, 406
Robert Wade, 30, 40, 3000, 200, 778
Thomas Adams, 22, 22, 132, 12, 94
Jetson Burnett, 30, 40, 350, 15, 65
John F. Jordon, 20, 15, 105, 25, 50
Telitha Burnett, 5, 75, 980, -, -
William Hollins, 17, 20, 200, 30, 47
Ritley (Rittey, Kittey) Hucksteap, -, -, -, 15, 100
John L. Wyatt, 30, 34, 640, 15, 130
George W. Huckster, 5, 5, 40, -, 25
Robert Anderson, 600, 500, 10000, -, -
Elisha White, 300, 250, 5000, 300, 1092
Spottswood Ligon, 200, 209, 2000, 50, 596
David Wood, 75, 75, 600, 50, 240
Daniel Wood, 90, 60, 650, 50, 225
Wm. Be_ess, 120, 180, 3000, 40, 324
Sarah R. Elliot, 100, 50, 1200, 50, 150
Mary Tyree, 75, 25, 400, -, 95
R. W. Tomlinson, 75, 75, 4000, -, -
William B. Tyston (Syston), 250, 125, 9000, 500, 1280
Elijah S. Austin, 200, 100, 5000, 250, 360
Joseph Hooper, 175, 25, 4000, 200, 600
William A. Binford, 120, 101, 5500, 200, 675
Thomas Acree, 39, 17, 1120, 75, 140

John H. Ellerson, 90, 86, 10000, 150, 688
John Johnson, 15, 20, 500, 35, -
James Barrick, 30, 20, 1200, 30, 60
Henry Curtis, 300, 115, 5000, 200, 475
Robert Atkinson, 75, 125, 2000, 150, 331
Mary Alexander, 300, 200, 2000, 50, 484
John P. Parsly, 200, 125, 3200, 75, 415
Wm. Parsly, 200, 200, 1200, 25, 200
Mary Parsly, 10, 15, 100, 20, 140
James Madison, 70, 5, 260, 15, 30
Billy Evans, 40, 30, 700, 20, 80
John Tucker, 30, 30, 500, 50, 125
Richard Hollins, 93, 30, 500, 50, 75
Fanny Adams, 30, 30, 300, 30, 44
Betsy Harris, 19, 50, 280, -, 45
Edwin Blackburn, 25, 25, 250, 15, 75
Elizabeth White, 50, 44, 600, 20, 67
Wm. E. Tyler, 450, -, -, 75, 350
Wm. E. Goulding, 125, 80, 1200, 65, 368
George Barker, 250, 250, 2500, 100, 702
Robert Cooper, -, -, -, 25, 100
Nathaniel Wisker (Wickes), 200, 210, 2000, 60, 250
Madison D. Tyler, 35, 10, 300, 25, 200
Wm. B. Jenkins, 10, 27, 125, 25, 153
William Bailey, 40, 70, 700, 45, 206
James B. Tyler, 116, 100, 1000, 50, 390
Benj. Gentry, 10, 100, 338, 30, 85
Albert D. Wicker, 200, 56, 3500, 125, 340
Wm. McGee, 80, 70, 450, 50, 220
Thadeus Higgins, 70, 30, 500, 30, 100
Danl. Burnet, 30, 100, 650, 30, 35
John S. Atkinson, 100, 125, 2250, 50, 344
Joseph Adams, 40, 34, 750, 70, 289
Wm. F. Gaines, 700, 540, 30000, 300, 2860
John C. McGee, 40, 10, 500, 50, 238
James Via, 40, 48, 400, 30, 100
Thos. Davidson, 70, 30, 500, 80, 130
Reynolds Parsons, 50, 57, 600, 30, 100
Sarah B. Watt, 175, 185, 7000, 150, 1380
Francis Adams, 150, 235, 4000, 150, 555
Joseph McGee, 500, 63, 4000, 50, 353
Jesse Parker, 90, 87, 700, 50, 250
Peter McGee, 85, 100, 1000, 50, 120
Charles Barker, 15, 25, 200, 25, 60
Danl. Steward, 750, 30, 690, 45, 715
David Woody, 200, 200, 2000, 50, 150
Wm. Gibson, 135, 135, 2000, 150, 490
Thos. Glass, 75, 25, 500, 50, 150
Gibson Via, 200, 310, 4000, 250, 677
Henry M. Turner, 100, 35, 1500, 125, 350
Bolling Talley, 33, 77, 500, 20, 150
Pleasant Tucker, 100, 69, 882, 50, 250
Dennis Carter, 15, 5, 300, 25, -
Benj. Gentry, 30, 92, 500, 35, -
John Martin, 20, 77, 350, 30, 135
John King, 125, 125, 3000, 50, 400
Margaret White, 150, 150, 1000, 50, 2000
Elizabeth Hay, 520, -, 2000, 50, 144
John C. Goulding, 50, 14, 300, 50, 150
Hezekiah Mantto, 100, 110, 1500, 30, 150
Robert Kelly, 100, 95, 1500, 30, 200
Thos. H. Boyer, 40, 10, 300, 30, 50
Robt. Clarke, 40, 30, 350, 70, 65
Rich. Burnett, 300, 200, 4000, 60, 500

Gilley Childress, 25, 25, 250, -, 75
Wm. Bowles, 20, 80, 400, 30, 120
Wm. Bosher, 70, 30, 500, 35, 100
Eliza Tucker, 50, 50, 500, 30, 100
Sarah Shepperson, 200, 100, 150, 45, 240
John Wright, 75, 25, 500, 25, 150
Wm. Allen, 300, 450, 6500, 100, 829
Winfree Tucker, 50, 44, 500, 30, 250
Henry Tucker, 100, 90, 1000, 40, 256
Bartholomew Martin, 25, 25, 200, 25, 75
Edmund Waid, 190, 64, 1500, 50, 400
Elisabeth Mantto, 21, 21, 500, 30, 125
John McDougal, 60, 40, 500, 30, 100
Maria Pate, 200, 200, 3000, 150, 655
John Wright, 100, 66, 1000, 45, 450
Garlind Kirby, 24, 25, 250, 25, 115
Moses Tally, 75, 40, 600, 25, 130
Henry Richardson, 50, 50, 500, 35, 250
Henry Grubs, 60, 35, 475, 40, 185
Albert G. Allison, 100, 100, 1000, 45, 300
Thos. J. Melton, 100, 100, 1000, 300, 450
Jas. E. Jones, 100, 50, 2000, 50, 400

Edward Kirby, 30, 5, 180, -, 75
Catherine Martin, 90, 20, 500, 20, 80
Robert Kent, 65, 65, 650, 30, 75
Carter Martin, 60, 60, 600, 30, 80
Wm. G. Overton, 500, 116, 17000, 465, 1900
Edward Sydner, 125, 155, 5000, 415, 875
Edward G. Sydner, 400, 400, 7000, 350, 950
James Tucker, 30, 70, 20, 25, 73
Sarah A. Epps, 40, 39, 500, 30, 113
Thos. G. Turner, 300, 262, 5000, 145, 930
Nancy Hughes, 40, 30, 400, 25, 75
Richard Turner, 25, 20, 205, 30, 175
Augustin B. Woody, 30, 30, 300, 35, 110
Ann Austin, 20, 80, 500, 40, 80
Nathan B. Clarke, 100, 45, 500, 200, 640
Joseph H. Street, 130, 82, 4000, 150, 800
B. McTombin, 320, 89, 5000, 200, 600
Elizabeth W. Mills, 232, 233, 5000, 50, 472
Lewis Johnson, 20, 70, 1000, 50, 434
Bently Wicker (Wickes), 63, 62, 1000, 25, 150

Henrico County, Virginia
1850 Agricultural Census, Part I

The University of North Carolina at Chapel Hill filmed the 1850 agricultural census for Henrico County from originals at the Library of Virginia under a grant from the National Science Foundation in 1963.

Columns 1, 2, 3, 4, 5, and 13 represent the following information on the census:
1. Name of Owner, Agent or Manager of Farm
2. Acres of Improved Land
3. Acres of Unimproved Land
4. Cash Value of the Farm
5. Value of Farming Implements and Machinery
13. Value of Livestock

Robert Ford, 75, 51, 1270, 100, 350
Nancy Pecks, 15, 5, 300, 25, 100
Robert H. Brock, 150, 100, 2500, 656, 200
James A. Griffin, 25, 5, 350, 60, 150
Thomas O. Burton, 400, 500, 5700, 300, 1480
Pierce Griffin, 26, 40, 800, 75, 145
Seth Davis, 20, 40, 400, 75, 215
William C. Raintree, 20, 21, 400, 35, 70
Albert Smith, 100, 300, 3500, 150, 600
James T. Franklin, 39, 57, 1200, 50, 285
Mahala Tinsley, 25, 55, 600, 20, 80
Crawford Alley, 18, 2, 400, 150, 300
Nathaniel Tinsley, 200, 200, 4000, 75, 360
Thomas H. Crofton, 20, 37, 800, 75, 334
Edwin Hill, 80, 100, 5000, 100, 200
George W. Willis, 10, -, 3000, 100, 115
Luzby H. Wade, 2, -, 600, 75, 300
Reubin Cottrell, 33, 3, 800, 125, 315
John A. Powell, 450, 110, 16000, 600, 1103
William Copland, 450, 130, 10060, 300, 550
Joseph M. Sheppard, 300, 140, 15000, 400, 1000
Elisha T. Gentry, 180, 150, 5000, 60, 240
Nancy D. Priddy, 175, 47, 5000, 150, 493
John B. Ryall, 100, 142, 2500, 200, 485
John M. Sheppard, 125, 114, 2000, 200, 300
George Drewry, 375, 320, 3000, 260, 566
John B. Sheppard, 100, 112, 2000, 45, 165
James S. Ryall, 130, 80, 2000, 200, 540
Ellen Tyler, 10, -, 100, 35, 50
John S. Mosby, 40, 28, 700, 35, 155
Joseph S. Priddy, 130, 50, 2000, 75, 238
Leonard Melton, 6, 12, 150, 25, 87
Alexander Nicholas, 12, 29, 400, 60, 200
Anderson Grubbs, 20, 10, 800, 50, 50
Amanda Williamson, 100, 90, 1800, 35, 225
James H. Mallory (Malloy), 8, 12, 600, 60, 150

John D. Thomas, 180, 50, 2000, 100, 350

William W. Morris, 100, 204, 5000, 200, 330

John Lumpkin, 10, 90, 600, 130, 625

Benjamin F. Prentiss, 100, 335, 5000, 250, 800

William Jennings, 15, 35, 300, 20, 95

Alexr. B. Hutchinson, 150, 175, 700, 200, 1325

Spotswood G. Waldrop, 150, 112, 4000, 75, 200

Adolphus Goddin, 75, 120, 4000, 100, 387

William D. Simms, 500, 300, 25000, 1000, -

Bernard Peyton, 811, 306, 30000, 1000, 3400

Bryan J. Duval, 150, 200, 4000, 275, 1000

Denton & Cottrell, 450, 300, 20000, 500, 2025

Maclurg Wickham, 678, 675, 43000, 1000, 3066

Richard W. Horner, 146, 24, 2200, 250, 500

Elizabeth Whichello, 30, 100, 3000, 50, 250

William A. Deitrick, 430, 245, 18000, 250, 1200

Spotswood Ford, 75, 240, 4000, 150, 340

Benjamin P. Blackburn, 20, 33, 500, 30, 180

Deitrick Bolton, 50, 20, 600, 50, 150

Ryland Ford, 25, 75, 600, 50, 224

William Jennings, 250, 125, 4500, 300, 1125

Daniel E. Gardner, 175, 125, 10000, 200, 1000

William King, 30, 120, 1500, 15, 325

Richard Reins, 130, 20, 12500, 200, 475

James Francis, 70, 230, 3000, 75, 300

Edwin Philips, 60, 20, 1600, 12, 150

William Eubank, 80, 20, 800, 200, 420

William Crofton, 55, 41, 1500, 250, 250

George G. Exoll, 45, 85, 4000, 400, 390

L. Tucker Baughan, 50, 40, 809, 200, 1100

Susan G. Patterson, 215, 200, 800, 30, 800

Richard G. Cauthorn, 130, 283, 7000, 250, 1250

Thomas Duke, 100, 94, 2000, 150, 300

Susan Duval, 90, 30, 1500, 100, 300

Jesse Brown, 38, 37, 800, 50, 150

Samuel Cottrell, 90, 100, 2000, 100, 438

Overton C. Brown, 250, 300, 4000, 150, 692

Lucy Ellis, 60, 40, 1000, 150, 100

Hannah Ellis, 20, 49, 800, 80, 270

Elisha Duval, 50, 70, 700, 50, 100

Seth Duval, 100, 50, 1200, 35, 100

Reeves Tinsley, 200, 220, 6000, 300, 1000

Daniel Perkins, 30, 1000, 10000, 30, 150

Joseph Hanes, 25, 36, 350, 100, 285

Thomas Smoot, 90, 110, 20000, 60, 286

Moses Goold, 100, 164, 4000, 150, 180

Robert Melton, 25, 86, 1040, 50, 450

Robert M. Courtney, 60, 362, 3000, 150, 520

Thomas Smoot Sr., 20, -, 1000, 30, 95

H. Wales Ellis, 40, 400, 20000, 20, 150

William A. Carter, 50, 50, 2500, 60, 500

Joseph Duval, 30, 50, 1000, 50, 200
Samuel Conway, 25, 30, 520, 40, 200
John Jones, 18, 48, 500, 50, 130
William B. Ellis, 100, 265, 3000, 200, 550
William A. Deitrick, 285, 300, 4000, 130, 846
Walker Leake, 225, 235, 2700, 150, 700
John A. Henly, 40, 113, 700, 30, 150
Henry Satterwhite, 175, 75, 2000, 150, 600
William Goyne, 90, 114, 800, 100, 326
Fleming Goyne, 130, 80, 800, 25, 164
John Thomasson, 75, 180, 1500, 50, 150
John Harlow, 150, 150, 2500, 75, 350
Thomas E. Nuckolls, 125, 545, 3500, 130, 610
John Holman, 25, 55, 400, 25, 120
Elizabeth Holman, 112, 20, 1000, 40, 150
Jesse Puryear, 75, 65, 1000, 50, 150
John W. Alley, 30, 138, 1000, 15, 200
Littleberry Powers, 15, 36, 300, 12, 100
Richard Wade, 30, 30, 320, 10, 165
Thomas Maxwell, 50, 50, 2000, 200, 400
Richard Cross, 160, 143, 2000, 60, 300
John Stewart, 250, 120, 15000, 800, 1190
Eustace Robinson, 22, 26, 8500, 80, 365

Juan Pizzini, 16, -, 5000, 10, 150
Edward McConnell, 14, 2, 5000, 150, 20
Antonio Pizzini, 11 ¼, -, 5000, 10, 150
Philip M. Tabb Jr., 65, -, -, -, 750
_. Bentley, 10, -, 6000, 100, -
John W. Sheppard, 75, 225, 3500, 250, 659
Larkin W. Glazebrook, 11, 4, 4000, -, -
David W. Carter, 10, -, 4000, 50, 200
Norborne E. Sutton, 12, -, 5000, 50, 350
Richard Fox, 160, 440, 30000, 200, 500
Miles George 150, 75, 5500, 250, 705
Eliza C. Ford, 70, 30, 2000, 80, 300
John Gaddin (Goddin), 70, 30, 5000, 50, 450
Jno. B. Young, 170, 115, 15000, 575, 945
Rosena N. Mordecai, 100, 100, 15000, 75, 350
Barny Dickman, 10, -, 4000, 50, 185
Thos. Ginnett, 30, 30, 1000, 100, 300
Robert Ryland, 12, -, 10000, 50, 150
Wm. B. Nuckolls, 100, 90, 2000, 75, 225
Loftin N. Ellett, 70, 300, 10000, 150, -
Henry L. Reeve, 250, 100, 9000, 300, 120
Jesse Williams, 100, 30, 10000, 250, 400
Thomas B. Carter, 190, 100, 15000, 200, 800
Garland Hanes, 150, 150, 15000, 800, 800

Henry County, Virginia
1850 Agricultural Census, Part I

The University of North Carolina at Chapel Hill filmed the 1850 agricultural census for Henry County from originals at the Library of Virginia under a grant from the National Science Foundation in 1963.

Columns 1, 2, 3, 4, 5, and 13 represent the following information on the census:
1. Name of Owner, Agent or Manager of Farm
2. Acres of Improved Land
3. Acres of Unimproved Land
4. Cash Value of the Farm
5. Value of Farming Implements and Machinery
13. Value of Livestock

Lewis Gravely, 150, 50, 1200, 100, 445
Joseph Martin, 750, 2250, 20000, 800, 2150
William N. Hicks, 25, 35, 300, 15, 303
Marshall P. Law, 50, 185, 470, 10, 121
William W. Hundley, 50, 54, 312, 12, 135
Bryan W. Nowlin, 20, 85, 2500, 50, 596
James M. Hardenet, 90, 96, 1300, 75, 210
William Clift, 50, -, 300, 10, 64
William L. Pearson, 122, 122, 244, 30, 141
Sally Watson, 30, 90, 224, 40, 150
Robert J. Hankins, 100, 100, 1000, 100, 356
James N. Bell, 25, 115, 600, 4, 57
Jackson Thomas, 100, 100, 800, 30, 320
Robert Peay, 64, 100, 120, 5, 40
Dillard Passons (Parsons), 25, -, 125, 5, 75
Obediah Minter, 90, 28, 1000, 25, 377
John Gravely, 175, 140, 3000, 40, 760
Colman Allen, 106, -, 30, 10, 120

Orson Martin, 225, 225, 3000, 40, 356
Catharine Chealy, 119, 120, 900, 20, 125
John H. Hankins, 65, 42, 700, 20, 171
James Hankins, 70, 80, 400, 5, 80
Robert Martin, 75, 75, 200, 19, 121
Jefferson Austin, 30, 136, 498, 8, 70
George W. Dickinson, 67, 67, 500, 15, 208
Barny W. Dickinson, 45, 5, 150, 5, 105
James Going, 58, 2, 150, 8, 75
Jabez Gravely, 200, 517, 4587, 100, 695
Leftwick Gravely, 125, 125, 250, 20, 251
Voluntine Martin, 100, 70, 500, 10, 100
Mary B. Cole, 50, 350, 1000, 10, 150
James L. Martin, 100, 430, 2000, 40, 284
Henry Lawrence, 50, 50, 500, 30, 456
Edmund Gravely, 180, 40, 400, 50, 125
Eligah Richardson, 88, 88, 300, 35, 197
George Belcher, 200, 200, 800, 30, 338
William Reynolds, 30, 7, 300, 5, 50

Staly Morrison, 150, 100, 1000, 20, 413
James B. Law, 40, 201, 1000, 40, 170
Bushrod Morrison, 150, 88, 1200, 100, 250
William Minter, 77, 100, 1239, 8, 120

Henrico County, Virginia
1850 Agricultural Census, Part II

The University of North Carolina at Chapel Hill filmed the 1850 agricultural census for Henrico County from originals at the Library of Virginia under a grant from the National Science Foundation in 1963.

Columns 1, 2, 3, 4, 5, and 13 represent the following information on the census:
1. Name of Owner, Agent or Manager of Farm
2. Acres of Improved Land
3. Acres of Unimproved Land
4. Cash Value of the Farm
5. Value of Farming Implements and Machinery
13. Value of Livestock

Bernard Briel, 25, -, 5000, 75, 150
Wm. Cullingsworth Sr., 70, -, 6000, 75, 600
Thos. H. Blakey, 75, 75, 6000, 50, 200
Wm. Catlin, 25, 9, 1250, 40, 200
Thos. Leftwich, 56, -, 2700, 25, 100
P. C. Lauries, 30, -, 3000, 265, 1400
James Malone, 90, 30, 8000, 130, 350
Wm. P. C. Ramsey, 125, 7, 7700, 150, 385
Mrs. Picot, 70, 60, 4000, 50, 800
Wm. C. Crump, 250, 150, 12000, 400, 1000
James Talley, 200, -, 15000, 300, 9000
Mary P. Schermerhorn, 287, 232, 18000, 350, 1200
J. H. Harvie, 750, 250, 24000, 450, 2500
Edmund Christian, 600, 400, 21000, 350, 2000
William Vaughan, 180, 330, 7000, 150, 375
Miles Macon, 30, 90, 4000, 75, 150
Wm. Jarvis, 250, 175, 12000, 100, 475
James D. Winston, 35, 20, 3200, 60, 100
R. S. Hoskins, 75, 175, 2000, 40, 170
Chas. A. Eacho, 40, 70, 700, 25, 275
Jacob Truman, 40, 78, 600, 30, 100
Rosena Gibson, 100, 100, 8000, 50, 10
Wm. D. Jennings, 100, 100, 1800, 150, 948
Thos. L. Hundley, 100, 600, 3000, 50, 135
John Bridgewater, 150, 400, 4500, 200, 540
Saml. J. Barker, 45, 50, 1200, 35, 184
James Emerughty, 15, 10, 1000, 20, 64
John Enders, 100, 246, 1500, 50, 670
A. H. Sedgwick, 100, 250, 2500, 100, 236
Geo. M. Savage, 300, 228, 8500, 200, 1200
Jas. R. Crouch, 400, 230, 10000, 100, 463
Albert Fisher, 60, 265, 2000, 25, 126
Andrew B. Carter, 60, 265, 2500, 25, 160
Philip Watkins, 100, 230, 3000, 30, 312
Richd. Hill Jr., 250, 780, 15000, 250, 1000

E. F. Ware, -, -, -, 100, 250
Peterfield Trent (Kent), 1000, 750, 18000, 200, 790
Thos. T. Johnson, 130, 35, 6100, 200, 325
James(Jane) Otey, 70, 90, 7500, 75, 220
John Belcher, 11, -, 2000, 50, 1100
Warner S. Waring, 130, 70, 8000, 150, 370
Charles B. Williams, 180, 90, 12500, 400, 13500
T. M.B. Roy, 120, 96, 15000, 400, 1100
John Poe, 200, 120, 15000, 500, 2128
Horace Edwards, 55, 85, 3000, 350, 260
Joseph Tyree, 280, 125, 6000, 150, 787
John R. Garnett, 300, 170, 11000, 400, 1100
Ro. H. Harwood, 70, 86, 3500, 50, 250
Jane W. Tucker, 15, 215, 900, 30, 85
Littleberry Wade, 30, 75, 600, 25, 250
Theo. B. Carter, 100, 85, 2200, 40, 420
James Carter, 40, 25, 600, 25, 250
Albert G. Hobson, 45, 300, 3300, 100, 520
J. C. Allen, 100, 100, 1900, 40, 200
Banks Wade, 40, 60, 750, 25, 220
Patrick Jordon, 45, 150, 1800, 40, 150
J. H. McKenzie, 150, 50, 4000, 300, 900
Rhoderick McKenzie, 26, 180, 600, 400, 200
Jacob S. Atlee, 500, 700, 20000, 500, 1450
Ellis & Pearson, -, -, -, 1220, 5000
Williamson Allen, 200, 500, 3000, 230, 1240

Wm. G. Johnson, 130, 130, 8000, 400, 500
Warren P. Southall, 40, 70, 2200, 50, 270
Leonard Timberlake, 25, 413, 2500, 30, 516
John Cunie, 140, 250, 4000, 400, 4200
William Jeffries, 30, 70, 700, 40, 200
Kesiah Frayser, 200, 300, 5000, 100, 400
Thos. L. Lyne (Syne), 100, 200, 3300, 40, 400
Joseph Drinker, 75, 185, 4000, 200, 300
Wm. M. Pearce, 20, 51, 1200, 80, 250
Samuel Sublett, 56, 138, 4400, 100, 150
Eliza L. Vanlew, 33, -, 3500, 75, 325
Charles Boswell, 60, -, 6000, 150, 500
John Farrar, 35, 114, 7000, 130, 585
Jesse F. Reese (Kasco), 30, 132, 3000, 100, 325
E. S. Turpin, -, -, -, -, 50
James R. Roper, -, -, 800, 50, 210
William F. Gunn, 200, 320, 10000, 60, 1250
Robert B. Lyne, 175, 175, 7000, 180, 450
A. Bodeker, 32, 8, 1500, 100, 350
Theo Tatum, 65, 24, 3500, 75, 215
John T. Childrey, 30, 15, 2000, 200, 300
Steven Childrey, 15, 35, 800, 75, 335
Robert Barker, 200, 235, 12000, 250, 675
Thos. J. Childrey, 60, 140, 2880, 150, 500
Jackson F. Childrey, 175, 75, 11000, 100, 420
Eliza Childrey, 60, 30, 1500, 30, 150
C. L. McCoull, 75, 75, 1000, 300, 500
S. Throgmorton, 45, 60, 700, 50, 75

Robert Farrar, 60, 100, 3000, 140, 640
William Gay, 75, 173, 2300, 100, 240
Alfred R. Buffin, 60, 40, 1000, 40, 200
Thos. J. Yarbrough, 20, 80, 500, 60, 280
Ballard Ammons, 163, 50, 4130, 80, 340
John Gathright, 75, 125, 4000, 50, 525
Wm. D. Jennings, 240, 180, 8000, 400, 1080
John W. Fussell, 200, 250, 5100, 150, 800
Mitchell Fussell, 60, 15, 1200, 40, 153
George Turner, 100, 376, 1250, 20, 150
James H. Aikin, 100, 300, 10000, 150, 790
Albert M. Aikin, 800, 900, 40000, 500, 3100
Henry Sharpe, 250 170, 10000, 140, 450
Kesiah Pleasants, 150, 250, 4000, 150, 908
John N. Harrison, 50, 53, 4500, 60, 200
Jos. C. Haley, 10, 50, 1000, 50, 225
Edward Minson, 30, 44, 1000, 40, 200
Caroline Bradly, 100, 6, 2000, 40, 200
Saml. & D. Ball, 700, 1400, 30000, 400, 1200
Dorastus Pearce, 73, -, 3500, 50 250
Edward Cox, 1600, 1000, 54000, 1900, 3470
Alfred W. Grover, 115, 45, 1800, 90, 190
Ro. M. Taylor, 260, 114, 2000, 600, 2000
Ro. Pickett, 450, 930, 36000, 750, 2120
James H. Ladd, 80, 281, 3100, 280, 530
Ro. T. Smith, 35, 40, 1136, 25, 250
Geo. & L. T. Gatewood, 200, 200, 4070, 100, 798
John Wariner, 600, 200, 2570, 40, 20
Benj. Pollard, 240, 560, 10000, 200, 1240
Thos. J. West, 200, 150, 4000, 300, 1135
John H. Mattert, 300, 150, 6400, 420, 890
Nathaniel Nelson, 120, 92, 2000, 75, 395
Catharine Scully, 45, 175, 1990, 40, 319
Nathan Enroughty, 75, 200, 2000, 75, 446
Steven B. Sweeney, 150, 110, 500, 150, 1248
William Allen, 2200, 2000, 121000, 2000, 8635
Tarply F. Irby, 70, 292, 1086, 40, 460
Eliza B. Allen, 50, 50, 800, 30, 120
Christian Allen, 43, 44, 1400, 75, 170
Wm. W. Carter, 50, 80, 500, 40, 230
Ro. D. Carter, 50, 140, 2400, 175, 460
Ed. N. Bradley, declines answering
Sarah Carter, 600, 125, 8190, 150, 760
Moses H. Carter, 250, 250, 5000, 300, 957
Ed. F. Gathright, 125, 115, 6290, 25, 120
Carter Gathright, 180, 131, 2000, 500, 250
John Carter Jr., 243, -, 3000, 150, 855
Betsy Carter, 70, 130, 2000, 25, 230
William Carter, 75, 125, 1000, 25, 200
Susannah Gathright, 75, 125 1000, 25, 150

John O. Goddin, 75, 125, 4900, 500, 300
Baylor Martin, 10, 300, 2000, 50, 150
Thomas Goodman, 75, 125, 2000, 50, 330
John Fisher, 100, 40, 3000, 75, 545
Wm. Woodfin, 60, 100, 1900, 50, 275
Wm. Brackett, 100, 20, 1300, 50, 274
Ann Clarke, 55, 50, 1200, 50, 166
Martha Baker, 50, 100, 1200, 40, 150
G. Briant, 55, 11, 8000, 300, 500
Wm. F. Depriest, 100,-, 8000, 300, 500
Wm. B. Randolph, 550, 1136, 50000, 1000, 3370
Edward C. Harrison, 400, 153, 40000, 800, 2100
Jos. J. Pleasants, 20, 10, 1070, 100, 235
James W. Binford, 100, 20, 4000, 200, 550
Sherwin McRae, 300, 200, 25000, 200, 1200
Henry Cox, 1000, 987, 35000, 2000, 3150
Hugh Rileigh, 60, 45, 7000, 100, 380
Richard M. Turner, 10, 20, 1100, 20, 45
James Hill, 200, 130, 6000, 300, 920
Richard N. Hall, 70, 210, 10000, 75, 550
Charles C. Lee, 567, 80, 18000, 1000, 1506
Joseph Vandementer, 50, 100, 1500, 250, 400
James C. Voss, 86, 13, 4000, 50, 270
Nathaniel Q. Crow, 3, -, 1000, 20, 235
Edmund Steane, 3, -, 4000, 100, 375
George M. Harding, 45, -, 4500, 100, 1500
Albert Michaels, 10, -, 5000, 50, 206

Edward Griffin, 6, -, 3500,-, 90
Peter Kaoll, 19, -, 3500, 50, 145
James Fulcher, 13, -, 2500, 75, 223
Katharine Hooper, 6, -, 1500, 40, 100
Samuel T. Hulce, 70, 10, 1000, 50, 175
John M. Botts, 8, -, 10000, -, 10000
John Jacob, 2, -, 3000, -, 100
William W. Bethel, 2, -, 6000, -, 46
Philip Kaoll, 8, -, 4000, -, 125
William Lynham, 7 ½, -, 5000, -, 400
William Wayne, 2, -, 200, -, 230
John Lindsay, 2, -, 200, -, 400
William Sledd, 15, -, 10000, 20, 50
Peter Lawdon, 12, -, 4000, -, 400
Benjamin Tally, 7 ½, -, 3000, -, 110
Peter V. Daniel, 80, 20, 5000, 80, 550
John G. Wade, 36, -, 4000, 60, 210
William Burton, 21, -, 4000, 40, 250
Catharine Kepler, 5 ½, -, 1600, 30, 50
Jacob E. Bayers, 43, -, 3250, 75, 100
Henry J. Smith, 10, -, 2000, 125, 310
William Stuart, 6, -, 2000, 20, 1100
Hazlett Loffland, 20, -, 5000, 300, 600
Henry P. Taylor, 12, 49, 2500, 50, 250
Daniel H. Clanton, 32, 24, 3000, 50, 205
Anne E. Tude, 65, 30, 3500, 50, 205
John IIill 11, 11, 800, 10, 105
Carey Roberts, 125, 130, 9800, 100, 445
James A. Tucker, 35, 15, 6000, 150, 6500
Albert A. Morris, 100, 30, 10000, 450, 680
Henry W. Watkins, 10, -, 2000, 30, 150
Benjamin Pryor, 6, -, 1200, -, 12
William A. Robinson, 50, -, 4000, 50, 368

Fendall Griffin, 97, 40, 15000, 25, 880
William H. Sizer, 20, -, 300, -, 580
Nathaniel Matthews, 330, 20, 120000, 300, 1250
Isaac O. Austin, 60, 15, 5000, 50, 435
Maurice Lugnot, 30, 5, 3000, 200, 650
James R. Ratcliff, 50, 16, 3000, 30, 65
Abner Hilliard, 75, 75, 6000, 10, 378
Curtis Carter, 150, 30, 12000, 240, 590
A. M. Braxton, 171, 60, 7000, 150, 635
Josiah D. Smith, 175, 85, 10000, 150, 620
Edmond _. Davenport, 450, 300, 25000, 905, 1245
Sophia P. Redd, 80, 120, 6000, 300, 300
Robt. G. Walton, 10, 8, 1000, 100, 180
Achilles D. Johnson, 50, 43, 3000, 125, 180
Christopher Johnson, 54, 30, 3000, 50, 820
L. W. Chamberlayne, 330, 100, 10000, 200, 700
Maria R. Gooch, 280, 50, 10000, 300, 600
Martha Storrs, 150, 70, 6000, 250, 1000
Joseph C. Burton, 30, 75, 3000, 50, 355
John Carter, 450, 450, 18000, 75, 540
Julia A. Bailey, 30, 25, 3500, 75, 200
Joseph Rennic, 34, -, 500, 95, 220
William Graves, 3 ½, -, 1000, 50, 75
Reubin B. Tyler, 10, -, 4000, 25, 175
E. E. Broom, 8, -, 3000, 50, 60
William Claiborne, 5, -, 5000, -, 100
Robert _. Blackburn, 32, 6, 1600, 40, 100
John B. Crenshaw, 300, 100, 1000, 500, 1000
James D. Moore, 450, 250, 24000, 150, 740
John F. Wren, 500, 300, 10000, 125, 937
Elijah Priddy, 137, 100, 2500, 50, 460
Nancy Blackburn, 17, 18, 250, 30, 166
William C. Taliaferio, 145, 64, 2500, 300, 375
John H. Gilmer, 4, -, 8500, -, 170
Wellington Goodin, 28, 6, 3100, 100, 175
John N. Davis, 10, 4, 300, 20, 100
Samuel J. Rutherford, 58, -, 32000, 200, 360
William E. Allen, 71, 4, 15000, 200, 500
Ulysses B. Pasley, 6 ½, -, 1800, 50, 30
Jesse C. Jones, 100, 37, 2500, 800, 760
Richard Dabney, 40, 65, 1200, 43, 225
Thomas S. Toler, 150, 120, 2000, 100, 200
Wm. C. McGruder, 200, 450, 4000, 100, 300
John E. Woodward, 80, 20, 800, 20, 310
Samuel Cottrell Sr., 200, 500, 4200, 200, 975
Joseph Woodson, 30, 34, 500, 30, 100
William Hutchinson, 40, 33, 800, 100, 130
Archer Henly, 20, 176, 1200, 50, 170
Israel Nuckolls, 200, 74, 1600, 100, 300
Robert H. Henly, 100, 75, 1500, 100, 300
Theodoria B. Lude (Tude), 55, 21, 400, 50, 100

Bryan P. Cottrell, 100, 9, 2000, 225, 325

Solomon Lowenstein, 125, 85, 3000, 100, 425

Joseph W. St. Clair, 40, 125, 1000, 100, 315

Joseph Mayo, 40, -, 6000, 40, 385

William W. Gregory, 120, 30, 15000, 1000, 1100

Michael Winkler, 30, 60, 800, 10, 20

Lucy Chamberlayne, 19, 6, 1500, 30, 210

Robert G. Reed, 20, -, 3000, 30, 100

Quentin Blair, 39, 2, 8000, 360, 721

Jane McKenzie, 28, -, 15000, 40, 130

Wm. G. Gwathney, 10, -, 4500, 90, 130

William Hancock, 33, -, 10000, 100, 120

Lewis D. Crenshaw, 196, 7, 20000, 300, 1200

Joseph Sinton, 100, 150, 6500, 250, 260

Robert L. Staples, 20, 35, 3500, 300, 1200

Ambrose Hutchinson, 263, 264, 12000, 200, 885

Francis Staples, 200, 200, 700, 300, 1250

Edward F. Blair, 84, 48, 5000, 125, 500

Philip M. Tabb Sr., 55, 20, 4000, 100, 1020

Porteaux Robinson, 90, 10, 10000, 100, 800

William Hedrick, 40, 56, 2000, 20, 155

Absolom Blackburn Jr., 38, 52, 2000, 125, 250

Absolom Blackburn Sr., 12, 15, 1000, 25, 40

Willie T. Taylor, 225, 225, 15000, 400, 1000

Nathaniel Bridgewater, 36, 60, 800, 40, 90

Joseph Bernard, 115, 52, 7000, 200, 500

William H. Saunders, 50, 18, 300, 100, 310

William P. Griffin, 36, 100, 1500, 100, 250

Nathaniel King, 150, 67, 6500, 300, 550

Woodson Ford, 40, 60, 1000, 25, 136

J. L. Davis, 150, 420, 7200, 1000, 780

Jno. N. Shields, 100, 40, 20000, 150, 850

Adolph Dill, 100, 63, 10000, 175, 975

William Tinsley, 10, 15, 500, 50, 175

Willis W. Cowlin, 60, 40, 2000, 100, 450

John Clinton, 100, 143, 4000, 128, 338

James Philips, 65, 65, 3000, 125, 1200

Samuel Philips, declines giving information, 175

Alex M. Terrell, 17, 19, 1200, 50, 160

Littleton Read, 65, 35, 1500, 75, 60

Edward T. Mallory, 40, 240, 18000, 50, 100

Nathaniel F. Bowe, 67, 16, 10400, 90, 950

Anthony Robinson Jr., 140, 49, 15000, 125, 740

James C. Spotts, 100, 70, 7000, 100, 450

Thomas A. Alley, 3, 23, 800, 25, 115

D. W. Haxall, 95, 85, 5000, 200, 870

Williamson Browning, 14, 3, 400, 40, 80

George N. Hopkins, 160, 251, 10000, 300, 1146

George F. Guy, 100, 50, 5000, 200, 560

Thomas Gordon, 82, 10, 1200, 100, 410

William N. Gordon, 20, 26, 500, 10, 100
Lucinda Gordon, 18, 19, 1200, -, 30
Richard D. Philips, 60, 40, 6000, 300, 1600
Thomas S. Dickens, 80, 83, 5000, 100, 275
Robert Courtney, 100, 83, 4000, 150, 560
Benj. W. Green, 250, 100, 250000, 750, 3290
Mary E. Edwards, 12, 15, 800, 35, 70
John Sheppard, 100, 24, 450, 150, 570
Martin S. Bowles, 50, 75, 1500, 45, 175
Joseph Robinson, 11, 5, 300, 25, 100
Thomas M. Ladd, 70, 25, 5000, 125, 300
John Carter, 17, -, 2500, 75, 597
Richard G. Tunstall, 8, -, 3000, 50, 120
Jones Via, 8, -, 2000, 40, 100
George Jones, 10, -, 200, 40, 75
Benjamin Pilcher, 50, 15, 1200, 50, 220
Thomas Seaton, 20, 30, 800, 50, 100
William Lawrence, 60, 75, 2500, 500, 250
Simeon Ford, 20, 20, 500, 35, 100

Henry County, Virginia
1850 Agricultural Census, Part II

The University of North Carolina at Chapel Hill filmed the 1850 agricultural census for Henry County from originals at the Library of Virginia under a grant from the National Science Foundation in 1963.

Columns 1, 2, 3, 4, 5, and 13 represent the following information on the census:
1. Name of Owner, Agent or Manager of Farm
2. Acres of Improved Land
3. Acres of Unimproved Land
4. Cash Value of the Farm
5. Value of Farming Implements and Machinery
13. Value of Livestock

Adam Law, 250, 750, 2500, 120, 321
William Gilbert, 87, 259, 1300, 95, 174
Coleman E. Barber, 20, -, 80, 8, 70
John P. Wyatt, 50, 80, 570, 20, 205
John Burch, 50, 111, 160, 10, 86
Jeremiah Hatcher, 25, 175, 150, 10, 142
George Tenny, 82, 83, 600, 15, 239
John Gathard, 100, 346, 1200, 115, 210
Arther Lawrence, 33, 67, 125, 5, 107
Elijah Richardson Sr., 40, 60, 100, 30, 65
John Richardson, 100, 100, 1100, 60, 226
John Richardson Jr., 30, 85, 700, 40, 75
John Wingfield, 15, 141, 321, 10, 75
Anderson Purdy, 50, 350, 100, 10, 250
Elijah Richardson Jr., 105, 95, 1000, 50, 410
George Gravely, 100, 100, 1000, 75, 220
John Gregory, 49, 49, 800, 10, 175
John Hardy, 20, 180, 200, 5, 75
Michael Eggleton, 100, 200, 2000, 15, 450
Stephen Eggleton, 100, 178, 1000, 25, 200
Silas Minter Jr., 20, -, 100, 10, 200
Moses Eggleton, 20, 10, 180, 5, 100
Anderson Stutts, 30, 96, 400, 20, 225
Saunders Stutts, 50, 100, 450, 15, 250
Simpson Cheshire, 12, -, 60, 4, 30
Green L. Barker, 10, 170, 300, 50, 200
Jerrard Burch, 74, 75, 900, 28, 125
Joseph Dyer, 44, 50, 574, 15, 115
Daniel B. Austin, 64, 30, 574, 50, 75
George Davis, 30, -, 180, 20, 259
Abner Richardson, 10, 70, 400, 8, 101
John K. Gravely, 28, 85, 500, 60, 212
Thomas C. Hicks, 200, 200, 3500, 150, 623
Gay F. Eggleton, 100, 243, 2400, 30, 276
Willis Gravely, 250, 622, 2480, 125, 1025
Dolly Stutts, 96, 33, 600, 20, 150
Adam Stutts, 131, 263, 600, 30, 130
Silas Minter Sr., 100, 500, 3000, 250, 598
John D. Barrow, 15, 4, 95, 12, 116
Jesse Barrow, 19, 1, 80, 12, 150

Benjamin S. King, 75, 25, 400, 150, 420
George Richardson, 25, 39, 500, 70, 238
Joseph Eggleton, 40, 30, 50, 26, 175
Zepheniah Stutts, 25, 25, 180, 30, 204
Joseph Stutts, 40, 110, 500, 5, 50
Henry Stegall, 25, 475, 600, 15, 150
John King, 300, 100, 2000, 200, 450
Washington Flood, 250, 550, 6400, 300, 1190
John Lovel, 300, 300, 2000, 125, 625
Lewis Pedigo, 30, 25, 200, 10, 80
Daniel Pace, 40, 13, 70, 10, 213
Joseph Pedigo, 75, 75, 500, 15, 100
Andrew Turner, 300, 580, 3500, 150, 612
Robert Turner, 60, 89, 600, 38, 140
William Jones, 10, -, 80, 10, 120
William Lester, 50, 203, 759, 20, 203
John Lester, 50, 97, 220, 8, 147
Benjamin Barrow, 200, 200, 1600, 100, 500
Lucy Shoemate, 80, 53, 266, 20, 222
Henry Pedigo, 60, 21, 200, 4, 65
James Holly, 15, 92, 728, 10, 100
John S. Lee, 90, 70, 700, 50, 112
David Johnston, 80, 40, 625, 10, 75
Thomas Lester, 80, 100, 700, 10, 150
William Barrow, 150, 240, 1800, 55, 329
Lewis King, 168, 100, 800, 34, 337
Samuel Bowls, 30, 50, 500, 10, 102
Ira Griggs, 55, 175, 660, 10, 81
Michael Griggs, 150, 150, 1000, 50, 232
Charles Stocton, 200, 231, 2600, 250, 527
John Davis, 80, 53, 600, 130, 323
Joseph Jimmerson, 2098, 1049, 26667, 500, 2500
Morgan Meaddous, 524, 1049, 13333, 75, 1128

Drury Bocock, 1169, 1169, 22307, 150, 1602
William C. Walker, 1169, 1169, 22307, 150, 1850
Matilda Dillard, 303, 910, 14000, 200, 1168
Edward Towns, 261, 984, 5614, 300, 1393
Robert Leake, 20, 60, 320, 10, 98
Jesse Wootton, 400, 175, 7000, 250, 774
Craven Wyatt, 70, 34, 416, 5, 129
Mary Eggleton, 125, 25, 600, 20, 155
Zorebable Eggleton, 45, 15, 350, 10, 30
Christopher Kingfield, 68, 68, 544, 30, 223
William H. Hugast (Hugart), 25, 75, 600, 30, 175
Edward Jones, 70, 70, 280, 10, 122
Benj. F. Gravely, 80, 40, 460, 60, 368
Peyton Gravely, 250, 300, 1600, 75, 458
Benjamin Marshall, 125, 125, 1100, 20, 214
Peter Reamy, 200, 50, 1250, 150, 515
Stephen Turner, 100, 436, 1000, 50, 252
Peter Smith, 70, 140, 1500, 40, 318
John Bray, 50, 25, 144, 10, 62
James D. Hairfield, 40, 175, 430, 8, 122
Judith P. Hill, 200, 180, 2000, 50, 410
Charles Philpot, 100, 245, 690, 20, 340
William Shacleford, 60, 59, 700, 20, 293
Nusem Pace, 70, -, 490, 25, 357
William R. Hairfield, 100, 300, 800, 30, 408
John C. Mitchel, 480, 480, 5760, 30, 775

Wesly Griggs, 200, 340, 1890, 50, 571
John C. Tabot, 55, -, 55, 5, 99
George W. Faris, 50, 50, 800, 10, 92
Samuel Shoemate, 15, 42, 220, 5, 56
Burwell Norman, 60, 12, 2000, 25, 390
Overton Dillard, 150, 380, 3710, 125, 693
George Odle, 40, 60, 250, 5, 120
William Sheffield, 330, 330, 3960, 100, 413
John Beale (Beak), 100, -, 300, 8, 60
Thomas Stutts, 50, -, 250, 15, 240
John Hopper, 57, 57, 342, 10, 226
William Lano (Land), 40, 320, 1800, 15, 216
Josiah Turner, 70, 320, 500, 10, 135
James Hopper, 100, 200, 1000, 15, 2555
William H. Mitchel, 60, 100, 900, 50, 287
William T. Morris, 100, 500, 4500, 200, 480
William Clanton, 150, 193, 170, 15, 319
Ludwell Stone, 182, 183, 3300, 375, 870
James Wilson, 100, 208, 615, 40, 176
Nathan Harris, 10, 30, 160, 4, 134
Howard Hicks, 35, 115, 450, 7, 100
Logan Walker, 50, 25, 190, 5, 100
Joseph K. Gravely, 62, 63, 625, 8, 142
Francis Wells, 20, 30, 250, 8, 78
Jefferson Lemons, 44, 6, 300, 10, 133
Israel Davis, 150, 250, 1200, 100, 187
Harrison Hundley, 25, 50, 225, 15, 100
William Beck, 75, 34, 400, 10, 258
Edward Miles, 65, 45, 990, 15, 210
Henry Clarke, 15, 20, 105, 8, 50
James Odle, 40, 72, 224, 10, 218

William King, 12, 78, 112, 5, 113
Cornelius Watson, 30, 70, 30, 5, 53
William Pulliam 25, 475, 1500, 10, 73
John Garrett, 45 100, 435, 10, 94
Calvin Meeks, 12, 3, 75, 5, 44
James Trewt, 25, 475, 1500, 75, 205
Ryland Payne, 16, 49, 130, 3, 106
Thomas Price, 30, 30, 180, 10, 106
Andrew Q. Satterfield, 45, 80, 500, 40, 250
John Higgs, 75, 75, 450, 4, 77
Joseph Odle, 40, 100, 750, 6, 76
John Lewis, Sr., 15, 109, 100, 4, 50
Hezekiah Hopper, 40, 73, 500, 40, 120
William Mills, 15, -, 120, 5, 50
Armistead Glass, 78, 78, 400, 10, 173
Thomas H. Watkins, 379, 379, 6000, 150, 523
Samuel Doyle, 150, 29, 1500, 20, 205
David Mayse, 250, 200, 1200, 100, 160
Ignatius Mitchel, 12, -, 192, 5,114
Elial Wyatt, 125, 375, 2500, 40, 480
William Moor, 100, 60, 800, 10, 146
Elam Williams, 350, 100, 800, 20, 315
Thaddeus Salmons, 30, 70, 800, 15, 70
George Waller, 150, 550, 2000, 150, 425
Nicholas Hainton, 200, 1800, 3000, 125, 446
John Cobler, 30, 124, 200, 5, 85
Mary Waller, 200, 100, 500, 40, 217
Thomas Dunnavant, 300, 400, 1750, 200, 418
Robert Anderson, 134, 134, 1072, 10, 250
James Evans, 60, 25, 200, 5, 67
Joseph Warren, 266, 800, 8520, 200, 469

Mary Salmons, 40, 250, 1500, 50, 144
Thomas H. Bird, 65, 65, 300, 8, 121
Mankin Teel, 75, 222, 850, 50, 314
Benjamin Davis Sr., 100, 200, 1000, -, 151
William S. Thomasson, 50, 600, 300, 40, 264
William Mann, 30, 40, 140, 10, 20
Constantine Martin, 30, 88, 1000, 8, 271
William Draper, 40, 110, 200, 10, 391
Joseph Nunn, 75, 75, 700, 10, 204
William Hurd, 200, 200, 4000, 150, 455
Elkanah Turner, 60, 150, 2100, 60, 288
Nancy Hurd, 60, 40, 500, 20, 280
Jesse Lavender, 15, 100, 345, 10, 185
Hugh Dryer, 50, 200, 1250, 5, 198
Laburn Davis, 6, 54, 240, 3, 69
Thomas Davis, 20, 55, 250, 3, 123
Alexander Bowls, 40, 225, 1000, 10, 130
Stephen Nunn, 25, 75, 300, 10, 175
Presley Thomasson, 20, 60, 400, 10, 140
Riley Nun, 20, 60, 400, 10, 120
Jonathan Martin, 10, 116, 726, 5, 23
Elizabeth Colman, 20, 180, 500, 5, 84
Nicholas Whillow, 40, 160, 600, 5, 62
Riley Thomasson, 50, 157, 500, 10, 101
John Adams, 40, 140, 500, 3, 136
Lewis Bird, 20, 157, 260, 5, 115
Thomas Draper, 40, -, 80, 10, 234
Lewis Bowls, 14, 15, 75, 3, 48
John Hunter, 70, 130, 1000, 25, 234
Wesly Shoemate, 23, 70, 500, 10, 112
William Lawrence, 60, 50, 500, 9, 81

Thomas Eggleton, 64, 100, 656, 15, 179
Joseph Dillion 20, 100, 360, 5, 80
Daniel Shoemate, 100, 1440, 3780, 10, 76
James M. Nunn, 67, 68, 700, 10, 197
James M. Feagle, 8, 512, 1000, 10, 78
Phebe Dillion 50, 150, 1200, 4, 173
Bassheba Stone, 50, 50, 300, 5, 90
Littleberry Stone, 100, 700, 2400, 250, 340
Joseph Lavender, 20, 69, 270, 10, 91
Peter Davis, 50, 64, 342, 4, 107
Richard Bradbury, 25, 48, 219, 4, 76
Jonathan Davis, 40, 193, 711, 20, 161
David Philpot, 100, 250, 2500, 40, 427
Madison Hollandsworth, 20, 70, 250, 8, 82
George Napier, 100, 440, 3000, 200, 723
Thomas Napier, 65, 195, 2000, 125, 232
Joseph Jones, 100, 160, 1040, 10, 284
George Deshazo, 150, 300, 1500, 25, 592
George Woody, 150, 480, 1245, 50, 499
John Walker, 50, 150, 600, 10, 116
Williamson Edwards, 20, 54, 200, 4, 100
Jesse Davis, 20, 30, 150, 5, 107
George Tarver, 80, 210, 1650, 25, 230
Barton Pyrtle, 15, 105, 300, 10, 154
William Davis, 100, -, 300, 10, 300
Early Martin, 38, 112, 650, 10, 105
William Phillips, 40, 38, 500, 100, 185
James Edwards, 15, 85, 300, 4, 100
Hiram Hundly, 305, 5, 100, 5, 100
John A. Lavender, 10, 15, 75, 10, 90
Pleasant Lacy, 30, 120, 450, 8, 208

Sarah Martin, 50, 50, 300, 5, 102
Rachel Dyer, 80, 370, 1500, 5, 236
John W. Philpot, 100, 300, 1500, 50, 170
John P. Philpot, 6, -, 18, 5, 60
Abraham Ross, 150, 750, 2000, 80, 285
Edward Philpot, 100, 200, 1800, 50, 512
Thomas Stanly, 162, 163, 1010, 25, 741
Swingfield Stanly, 10, -, 50, 4, 162
Peter Hollandsworth, 50, 150, 400, 5, 109
Suncel Gorode, 100, 240, 1500, 75, 314
Benjamin Davis Jr., 20, 90, 300, 3, 126
James Coleman, 100, 300, 300, 8, 95
Thomas Cahill, 50, 100, 3000, 50, 413
John D. Pyrtle, 100, 85, 1000, 20, 140
Dalia Shoemate, 15, -, 75, 4, 102
Franky Draper, 50, 50, 150, 5, 118
John Cahill, 35, 102, 800, 30, 287
George Eggleton, 350, 650, 5000, 50, 534
Marshall Hairston, 85, 7000, 28000, 135, 2036
Reamy Jones, 167, 168, 2000, 50, 492
Cornelius West, 440, 440, 4400, 400, 680
Jack Jones, 30, 141, 427, 15, 143
Ambrose Jones, 60, 60, 200, 85, 209
Sarah King, 100, -, 500, 30, 212
Carter Barber, 50, 50, 200, 18, 127
Joseph Thomasson, 40, 130, 700, 80, 292
Richard Wells, 100, 100, 600, 40, 108
Perry Cahill, 100, 300, 3000, 35, 321
Ruth Redd, 266, 534, 10000, 100, 854
James M. Smith, 300, 550, 8000, 200, 710
William Mills Jr., 71, 144, 1500, 30, 384
Anderson Wade, 500, 500, 12000, 250, 853
Curtis Hardy, 6, -, 60, 6, 5
Gider Clark, 12, -, 60, 3, 90
William Clarke, 40, -, 160, 5, 68
George Hundley, 31, 95, 630, 6, 162
John G. Redd, 300, 450, 7500, 200, 520
John Harger, 50, 25, 300, 12, 165
Heroden Philpot, 75, 75, 300, 10, 166
Benjamin Mann, 20, 150, 50, 5, 57
Mathew Seay Jr., 80, 80, 400, 30, 207
Mathew Seay Sr., 80, 80, 400, 30, 140
John Salmons, 200, 165, 2000, 60, 264
William J. Hamlet, 10, 23, 1000, 5, 34
Peter F. Griggs, 15, 215, 1150, 10, 65
Elijah Holler, 300, 300, 2400, 60, 435
Freeman Wells, 75, 18, 300, 5, 92
Thomas Cole, 30, -, 450, 75, 112
Ignatius Mitchel, 45, -, 675, 7, 103
Thomas Wells, 150, 125, 959, 15, 219
Cassandra Clarke, 50, 58, 500, 40, 254
Nancy Thomas, 150, 450, 3000, 100, 501
James Wilson, 300, 163, 3704, 75, 431
Francis D. Pace, 10, -, 40, 12, 124
John Clarke, 75, 125, 1000, 50, 121
John Gravely, 30, -, 90, 10, 124
James M. Barker, 60, 22, 200, 25, 150
James M. Stone, 10, 102, 300, 10, 65
Abner Martin, 100, 200, 900, 50, 371

Guilliam McDaniel, 12,-, 24, 24, 128
Pleasant Nance, 12, -, 25, 5, 101
Benjamin Jones, 165, 165, 1500, 100, 356
Brice E. Davis, 248, 249, 2487, 160, 700
Mary Scales, 600, 600, 12000, -, 1035
Richard Vernon, 75, 58, 266, 10,106
Edward Pankey, 100, 100, 600, 35, 349
John Bateman, 30, 37, 140, 5, 89
Sebard Hall, 43, 47, 250, 5, 60
Barny Cahall, 40, 60, 300, 30, 148
Ayel Bateman, 71, 213, 1000, 30, 215
Daniel M. Tinsly, 250, 350, 11000, 70, 550
Archy Grant, 25, 100, 500, 50, 228
Hopkins Bateman, 73, 100, 345, 4, 51
Hugh Lewis, 15, 85, 300, 10, 90
Burwell Baker, 45, 139, 455, 5, 113
William Griffith, 33, 100, 600, 25, 186
Joseph Barker Jr., 30, 6, 100, 40, 119
John McDaniel, 80, 148, 500, 30, 90
John Turner, 50, 150, 1200, 25, 263
Ruben Mabes, 40, -, 160, 40, 245
William J. Stratton, 20, -, 60, 8, 183
William Fretwell, 130, 100, 2070, 20, 229
Thomas Higgs, 25, -, 75, 5, 136
William Wilson, 25, -, 75, 5, 71
George Lamkin, 100, 40, 350, 30, 232
Richard G. Lamkin, 137, 412, 3300, 100, 497
Dutton Norman, 35, -, 210, 30, 240
Morgan Wilson, 72, 142, 660, 10, 132
Archibald Mitchel, 72, 219, 1200, 30, 85
Doctor Harris, 145, 300, 1300, 50, 255
Elial Bryant, 70, -, 105, 10, 130
Roland Majors, 10, -, 40, 5, 125
John Reamy, 150, 190, 1300, 60, 528
Martha H. Perkins, 200, 160, 2880, 120, 569
Sarah Fontain, 150, 150, 1500, 60, 314
Elizabeth Mitchel, 125, 375, 2000, 50, 363
Granville Mitchel, 20, -, 100, 5, 141
Pleasant B. Price, 12, -, 24, 5, 44
Andrew M. Morton, 12, -, 24, 5, 98
Jefferey W. Stone, 166, 167, 999, 15, 240
John D. Hankins, 100, 860, 960, 50, 207
James Divine, 75, 75, 1000, 40, 319
William A. Taylor, 96, 98, 965, 20, 169
Jamerson B. Pace, 30, 50, 340, 180, 28
James Ranzley, 175, 425 5000, 125, 460
Landers P. Stovall, 20, 380, 1000, 15, 185
William Hill, 60, 20, 600, 50, 439
William Dillion, 200, 356, 1671, 20, 194
David Campbell, 30, -, 90, 10, 201
William Schoolfield, 15, 185, 1100, 50, 176
Josiah W. Herriford, 93, 47, 750, 5, 75
William A. Dandridge, 103, 103, 1300, 200, 597
Garland Leake, 50, 50, 300, 10, 38
Robert Jarrett, 33, 67, 500, 15, 180
Thomas East, 100, 133, 1000, 20, 307
Alexander Bassett, 60, 170, 2040, 50, 629
Henry Mullins, 300, 1000, 4000, 50, 517
Henry Lawrence, 38, 114, 306, 5, 88
William Hensly, 40, 110, 450, 5, 106
Thomas Harbor, 375, 375, 1500, 50, 545

Robert Blackwell, 25, -, 125, 5, 53
Catherine Baker, 125, 175, 800, 50, 360
Morvel Arnton, 10, -, 50, 6, 76
Jesse Perdue, 15, -, 75, 6, 106
David Trent, 100, 100, 500, 10, 290
Chris Mason, 96, 100, 500, 10, 138
William B. Wells, 100, 200, 800, 10, 298
David Craig, 60, 240, 550, 8, 265
Thomas Mitchel, 30, 180, 840, 20, 200
John Calloway, 150, -, 1200, 100, 900
William Mills Sr., 136, 135, 2000, 20, 297
John L. Dillard, 500, 300, 6400, 75, 973
Thomas Oakly, 100, -, 500, 5, 146
Peter Singleton, 75, 37, 336, 10, 373
John East, 100, 170, 700, 250, 445
Westly Wells, 40, 40, 200, 10, 110
William Mitchel, 100, 700, 1600, 40, 267
Emily Napier, 200, 85, 1000, 20, 325
Westly Morriss, 100, 75, 700, 15, 191
Nancy Morris, 175, 125, 1200, 25, 587
Sterling Wells, 50, 150, 500, 10, 201
Abner Seay, 150, 125, 350, 40, 230
William Bundurant, 30, -, 150, 150, 215
Peter Shelton, 300, 143, 2500, 50, 640
John Watkins, 107, 107, 1300, 25, 348
Gett Staples, 200, 160, 2500, 200, 647
Daniel Harris, 75, -, 225, 10, 100
Daniel Taylor, 100, 50, 375, 10, 186
George W. Taylor, 100, 100, 400, 10, 86
Reuben Taylor, 125, 125, 500, 150, 292
John Wade, 300, 229, 2500, 300, 445

Robert Scales, 150, 150, 800, 125, 362
James M. Sattonfield, 75, 18, 200, 7, 86
George Smith, 100, 200, 300, 150, 455
Aron Mills, 50, 54, 300, 5, 143
William Anglin, 300, 400, 5000, 300, 736
Alfred Shelton, 84, 84, 475, 50, 810
Alexander Joice, 125, 75, 800, 10, 246
James Athe, 200, 2000, 8000, 200, 2195
Philip Hill, 150, 50, 200, 20, 97
James Shelton, 50, 16, 250, 10, 245
Henry Cheatham, 100, 100, 2000, 30, 260
Thomas Joice, 300, 20, 2515, 50, 495
James D. Marshall, 25, 30, 165, 10, 216
Peter Dillard Sr., 400, 1846, 21000, 250, 1548
Charles Fag, 80, 60, 500, 10, 179
James Stone, 60, 88, 200, 65, 57
John W. Grayer, 5, 45, 250, 5, 71
Nancy D. Grayer, 157, 158, 945, 30, 224
William Brown, 60, 53, 678, 10, 68
David H. Spencer, 130, 1030, 10000, 100, 600
David Hill, 600, 300, 7200, 150, 1351
Robert Reid, 60, 80, 1000, 100, 507
James F. Odle, 25, -, 125, 125, 68
James Mathews, 400, 101, 4750, 100, 957
Camillus (Cornelius) King, 30, 120, 500, 75, 228
Daniel Cheshire, 200, 100, 1400, 100, 779
William L. Minter, 150, 76, 1356, 85, 430
Robert Mills, 12, 100, 200, 8, 105
James B. Price, 100, 56, 300, 2, 31

Jackson Davis, 100, 256, 300, 15, 329
Thomas Nunn, 60, 90, 1200, 50, 336
William O. Fontain, 225, 75, 3000, 60, 390
John Redd Sr., 1000, 400, 14000, 300, 103
Edmund Redd, 400, 300, 4200, 20, 385
William Beale, 150, 150, 1200, 3, 90
James Trotter, 400, 200, 3000, 20, 431
John Hundly, 15, -, 75, 10, 100
Dread Holt, 450, 450, 7000, 200, 770
James B. Mills, 30, -, 150, 5, 45
Thomas C. Bouldin, 200, 187, 600, 210, 284
Jarrett Patterson, 30, 102, 550, 10, 431
Willis Jones, 200, 300, 2500, 50, 278
Fleming Gregory, 60, 53, 500, 50, 184
Mary Minter, 100, 130, 700, 60, 189
Lucy Burgess, 100, 44, 920, 20, 120
Jacob Heffelfinger, 100, 300, 1000, 30, 196
Thomas Gilly, 30, -, 120, 8, 101
Beverly Flanagan, 110, 223, 2250, 10, 227
Martin Joice, 100, 340, 1320, 10, 156
James Puliam 50, 250, 275, 20, 158
Fontain Nance, 20, 68, 400, 50, 100
Edmund Sterling, 120, 143, 1700, 30, 325
Lenard Anderson, 250, 550, 3750, 130, 684
James Dunn, 20, 55, 100, 5, 178
Wilson Jones, 185, 170, 600, 50, 340
Elijah Sams, 20, 72, 300, 5, 165
Martin Cayton, 41, 41, 300, 50, 115
Hardin Nance, 50, 50, 600, 40, 189
Charles Jones, 15, 165, 800, 20, 167
Felix Pratt, 25, -, 100, 3, 30
King Jones, 200, 400, 3000, 60, 391
William J. Pratt, 30, 20, 150, 4, 66

Lucy Norman, 200, 400, 2500, 40, 125
George Bateman, 30, 70, 300, 5, 100
Soward Anderson, 100, 100, 600, 5, 185
Duke Price, 150, 150, 2000, 50, 250
James Evans, 65, 20, 100, 3, 55
Washington Oakly, 12,-, 24, 4, 13
William Trent Sr., 150, 250, 1600, 100, 553
John P. Price, 150, 573, 4000, 100, 740
Josiah Wilks, 100, 8, 324, 10, 317
George Hairston Jr., 800, 800, 111200, 300, 1212
William Floyed, 80, 80, 380, 30, 191
Philip Anglin, 95, 15, 300, 60, 296
Patsey Bouldin, 20, 19, 350, 10, 45
Lewis Tush, 50, 201, 500, 20, 205
Nancy Watkins, 50, 130, 540, 10, 155
Bery D. Moor, 10, 378, 1000, 100, 131
Andy Wilson, 100, 100, 400, 10, 75
John T. Hairston, 518, 518, 5180, 270, 1129
Francis Mills, 100, 92, 600, 10, 130
George Griggs, 300, 600, 7200, 250, 1670
Isham Fry, 200, 258, 80, 40, 173
James P. Mills, 14, 13, 150, 10, 28
Eli Watkins, 140, 196, 500, 40, 320
William Doyle, 30, 70, 350, 40, 128
Maria Waller, 345, 115, 6000, 100, 487
Polly Franklin, 52, 53, 500, 50, 215
Prior Green, 80, 115, 650, 25, 222
Isah Turner, 60, 100, 600, 10, 191
Stephen Turner, 15, 185, 600, 20, 250
Moses Turner, 8, -, 32, 10, 89
Willis Mahon, 10, -, 25, 10, 166
Thomas Jones, 168, 168, 568, 50, 290
Edmund Mahon, 37, 100, 500, 50, 193

George Harriss, 50, 60, 290, 10, 144
Bentley Jones, 150, 650, 400, 30, 55
Jesse Hollandsworth, 70, 30, 150, 5, 90
John Payne, 50, 50, 400, 5, 30
Woodson Bassett, 75, 125, 1000, 100, 228
Reynard Dea (Red), 66, 34, 250, 75, 256
George Hairston Sr., 204, 205, 6953, 340, 1650
Richard Pritchet, 50, 136, 558, 65, 116
Frederick Bouldin, 125, 75, 400, 100, 427
George Fuller, 100, 50, 300, 10, 118
Ellison Dillion, 15, -, 45, 10, 115
Peter F. Dillard, 10, 200, 3000, 100, 375
Joseph Sladen, 800, 800, 16000, 100, 1302
Wm. B. Trent, 200, 100, 1200, 100, 1294
Geo. Morrison, 200, 100, 3000, 75, 615
Kitty Cole, 300, 125, 8500, 20, 325

Highland County, Virginia
1850 Agricultural Census

The University of North Carolina at Chapel Hill filmed the 1850 agricultural census for Highland County from originals at the Library of Virginia under a grant from the National Science Foundation in 1963.

Columns 1, 2, 3, 4, 5, and 13 represent the following information on the census:
1. Name of Owner, Agent or Manager of Farm
2. Acres of Improved Land
3. Acres of Unimproved Land
4. Cash Value of the Farm
5. Value of Farming Implements and Machinery
13. Value of Livestock

Thos. Graham, 200, 650, 5000, 80, 1200
Leonard Ervine, 12, 570, 1000, 5, 188
Caleb A. Gardner, -, -, -, -, 90
Samuel H. Gardner, 20, -, 1000, 40, 200
Benjamin Ervine, 80, 1500, 2000, 75, 5000
Ezekiel Townsend, 230, 70, 3000, 200, 5000
Wm. Ervine, 65, 240, 2000, 80, 480
Wm. Ervine, -, -, -, -, 85
Thos. Camble, 400, 3700, 8000, 100, 2500
Thos. Camble, -, -, -, -, 10
Thos. Camble, -, -, -, 5, 45
Thos. Camble, -, -, -, -, 15
Wm. Ervine, -, 500, 1000, 1, 57
Wm. Camble, -, -, -, -, 600
Wm. Camble, -, -, -, 5, 400
Edward S. Calahan, 20, 20, 400, 3, 150
Edward S. Calahan, -, -, -, 90, 200
John W. Gevin (Givin), 75, 125, 2500, 120, 1300
John W. Gevin (Givin), -, -, -, -, 325
Levine Matheny, 100, 260, 3000, 100, 520

Margaret Matheny, 75, 80, 2000, 10, 400
James H. Rider, 54, 117, 2000, 200, 335
Jacob C. Doil, 15, 110, 550, 70, 380
Jacob C. Doil, -, -, -, -, 70
Eli Doyle, 20, 147, 167, 20, 180
Eli Doyle, -, -, -, -, 15
Eli Doyle, -, -, -, -, 135
Wm. M. C. Wade, 150, 250, 3000, 50, 1350
Davis Townsend, -, 210, 100, 3, 250
George H. Bird, 80, 340, 2500, 30, 220
Adam Lightner, 250, 2000, 6000, 100, 1560
Adam Lightner, -, -, -, -, 75
Adam Lightner, -, -, -, 50, 400
John Wade Sr., 200, 1200, 6500, 200, 1500
Henry S. Wade, 60, 70, 1500, 75, 500
Henry S. Wade, -, -, -, -, 18
Henry S. Wade, -, -, -, 15, 150
Abraham May, -, 20, 100, 8, 30
Rachel May, 50, -, 225, -, 20
Alexander Gillmore, 400, 2000, 14000, 100, 2400
Peter H. Bird, 50, 1300, 1800, 20, 375

Peter H. Bird, -, -, -, 3, 75
John Dover, 250, 1100, 8500, 200, 2834
Wm. Bird, 100, 200, 2000, 100, 540
Valentine Bird, 120, 100, 2000, 50, 410
John Chesnut, 200, 1000, 5500, 150, 1290
John Chesnut, -, -, -, -, 100
John Chesnut, -, -, -, -, 290
Samuel Ruckman, 400, 1500, 10000, 200, -
John W. Davis, 30, 280, 800, 4, 100
John W. Davis, -, -, -, 75
John W. Davis, -, -, -, -, 100
Francis Nicholas, 12, 68, 350, 3, 110
Daniel Wilfong, 50, 350, 2000, 5, 550
Eli Wilfong, 30, 200, 1000, 3, 350
Eli Wilfong, -, -, -, 10, 360
Eli Wilfong, -, -, -, 5, 50
Washington Lockridge, 200, 2700, 150000, 50, 1000
John W. Long, 6, 9, 250, 1, 6
James Smith, 50, 100, 1000, 30, 150
James Mourtin, 8, 500, 1500, 75, 125
William Church, 20, 150, 500, 30, 125
Jeremiah Johns, 60, 190, 1000, 50, 90
Samuel Jones, 100, 570, 1768, 20, 300
Wm. Hodge, 20, 12, 300, 100, 300
Elizabeth Bodkin, 100, 40, 1500, 2, 100
Jacob Crumit, 30, 70, 500, 25, 220
Joseph Rexrode, 70, 105, 700, 10, 350
Sally Sims, 100, 12, 800, 15, 525
Sally Sims, -, - -, 5, 250
Wm. Ervine, 150, 250, 1500, 100, 370
John Birk, 200, 450, 2000, 10, 630
Henry C. Jones, 100, 200, 1500, 60, 400
Andrew J. Jones, 200, 3000, 3500, 60, 500
Christena Smith, 50, 200, 800, 20, 400
Decatur H. Jones, 50, 100, 1000, 20, 250
James Smallridge, 30, 300, 1000,-, 170
Thos. Mourtin, 25, 50, 650, -, 275
Sarah Mourtin, 50, 50, 600, 10, 1225
Wm. Bodkin, 60, 193, 1100, 10, 125
Thos. Brown, 50, 69, 1200, 10, 300
John D. Ervine, 40, 125, 1300, 50, 300
Debora Ervine, 100, 150, 3000, 50, 500
Alexander Hiner, 20, 60, 500, 35, 170
Saml. Hiner, 20, 60, 500, 32, 100
James Moyers, 200, 700, 4000, 100, 1000
George Eagle, 300, 300, 5000, 100, 550
Saml. Moyers, 200, 700, 4000, 100, 1000
Saml. Moyers, -, -, -, -, 100
Reuben Hevner, 80, 105, 1700, 30, 410
Jacob Hull, 200, 1200, 1500, 170, 1675
Jacob Hull, -, -, -, 10, 80
John J. Kinkead, 130, 79, 5000, 150, 1620
Wm. P. Kinkead, 130, 157, 4500, 10, 1050
Rachael Hull, 100, 475, 2500, 20, 750
Harvy Hall (Hull), 30, 75, 500, 10, 219
Elizabeth Gum, -, -, , , 75
John E. Gum, 100, 300, 5000, 125, 1300
McBride Gum, 3, 10, 60, 5, 125
Alsy Gum, 30, 50, 1000, 5, 375
John Gum, 30, 50, 1000, 5, 236

Jacob Crowshorn, 200, 54, 5000, 1100, 1318
Jacob Crowshorn, -, -, -, -, 125
Jacob Crowshorn, -, -, -, -, 150
John Lightner, 300, 700, 7500, 200, 3020
Adam Stephenson, 100, 700, 4000, 10, 780
Benjamin Cambell, 140, 160, 5000, -, 420
Benjamin Cambell, -, -, -, -, -
Benjamin Cambell, -, -, -, -, 110
James Woods, 60, 50, 2200, 10, 425
John Hull, 200, 900, 3600, 150, 1510
Wm. Townsend, 70, 670, 2500, 40, 1010
Wm. Townsend, -, -, -, 10, 25
John Gum, 3, 47, 200, 5, 116
Leonard Gum, 100, 580, 1000, 50, 360
Leonard Gum, -, -, -, 10, 170
Leonard Gum, -, -, -, 10, 125
Leonard Gum, -, -, -, 5, 50
Leonard Gum,-, -, -, 20, 165
Leonard Gum, -, -, -, 5, 335
Mathew Given, 200, 100, 3000, 5, 400
Mathew Given, -, -, -, -, 30
Edward Ervine, 50, 50, 2000, 20, 160
Edward Ervine, -, -, -, -, 175
Edward Ervine, -, -, 10, 10, 100
David H. Bird, 60, 1000, 2000, 120, 500
Jno. C. Bird, 50, 1000, 2000, 50, 440
David Bird, 40, 1000, 2000, 20, 200
Wm. C. Bird, 50, 10, 1000, 5, 420
Francis Gardner, 130, 870, 3000, 20, 456
Fredk. Bird, 90, 8, 3000, 20, 225
John S. Lamb, 10, 28, 200, 5, -
John S. Lamb, -, -, -, 10, 135
Jacob Brisco, 40, 40, 800, 10, 1225
Jacob Brisco, -, -, -, 5, 50
Isaac Brisco, 50, 80, 500, 10, 75
Isaac Brisco, -, -, -, 10, 130

Abm. Wade, 70, 100, 1500, 15, 375
John Woods, 190, 10, 2000, 20, 175
James Wade, 150, 472, 3800, 75, 1200
James Curry, 2, -, 200, 1, 50
Abraham Gum, 100, 150, 3500, 20, 630
Isaac Gum, 65, 100, 3000, 150, 700
Adam Gum, 75, 510, 3000, 20, 656
Reuben Slaven, 360, 813, 10000, 200, 2281
Reuben Slaven, -, -, -, 25, 650
Danl. McNulty, 30, 140, 1750, 30, 610
Henry Gum, 200, 200, 1000, 10, 1650
Michael Trainer, 75, 225, 2000, 15, 500
David Given, 150, 150, 3000, 100, 400
James Gay, 150, 3350, 8800, 5, 2126
James Gay, -, -, -, -, 150
Peter Beverage, 40, 217, 600, 10, 215
Peter Beverage, -, -, -, -, 75
Wm. Gum, 50, 50, 1500, 50, 200
Jane Gum, -, -, -, 10, 250
Jane Gum, -, -, -, 5, 200
John P. Hall (Hull), 30, 80, 1200, 10, 500
Fredk. K.Hall (Hull), 300, 2620, 1500, 250, 3290
Wm. Mullinax, 100, 200, 3000, 20, 930
John Cambell, 150, 70, 3500, 20, 560
Saml Cambell, 175, 35, 3500, 50, 960
George Fox, 150, 190, 2500, 20, 680
George Fox, -, -, -, -, 400
John Bird, 334, 1630, 7000, 300, 1250
Wm. Swadley, 10, 220, 800, 2, 100
Adam Rexrode, 50, 33, 1500, 10, 325

George Beverage, 75, 125, 4000, 150, 900
George Beverage, -, -, -, -, 100
James Jones, 40, 270, 1000, 15, 600
Paschal Davis, 210, 661, 3500, 160, 1015
Paschal Davis, -, -, -, 100, 100
James Davis, 200, 1000, 5000, 100, 1560
Saml. Edmond, -, -, -, -, 75
David Stewart, 50, 80, 800, 5, 240
Ewing Dever, 150, 108, 1800, 20, 525
Ewing Dever, -, -, -, -, 30
John Sharp, 200, 700, 7000, 20, 850
John Sharp, -, -, -, -, 80
John Sharp, -, -, -, -, 75
John Sharp, -, -, -, -, 65
John Sharp, -, -, -, 10, 85
John Sharp, -, -, -, 5, 150
Jared M. Fox, 40, 60, 600, 10, 150
David McNulty, 40, 42, 820, 25, 175
Geo. W. Hite, 6, 86, 500, 10, 130
Jas. P. Reed, 3, 57, 300, 10, 155
Rebecca Carpenter, 30, 470, 2500, 40, 450
Stewart & Townsend, 40, 100, 1300, 5, 240
Wm. Hillingsworth, 15, 100, 500, 10, 200
Thos. T. Brown, 30, 270, 1500, 10, 215
Jane Stephenson, 100, 100, 4000, 75, 950
Jane Stephenson, -, -, -, 3, 185
David Givin, 200, 400, 6500, 200, 1562
David Givin, -, -, -, -, 65
Michael Wise, 200, 650, 6000, 125, 760
David G. Kinkead, 100, 300, 5000, 40, 240
James Terry, 60, 40, 2000, 120, 650
James Terry, -, -, -, 10, 150
John Wiley, 130, 400, 4230, 40, 930
Robt. Wiley, 130, 400, 4000, 20, 800

John Hiner, 20, 254, 1500, 175, 407
John McGlofflin, 100, 360, 2500, 50, 1171
William Hix, 40, 200, 600, 20, 300
Wm. Stephenson, 25, 95, 1200, 20, 150
Michael Doil, 40, 200, 1500, 50, 350
Joel Yeager, 80, 35, 1000, 20, 200
Sarah Gibson, 100, 1320, 5000, 425, 1212
Sarah Gibson, -, -, -, -, 50
John Draper, 40, 42, 1640, 20, 275
Saml. Givin, 200, 350, 8000, 20, 1262
James Givin, 100, 120, 4000, 10, 500
Wm. Trimble, 15, 163, 1700, 25, 300
Robt. Beverage, 80, 43, 1000, 15, 200
Jos. B. Hiner, 6, 50, 300, 5, 100
Susan Benson, 60, 800, 6000, 40, 770
Susan Benson, -, -, -, 20, 400
Susan Benson, -, -, -, 10, 175
Rankin Douglass, 40, 262, 1000, 150, 420
John S. Pullin, 12, 320, 1200, 70, 200
John S. Pullin, -, -, -, 130, 410
John S. Pullin, -, , , 5, 200
John S. Pullin, -, -, -, 10, 140
Joseph Layne, 80, 90, 1710, 15, 473
Joseph Layne, -, -, -, 5, 75
Joseph C. Malcomb, 60, 224, 3000, 30, 400
John Malcomb, 40, 50, 2000, 5, 200
James Malcomb, 30, 110, 375, 30, 225
Jacob Baker, 50, 187, 1000, 78, 175
Henry W. Wilson, 35, 65, 450, 15, 150
Henry W. Wilson, -, -, -, 10, 100
James Hicklin, 80, 600, 4000, 20, 400
John Deverix, 60, 90, 1200, 20, 250
John Shaver, 200, 139, 3000, 75, 600
Thos. Douglass, 40, 39, 600, 20, 215

Henry Fleisher, 100, 300, 3000, 150, 460
Ger. H. Benson, 60, 300, 1000, 150, 200
Lewis Davis, 200, 557, 3500, 125, 1210
Paschal Williams, 100, 7, 963, 20, 809
Paschal Williams, -, -, -, 5, 185
Paschal Williams, -, -, -, 3, 90
John Samples, 70, 260, 300, 65, 760
John White, 100, 1000, 4100, 150, 750
Geo. White, 100, 900, 7000, 150, 1265
Isaac Benson, 100, 130, 3500, 100, 153
Thos. Beverage, 80, 75, 1500, 100, 340
Wm. Wilson, 700, 800, 18953, 200, 800
James Trimble, 300, 800, 10000, 200, 2000
John Jones, 50, 1000, 2000, 100, 436
Wm. Rexrode, 35, 45, 400, 5,100
David Varner, 40, 50, 1500, 15, 300
Joseph Varner, 70, 67, 2000, 10, 300
Joseph Varner, -, -, -, -, 115
Lewis Snider, 30, 200, 1500, 20, 120
Danl. Varner, 30, 380, 900, 7, 165
A. Hanson Cambell, 80, 100, 3000, 25, 1050
John Snider, 1000, 3900, 40000, 400, 1150
David Snider, 30, 240, 1500, 5, 756
Leonard Nicholas, 27, 4, 400, 10, 100
Geo. Hammer, 50, 86, 2000, 15, 375
Geo. Nicholas, 65, 80, 1500, 35, 385
Solomon Waggoner, 265, 245, 4000, 300, 1100
Solomon Waggoner, -, -, -, 5, 90
Solomon Waggoner, -, -, -, 5, 100
John Mullinix, 25, 105, 1000, 45, 250
John Mullinix, -, -, -, 10, 20
Geo. Mullinix, 150, 175, 3500, 75, 400
Chas. T. Gray, -, 50, 25, -, 180
Chas. T. Gray, -, -, -, -, 40
Chas. T. Gray, -, -, -, -, 165
Andrew Seybert, 90, 40, 3500, 20, 2200
John Sitlington, 2000, 14000, 70000, 400, 16973
Thos. G. Sitlington, -, 1000, 1000, 150, 1100
John Luckey, 30, 100, 1200, 30, 235
Abm. Snider, 10, 32, 700, 100, 440
Adam Propst, 15, 31, 450, 100, 250
Adam G. Miller, 70, 530, 4000, 100, 200
Adam G. Miller, -, -, -, 5, 100
Jacob Hammer, 100, 150, 3000, 100, 700
Adam Fox, 100, 200, 2800, 30, 425
Henry Hevner, 200, 350, 5800, 150, 700
John Fox, 50, 69, 1190, 20, 200
Jacob Shineberry, 50, 220, 1000, 20, 280
Solomon Waggoner, 50, 320, 1200, 20, 300
Solomon Waggoner, -, -, -, 5, 155
Benjamin Swecker, 130, 250, 4000, 200, 1070
Wm. Simmons, 25, 75, 1000, 10, 277
Mark Simmons, 50, 100, 2000, 20, 250
Jacob White, 20, 140, 150, 15, 300
Benjamin Rexrode, 100, 347, 3000, 15, 1000
Solomon Rexrode, 125, 1175, 6000, 5, 350
John Grogg, 55, 55, 1500, 10, 125
Henry Grogg, 640, 100, 100, 10, 200
Isaac Peck, 50, 100, 1500, 30, 300
Leonard Rexrode, 40, 150, 570, 20, 200
Ephraim Arbogast, 60, 305, 3750, 20, 300

George Mullinix, 30, 150, 1720, 30, 175
George Vandevender, 100, 30, 2135, 50, 235
George Vandevender, -, -, -, 5, 225
Michael Rexrode, 23, 100, 125, 5, 100
Henry Seybert, 300, 2000, 5000, 10, 780
Jacob Seybert, 300, 500, 7500, 150, 1300
Jacob Seybert, -, -, -, 20, 100
John Peck, 69, 70, 1400, 30, 230
Abr. Peck, 30, 60, 600, 10, 180
Wm. Beverage, 50, 80, 1000, 10, 120
John Vandevender, 30, 70, 500, 5, 130
Geo. Rimer, 18, 145, 600, 5, 75
Henry Peck, 20, 39, 500, 5, 100
Jacob Peck, 20, 49, 500, 5, 85
John Peck, 15, 115, 100, 5, 65
Cornelius Whitecotton, 20, 114, 150, 10, 200
George Halterman, 15, 85, 600, 5, 50
Joseph Halterman, 6, 50, 500, 25, 110
Delila Rimer, 20, 25, 500, 10, 100
George Fleisher, 230, 70, 6000, 200, 1100
George Claw, 50, 179, 2600, 20, 500
George Claw, -, -, -, 20, 200
Levi Arbogast, 75, 75, 3760, 10, 600
John H. Chew, 7, 350, 500, 5, 350
John H. Chew, -, -, -, 5, 75
Jacob Newman, 50, 59, 1780, 30, 500
Jacob Newman, -, -, -, 200, 350
Philip Wimer, 170, 200, 1900, 50, 150
Henry Wimer, 100, 90, 3800, 75, 620
Jas. Harper, 30, 110, 400, 5, 130
Eml. Arbogast, 150, 490, 11275, 275, 2130
George Arbogast, 15, 75, 3760, 10, 600

Cornelius Colaw, 50, 30, 1000, 10, 425
Jonathan Arbogast, 100, 100, 2000, 150, 800
Lewis Simmons, 10, 56, 100, 10, 30
John Puffenbarger, 20, 90, 1500, 10, 125
Mary Colaw, 200, 200, 2000, 150, 1600
Geo. Colaw, 200, 80, 7000, 50, 1700
Jesse Colaw, 60, 70, 2000, 20, 500
Wm. Halterman, 23, 8, 400, 10, 175
Wm. Halterman, -, -, -, 100, 325
Adam Halterman, 75, 440, 500, 10, 25
Benj. Fleisher, 350, 1300, 9100, 100, 1500
Adam Stephenson, 100, 200, 3000, 150, 700
Adam Fleisher, 120, 100, 3000, 65, 325
Adam Snyder, 25, 319, 2000, 20, 270
Wm. W. Flemming, 80, 57, 3000, 5, 710
David Stephenson, 70, 200, 3000, 100, 1000
John Nicholas, 16, 50, 500, 20, 75
Polly Pullin, 30, 60, 300, 20, 100
Saml. Wilson, 50, 200, 250, 50, 46
Saml. Rexrode, 30, 44, 600, 5, 85
John Hevner, 75, 165, 4000, 20, 685
Jacob Hevner, 800, 5000, 30000, 300, 4570
Jacob Hevner, 700, 600, 5000, 100, 1000
Adam Gum, 60, 22, 2000, 50, 190
Joseph Jones, 100, 500, 3000, 15, 650
John Beverage, 250, 150, 3000, 15, 650
Benj. Arbogast, 60, 20, 2250, 25, 650
Isaac Seybert, 150, 1200, 4000, 25, 975

Danl. Waybright, 60, 200, 1500, 30, 325
Henry Gum, 30, 60, 1000, 10, 200
Peter Gum, 40, 40, 2000, 10, 265
Joseph L. Chew, 40, 240, 2000, 25, 250
Henry Waggoner, 100, 420, 2000, 20, 560
John A. Hidy, 8, 192, 1000, 25, 300
Jacob Hidy, 200, 213, 8260, 25, 435
Sarah Arbogast, 80, 220, 2500, 25, 350
Jonas W. Chew, 100, 40, 3500, 150, 200
Wm. Hevner, 250, 80, 10000, 6, 1900
John Jack, 150, 150, 4000, 150, 800
Saml. Life, 75, 55, 2000, 140, 265
Jonas Lants, 130, 110, 3200, 75, 756
Benj. Lants, 75, 205, 3200, 150, 1000
Geo. N. Kinny, 20, 130, 2000, 60, 735
Henry Nicholas, 30, 30, 1000, 20, 370
Wm Colaw, 30, 39, 3000, 20, 340
Henry Arbogast, 60, 22, 2400, 25, 400
Wm. McClung, 600, 4000, 15000, 250, 5600
Loftus Pullin, 300, 2380, 10000, 150, 2000
John Shaver, 50, 57, 600, 10, 200
John B. Sewart, 120, 200, 2500, 40, 920
Jane Malcomb, 100, 100, 1000, 100, 500
Frances Curry, 9, 190, 1000, 50, 150
Furgason Malcomb, 60, 150, 2500, 20, 300
Henry Ruleman, 100, 300, 6000, 30, 400
Robert Curry, 50, 200, 1200, 20, 400
Joseph Edmond, 35, 235, 1000, 30, 215
David Mauzy, 100, 100, 1800, 40, 1150
Jacob Edmond, 70, 330, 1000, 20, 450
John T. Armstrong, 175, 140, 3000, 150, 700
John Leach, 170, 130, 2000, 50, 1020
Robt. S. Houk, 150, 380, 5000, 150, 1380
Joseph Bodkin, 75, 130, 2000, 10, 46
Christopher Simmons, 60, 300, 1500, 10, 500
Jack Bodkin, 100, 60, 2000, 10, 700
Saml. Bodkin, 70, 26, 1200, 10, 250
Samuel Armstrong, 50, 210, 2000, 15, 360
Able H. Armstrong 150, 250, 5000, 125, 1150
Henry Sanger, 200, 300, 4000, 150, 1050
Sampson Jordon, 30, 150, 1000, 10, 125
Josiah Hiner, 350, 480, 6025, 50, 1300
Young J. Hiner, 21, 100, 1000, 5, 200
Joel Cyple, 180, 180, 5000, 275, 1200
Benj. F. Jackson, 100, 64, 1300, 150, 560
Robt. T. Gay, 100, 160, 1000, 10, 330
John Blagg, 100, 247, 2000, 20, 1000
Eli Wilson, 20, 30, 500, 15, 250
Eli Wilson, -, -, -, 40, 300
James Blagg, 100, 207, 2000, 20, 300
Henry McCoy, 100, 600, 4000, 100, 660
Wm. Smith, 70, 63, 1000, 10, 120
Saml. Wilson, 190, 197, 2150, 20, 500
Sally Hicklin, 100, 100, 2000, 100, 520

Saml. Smith, 60, 38, 900, 25, 120
Jared Armstrong, 200, 100, 3000, 20, 850
Saml. James, 40, 70, 1000, 50, 420
Ellener Armstrong, 100, 60, 2400, 75, 450
Geo. Armstrong, 100, 69, 1800, 10, 610
Jared Armstrong, 200, 200, 5000, 250, 1750
Wm. Curry, 30, 50, 1500, 10, 200
Jonathan Seron(Siron, Sirow), 150, 420, 2300, 200, 1100
Polly Eagle, 50, 150, 600, 5, 110
Joseph Siron, 200, 400, 6000, 50, 1500
Jacob Siron (Sirow), 100, 200, 2000, 50, 720
Wm. Wilson, 100, 100, 850, 20, 225
Ann Ralston, 50, 70, 1000, 100, 420
John Stewart, 250, 400, 8000, 200, 1710
Chas. Stewart, 200, 400, 8000, 200, 2000
Jas. A. Bath (Beath), 80, 220, 2000, 100, 750
James Beath, 30, 170, 600, 20, 50
William Wilson, 50, 200, 1000, 100, 200
Birkly Pemberton, 20, 22, 600, 5, 50
Wm. Vent, 63, 200, 1000, 10, 150
David Given, 10, 140, 200, 5, 50
Washington Johns, 20, 140, 500, 10, 150
Saml. Johns, 20, 40, 500, 10, 750
St. Clair Stewart, 500, 1200, 1000, 200, 7000
Jane Friel, 53, 57, 600, 10, 150
Wm. Johns, 80, 80, 800, 20, 225
Jas. Stewart, 200, 700, 5000, 200, 900
Robt. A. Stewart, 75, 160, 2500, 200, 500
John Bishop, 10, 70, 100, 5, 40
Allen Deverix, 30, 200, 250, 10, 150
Allen Deverix, -, -, -, 5, 150

Moses Given, 130, 370, 1800, 10, 500
Wm. Given, 40, 200, 1200, 100, 5000
John Given, 80, 300, 1500, 100, 800
Hamilton Benson, 150, 400, 2000, 50, 500
Peter Hoffman, 300, 1100, 5000, 200, 1500
David Kinkead, 190, 90, 2500, 100, 700
Chas. Kinkead 140, 40, 3000, 150, 800
Saml. Marshal, 100, 30, 2000, 10, 300
Saml. Hiner, 100, 125, 2000, 200, 500
And. H. Bird, 300, 100, 1200, 300, 2800
Wm. Stewart, 120, 466, 5500, 120, 855
Chas. Miller, 150, 395, 5500, 120, 658
Isabella Bradshaw, 100, 400, 2000, 100, 1000
John Bradshaw, 50, 100, 1400, 20, 220
Morgan Stewart, 50, 50, 200, 10, 200
Jacob Keister, 50, 83, 650, 10, 150
Robert Lockridge, 100, 800, 3000, 10, 700
Wm. Lockridge, 25, 1000, 2000, 10, 150
Rebecca Hamilton, 150, 200, 5000, 400, 1550
John Graham, 200, 400, 6000, 100, 1400
John Koonts, 150, 250, 4000, 100, 1000
George Carlyle, 30, 170, 600, 20, 50
Jesse Carrol, 200, 100, 6000, 250, 1500
Edward Stewart, 100, 80, 3500, 20, 600
Henry Pullin, 50, 150, 2000, 120, 600

Jesse Pullin, 60, 110, 2500, 100, 650
Thos. Oakes, 20, 50, 250, 20, 150
Susan Wright, 100, 800, 3000, 150, 600
John Carlyle, 120, 800, 3000, 150, 600
Saml. Pullin Jr., 100, 800, 4000, 150, 1000
Saml. Pullin, 60, 700, 2500, 150, 1200
Harvy Hicklin, 60, 110, 900, 60, 300
Jacob Stewart, 200, 300, 5000, 110, 1000

Wellington Vance, 150, 490, 600, 20, 700
Robert Pullin, 4, 350, 700, 15, 400
Peter Kinkead, 150, 59, 6000, 20, 1512
Jas. B. Cambell, 700, 6000, 10000, 100, 700
Robt. Sitlington, 70, 1700, 20000, 150, 5300
Peter Hull, 800, 2200, 25000, 400, 5760

Isle of Wight County, Virginia
1850 Agricultural Census

The University of North Carolina at Chapel Hill filmed the 1850 agricultural census for Isle of Wight County from originals at the Library of Virginia under a grant from the National Science Foundation in 1963.

Columns 1, 2, 3, 4, 5, and 13 represent the following information on the census:
1. Name of Owner, Agent or Manager of Farm
2. Acres of Improved Land
3. Acres of Unimproved Land
4. Cash Value of the Farm
5. Value of Farming Implements and Machinery
13. Value of Livestock

This county had several households with (FN) after the name. There was no explanation of what this (FN) meant. However, I've determined that it meant Free Negro.

Richard Reynolds, 100, 50, 1800, 50, 400
Priscilla Pedin, 100, 100, 2500, 60, 450
George W. Andrews, 75, 105, 2500, 60, 450
Edmund B. Pedin, 80, 130, 2000, 60, 150
William Davis, 75, 65, 500, 1, 100
Edwin Brinkley, 150, 70, 1200, 30, 400
John R. Todd, 250, 750, 12000, 150, 1410
Saml. P. Jordan, 150, 50, 4000, 100, 714
John D. Halstead, 80, 95, 1800, 100, 453
Willis J. Brinkley, 90, 139, 1600, 50, 412
Wiley G. Bagnall, 145, 205, 3000, 100, 645
Joseph Goodwin, 300, 391, 6000, 50, 750
Tho. Groes, 5, -, -, 1, 20
Wm. H. Murray, 30, -, -, 12, 83
Emily Garrison, 2, -, 250, -, 16
Abraham D. Jones, 100, 20, -, 50, 490
Jos. Norsworthy, 100, 200, 2400, 40, 440
Thos. F. & P. Cowper, 130, 650, 4000, 50, 1055
Nathl. W. Norsworthy, 150, 91, 2500, 50, 576
W. P. Jordan Jr., 75, 425, 4000, 25, 550
Elijah Hollaway (FN), -, -, -, 1, -
Gillespie Shepherd (FN), -, -, -, -, 5
Leml. Ward (FN), 3, -, -, 1, 25
James I.(T) Driver, 50, 83, 800, 25, 243
John Brinkley, 75, 75, 2000, 25, 305
Wm. Hines, 140, 360, 5000, 40, 419
Henry Bagnall, 100, 52, 1200, 10, 238
Willis Corbell, 8, -, -, 2, 300
Geo. W. Milby, 30, 40, 700, 15, 136
Benj. D. Whitehead, 40, 260, 1500, 30, 145
John T. Brinkley, 35, 40, 1250, 30, 489
Edmund Britt of Jas., 75, 225, 3000, 30, 290

Polly Brinkley, 40, 35, 1000, 5, 96
Darden D. Hall, 75, 255, 2750, 40, 517
Wm. H. Baradell, 275, 248, 7000, 100,870
Bathl. Lightfoot, 120, 90, 4000, 50, 515
Levi Gwaltney, 28, 43, 653, 20, 67
Chas. E. Reynolds, 25, 115, 1400, 15, 63
Jos. Turner, 12, 70, 100, 2, 1
Thos. Green, 70, 27, 450, 50, 140
Jas. T. Joiner, 40, 40, 300, 15, 50
Joseph Gale, 45, 75, 500, 30, 216
Josiah Thomas, 130, 160, 4225, 150, 142
Wm. H. Parker, 60, 365, 1000, 33, 291
Algernon A. Whitehead, 60, 120, 800, 112, 430
John Tynes (FN), 75, 75, 800, 40, 157
Geo. Jamaica, 150, 150, 1300, 25, 343
David Jordan (FN), 12, -, -, 2, 4
Martha Hollaway (FN), 40, 110, 500, 20, 103
Thos. N. Pinhorn, 50, 75, 300, 10, 70
Benj. D. Cofer, 80, 60, 2000, 50, 452
Mathew C. Vasteurs, 100, 200, 2000, 50, 348
Thos. M. Gamden, 50, 233, 500, 25, 204
Albert Price, 125, -, 1000, 40, 337
Wm. P. Channell, 50, 110, 1000, 75, 430
Ralph W. Gibbs, 75, 177, 1500, 30, 293
Pat. Pearce, 40, 100, 250, 10, 30
Edward Pitt, 75, 200, 1000, 25, 85
Jos. Holladay, 70, 160, 1200, 35, 350
Geo. Minyard, 30, 40, 700, 15, 224
Chas. D. Jordan, 160, 340, 2500, 50, 640
Jesse A. Parker, 100, 575, 4000, 30, 505

Josiah T. Wail, 60, 85, 1000, 30, 273
Jas. T. Holland, 30, 33, 120, 20, 73
Nathl. P. Wills, 125, 191, 2400, 45, 453
Jos. Patrick (FN), 25, 75, -, 5, 93
Kesiah Ash (FN), 15, 2, 85, -, 2
Wm. N. Butler, -, -, -, -, 6
Catharine Womble, 50, 60, 2500, 50, 310
Saml. Babb, 90, 10, 1800, 30, 235
Allen Parkenson, -, -, -, 5, 29
Sconesbook Casey, 95, 225, 1200, 4, 75
Robt. Gibbs, 100, 83, 350, 25, 56
Bracy Whitly, 15, -, -, 5, 45
Arther Smith, 70, 280, 3500, 20, 160
Willis Wilson (FN), -, -, -, -, 15
Moses Joiner (FN), 4, -, -, -, 3
Howell Smith (FN), 35, 40, -, 6, 40
Jane Briggs (FN), 7, 3, 100, 5, 8
Charlotte Hollaway (FN), 70, 70, 650, 18, 200
Everett Walkerson (FN), 30, 25, 350, -, 60
John Johnson (FN), 6, 8, 130, 12, 6
Wm. M. Crocker, 190, 20, 2000, 75, 598
Mary C. Crocker, 40, 130, 500, 15, 170
Richd. Edwards, 100, 200, 2500, 60,404
Mills Daniel, 200, 200, 4000, 75, 686
Jeremiah Delk, 450, 600, 3150, 75, 572
Merit J. Whitney, 60, 85, 1000, 25, 17
John R. Pasteur, 50, 46, 700, 20, 204
Wm. Groce (FN), 25, -, -, 20, 90
John T. Corran, 120, 80, 1770, 25, 370
Nelson D. Hall (Hull), 80, 245, 3250, 40, 663
Gilis Daniel, 50, 90, 1100, 30, 306
Joseph Driver, 30, 100, 1200, 15, 100

Will Jones (FN), 40, -, -, 2, 8
Jas. P. Jordan, 100, 150, 4000, 60, 606
John Johnson, 11, -, 500, 15, 102
Ed. G. Strongfield, 100, 370, 400, 75, 463
Archibald Ellis, 50, 53, 400, 10, 24
Thos. Goodson, 70, 70, 1500, 60, 368
Essex Holloway (FN), 30, 21, 400, 14, 25
William Ellis, 50, 45, 490, 50, 70
James Davis, 40, 70, 500, 30, 116
Benj. Edwards, 25, 95, 300, 14, 38
Wilmeth Flake, 28, 42, 350, -, 14
Henry T. Brock, 75, 55, 675, 30, 168
Chs. F. Wrenn, 400, 410, 12000, 250, 1192
Robt. C. Taylor, 130, 75, 2000, 100, 351
Geo. Hollaway (FN), 6, 25, 120, 9, 29
Geo. Wilkerson (FN), 15, 5, -, 7, 28
Arther B. Stott, 100, 125, 2480, 100, 355
Robt. W. Gibbs, 200, 200, 5000, 100, 400
Jos. J. Lewis, 250, 250, 7000, 225, 654
Leodesia Edwards, 80, 70, 1500, 50, 357
Joseph Shelly (Shelby), 100, 20, 500, 20, 144
Nancy McAllister, 100, 400, 2000, 40, 280
Maria F. Booth, 140, 79, 2400, 15, 268
Thos. H. Holt, 2, -, 500, 25, 131
Henry Casey, 200, 256, 5000, 100, 600
Henry Turner, 200, 130, 1250, 100, 170
Jos. B. Whitehead, 220, 350, 8000, 120, 952
David Butler (FN), 8, 14, 75, 15, 35
John C. Thomas, -, -, -, 80, 150

Pleasant Bayly (FN), 1, -, -, 10, 90
Merit G. Pitt, 30, 3, 700, 25, 176
Jeremiah Scutchins, 60, 70, 1200, 40, 295
John Pitt, 30, 34, 500, 10, 78
Edmond Batten, 200, 300, 5000, 50, 570
Mary Pitt, 38, -, 100, 7, 89
Edmond Harrison, 40, 135, 375, 5, 98
Almeada Scutchins, 50, 200, 600, 10, 150
Michael Murphy, 100, 210, 1000, 15, 245
Thos. Griffin, 20, -, 250, 10, 76
Sarah Newman, -, -, 1700, 30, 200
John Godwin Sr., 100, 30, 2300, 62, 597
William Green, 350, 622, 9200, 150, 1456
Alfred H. Bell, 30, -, 400, 15, 31
Roland Bell, 35, -, 500, 12, 42
Spencer Pearce, 37, -, 500, 15, 66
Robert Blackwell, 1800, 725, 35000, 550, 2550
Wm. E. Edwards, 275, 146, 4200, 85, 776
Albert G. Shivers, 400, 273, 8000, 300, 973
Lydia Ash (FN), 10, -, -, 5, 100
Martha Carroll, 200, 100, 3000, 75, 932
Geo. W. Carroll, 800, 900, 12000, 393, 1624
Benj. Ward, 180, 200, 1800, 100, 449
Frederick T. Vail, 300, 540, 4500, 500, 926
James Holland, 100, 80, 1000, 50, 245
Thomas Hall (Hull), 400, 400, 2000, 150, 600
James Hall, 75, 155, 800, 10, 400
Harman Hatchell, 75, 25, 300, 10, 154
Elisha Gay, 100, 115, 900, 50, 268

Holland H. Butler, 25, 25, 400, 15, 50
Exum Gale, 15, 85, 250, 3, 30
Elbert D. Vaughn, 40, 64, 30, 12, 88
Madison Johnson, 15, 85, 500, 20, 139
Archibald Fowler, 30, 10, 100, 10, 193
Spikes Beal, 75, 117, 600, 25, 200
Saml. Turner, 40, 52, 350, 25, 94
Nathan Turner, 25, 45, 100, 5, 82
Robert Butler, 25, 50, 200, 15, 122
Harrison Corbitt, 10, 95, 350, 10, 42
Wm. T. Baton, 30, 70, 1000, 50, 307
Geo. W. Councill, 133, 267, 2000, 50, 214
Alfred R. Butler, 150, 220, 2000, 50, 346
John Vaughn, 60, 65, 850, 25, 139
John Freeman, 80, 165, 1000, 50, 348
Trs. M. Boykin, 200, 226, 3500, 500, 1264
Jos. S. Holland, 275, 1238, 4000, 50, 373
John Carr, 30, 170, 800, 15, 146
Polly Bracken, 10, -, -, 2, 15
John English, 60, -, 500, 15, 44
Solomon Crumpler, 100, 250,1000, 10,30
Geo. W. Crumpler, 20, -, -, 10, 56
Jones W. Griffin, 1,-, -, 1, 47
Wm. V. Vaughn, 150, 500, 500, 50, 161
Zac. Mimford, 25, 144, 425, 15, 173
Jones Babb, 15, -, -, 5, 28
Irvin W. Berck, 500, 300, 5000, 320, 1166
Sally Jenkins, 20, -, -, 15, 43
Everett Johnson, 30, 40, 125, 20, 135
Elisha D. Ely, 25, 20, 150, 10, 54
James Bridger, 75, 75, 150, 5, 5
Ishmael Johnson, 50, 113, 500, 25, 185
Wm. H. Stephens, 70, 40, 350, 50, 158

Robt. Turner, -, -, -, 25, 79
Laurence English, 30, 40, 100, 10, 51
C. H. C. Bayly, 75, 155, 475, 50, 165
Ely Davis, 40, 50, 300, 30, 200
John R. Watkins, 40, 100, 300, 30, 187
Joseph Mimford, 30, 30, -, 15, 29
Francis W. Stephens, 30, 270, 300, 15, 100
Joseph Bracken (Bracker), 1, 43, 65, 10, 42
Cyrus Tynes (FN), 28, 29, 500, 15, 179
Elias Hill (FN), 8, 2, 100, 5, 15
Moses Tynes (FN), 12, 50, 130, 5,100
Jos. S. Stringfield, 80, 153, 2000, 12, 233
Jones H. Deal, 150, 395, 1500, 135, 434
A. M. Channell, 25, -, -, 20, 135
John M. Shivers, 350, 850, 8000, 300, 1285
Slaughter T. Cofield, 100, 150, 2000, 20, 363
Elizabeth P. Shepherd, 40, 68, 1200, 30, 318
Jane(James) Chapman, 250, 590, 7100, 200, 100
Joseph Wright, 60, 151, 500, 10, 30
Charlotte Parr, 15, 10, 100, 1, 105
James Parr, 40, 120, 500, 12, 65
Joel Brock, 60, 137, 600, 50, 200
Thomas Jolliff, 20, 5, 100, 15, 80
James T. Cox, 12, 36, 600, 20, 190
Robertson Willeford, 15, 11, 75, 10, 44
Thos. Tynes (FN), 50, 70, 1000, 30, 150
Lemuel Strand, 16, 32, 150, 15, 51
Margaret Powel, 150, 90, 2000, 100, 358
Moses Atkins, 100, 260, 800, 75, 216
Thomas Joyner, 40, 80, 250, 30, 139

Merit C. Darden, 100, 150, 1800, 100, 612
Nathl. P. Johnson, 125, 963, 1600, 75, 326
Willis Gwaltney, 50, 90, 600, 50, 135
James Crocker, 45, 105, 200, 20, 138
Wilson Tanner, -, -, 350, 20, 120
Benj. Chapman, 300, 400, 5000, 300, 864
Charles Chapman, 200, 350, 2500, 250, 772
Thos. E. Cofer, 15, -, 200, 2, 8
Elizabeth Banks (FN), 20, 10, 250, 35, 102
Patsey Allmand (FN), 35, 50, 300, -, 52
Benjamin Jones, 500, 500, 5000, 300, 1129
Francis M. Ellis, 50, 17, 270, 40, 162
James M. Jordan, 150, 184, 3300, 50, 444
Sarah Jones, 70, 31, 500, 50, 124
William Gray, 50, 10, 250, 20, 111
Robt. T. Jones, 200, 300, 2800, 200, 200
Margaret E. Jones, 50, -, 500, 10, 76
Wiley T. Delk, 150, 150, 1300, 100, 300
Thos. M. Latimer, 50, 125, 650, 75, 100
Anena Little, 50, 80, 500, 10, 25
Archibald Clark, 30, 23, 212, 100, 105
Martha Cofer, 100, 75, 600, 50, 106
Jas. H. L. Cofer, 175, 244, 2500, 125, 500
Thomas Riggen, 20, 30, 400, 12, 82
Jos. A. Stallings, 100, 147, 900, 125, 140
Edwin Little, 30, 220, 400, 20, 160
Burwell Green (FN), 30, 33, 100, 15, 60
Nancy Tynes (FN), 20, 27, 100, 1, 12
Benj. Bayly (FN), 25, 25, 200, 30, 95
Geo. Crocker, -, -, -, -, 25

Saml. Addison, 12, 12, 100, 5, 15
Jos. I. I. (T.T.) Crocker, 275, 400, 700, 40, 340
Wm. Crocker, 60, 60, 300, 20, 208
John Jones, 75, 50, 450, 30, 245
Geo. W. Wiley, 25, 50, 200, 10, 77
Shadric Barlow, 80, 10, 800, 30, 214
Easen L. Goodrich, 50, 18, 300, 20, 241
Josiah Fairson, 60, 90, 750, 20, 125
Moses Tynes (FN), 10, 100, 200, 5, 50
Daniel Tynes (FN), -, -, -, -, 13
Daniel H. Batten, 250, 253, 3500, 150, 897
Joseph M. Parr, 50, 50, 200, 15, 42
Wm. Gray (of Henry), 40, 40, 400, 15, 239
John Davis, 65, 65, 300, 50, 200
Robt. Presson, 30, 30, 150, 25, 75
Albert G. Moody, 250, 150, 2000, 150, 566
Jordan W. Turner, 50, 70, 1500, 50, 300
Zac. W. Turner, 150, 189, 2000, 30, 373
Henry Banks (FN), 10, 80, 150, 7, 62
Daniel Tynes Jr. (FN), 15, 5, 60, 2, 25
Daniel Tynes Sr. (FN), 20, 15, 125, 3, 75
Bannah J. Gray, 75, 75, 1200, 110, 338
Edmond Chapman, 120, 5, 750, 50, 62
Winnefred Carroll, 50, 10, 900, 15, 82
Wm. T. Hunnicutt, 40, 60, 600, 20, 112
Leml. Womble, 150, 138, 1300, -, 50
Wilson Holliman, 355, 372, 4300, 200, 343
Wilson White, 30, 50, 30, 2, 20
Elbert H. Gray, 75, 125, 1200, 3, 65
Jams O. Cofer, 110, 10, 1000, 15, 238

Robt. Bayly (FN), -, -, -, 8, 85
Josiah Bell, 25, 55, 400, 25, 224
Henry Savedge, 150, -, 1200, 35, 113
Jane Barlow, 70, 115, 750, 15, 150
Mabis Roberts (FN), 20, 63, 250, 20, 173
Elizabeth Delk, 10, 100, 1000, 15, 100
Joel Cook Sr., 80, 80, 1000, 200, 325
Willis Britten (FN), 35, 45, 500, 20, 93
Patsy Roberts (FN), 40, 40, 400, 10, 75
William Binford, 180, 57, 1380, 75, 550
William Cofer, 65, 65, 500 25, 140
Elbertson Betts (Pitts), 50, 75, 500, 30, 315
Sarah Gwaltney, 200, 127, 2500, 100, 472
Sampson Barlow, 15, 15, 125, 15, 75
Robt. White (FN), -, -, -, 3, 25
Wm. Little, 200, 52, 900, 100, 453
Shaul Short (FN), 6, -, -, -, 40
Miranda White, 100, 50, 400, 30, 276
Watson White, 150, 250, 2000, 100, 483
James Gray, 150, 125, 2400, 400, 500
Willis Key (FN), 25, -, -, 200, 26
Bennet Brock, 40, 60, 500, 20, 14
Benj. Brock, 70, 45, 600, 60, 192
Adam Jones, 60, 100, 400, 20, 258
Richd. Key (FN), 13, -, -, 2, 30
Wm. Gray, 100, 47, 120, 15, 110
Jacob Bayly (FN), 10, -, -, 10, 45
Abraham Vollmes, 50, -, 1000, 100, 313
John E. Thomas, 700, 300, 12000, 400, 1300
Wm. I. (T) Thomas, 165, 20, 1000, 150, 235
Merit Bracy, 75, 200, 1000, 25, 140
Benj. T. Barlow, 20, 38, 1600, 20, 187

Isabella W. Edwards, 93, 93, 1500, 75, 224
Levi Ricks (FN), 50, 150, 200, 25, 200
Elizabeth Barnett, 150, 150, 400, 50, 180
John E. Sampson (FN), 6, 30, 50, 20, -
Richd. C. Edwards, 6, 10, 300, 20, 156
John Edwards, 150, 600, 3000, 100, 537
Dilla Hollaway (FN), 15, -, -, 15, 75
Joseph Parkerson, 75, 25, 750, 50, 210
Rhoda Turner, 30, 220, 550, 50, 70
Wm. Chapman, 45, 21, 600, 60, 150
Willis Edwards, 30, 35, 400, 20, 130
Joel Whitly, -, -, -, -, 200
Wm. W. Edwards, 40, 60, 350, 10, 75
Emanuel Edwards, 50, 100, 350, 20, 75
Emily Edwards, -, -, -, -, 73
James M. Whitly, 25, 27, 200, 20, 140
Patsy Jones, 55, -, 200, 20, 167
Kiah Bracy, 40, 10, 200, 20, 75
Elizabeth C. Edwards, -, -, -, 15, 75
Benj. Coggins, 40, 60, 150, 12, 50
Mial McClenny, 30, 66, 150, 4, 12
William Bridger, -, -, -, 5, 65
Edward B. Gay, 15, 35, 50, 12, 50
Jas Newby (FN), 10, 10, 150, 7, 60
Elias Saunders, 60, 100, 500, 5, 90
Washington Bridger, 40, -, 400, 15, 50
Davis Edwards, 200, 150, 2000, 2000, 940
John Stephenson, 75, 411, 1500, 75, 500
Mary Jenkins, 80, 122, 600, 5, 77
Nathan Mimford, 100, 97, 600, 75, 280
Exum Bracy, 100, 225, 1000, 120, 200

Martha Marshall, 100, 250, 1500, 100, 326
John Hall, 120, 290, 1000, 150, 331
Munroe Clements, 250, 750, 3500, 156, 668
John Marshall, 60, 40, 500, 75, 150
Sally Pearce, 75, 75, 500, 10, 45
Thomas Pearce, 60, 80, 300, 10, 58
William Pearce, 25, 32, 65, 2, 24
Merit Hall, 75, 100, 500, 50, 86
Exum L. Ely, 60, 90, 1500, 75, 320
Arthur Whitehead, 50, 543, 1500, 100, 155
Jehu Barrett, 75, 73, 520, 50, 176
James M. Ely, 100, 100, 1300, 75, 300
Polly Holland, 40, 40, 400, -, 26
Margaret Morriss, -, -, -, 20, 153
Martha Ely, -, -, -, 75, 176
Mills Bracy, 250, 285, 2000, 10, 450
Mills Manning, 25, -, 150, 5, 45
John Parkerson, 25, 75, 200, 10, 50
Thomas J. Wright, 70, 263, 3000, 65, 444
Catharine A. Dick, 40, 23, 400, 40, 106
Thomas Carroll, 40, 55, 400, 15, 100
Barnet Betts, 25, 51, 250, 10, 85
Mills Norsworthy, 50, 38, 300, 12, 171
Mallory Turner, 8, -, -, 5, 90
Mary Garner, 100, 125, 500, 100, 193
William Allmond, 75, 25, 400, 15, 238
Cherry Hall, 30, 20, 400, 15, 114
Harrison Mathews, 20, 5, 50, 5, 55
Jordan Hill 12, -, -, 10, 45
Benj. Vaughn, 125, 375, 1800, 300, 300
John Phillips, 100, 210, 1500, 150, 246
Charlotte Underwood, 125, 125, 1500, 100, 207
Polly Latimore, 50, 57, 1000, 50, 175

Elizabeth Holliman, 100, 50, 1500, 40, 233
Richd. Latimore, 32, 30, 300, 25, 114
Mills Barlow, 25, 30, 200, 17, 75
Thomas Gwaltney, 30, 29, 450, 15, 65
Abel Garrison, 175, 175, 350, 20, 100
Mallory Jones, 20, 30, 75, 3, 78
Joshua Crocker, 60, 40, 350, 25, 53
Geo. J. Barlow, 60, 130, 477, 20, 98
Mathew Crumpler, 42, 29, 250, 20, 100
Benj. G. Washington, 25, 67, 1600, 100, 369
Nancy B. Woodley, 70, 37, 1000, 5, 50
Simeon Atkins, 75, 400, 2000, 100, 200
Thos. W. Carstonphen, 30, 40, 200, 20, 119
Francis Hottkins, 35, 79, 500, 14, 75
John Scott, 27, 28, 200, 15, 87
Dorsey Dews, 100, 100, 1300, 100, 326
James Flake, 25, 75, 250, 1, 30
Richd. A. Urquhart, 1550, 2350, 35000, 100, 2847
John Bland, 75, 300, 500, 25, 75
Henry Callcots, 150, 150, -, 100, 403
Henry Fulgham, 65, -, -, 1, 25
Clemmons Britten, 150, 450, 2000, 100, 339
Jesse Fulgham, 200, 100, 1300, 150, 415
Mary E. Valmes, 275, -, 1000, 100, 530
John W. Parr, 200, 196, 1000, 30, 245
David A. Bain, 150, 230, 5000, 100, 570
Arther Channell, 150, 159, 2100, 200, 510
Wm. H. T. Wilson, 150, 243, 2000, 100, 400

Thomas Pinner, 40, 38, 700, 30, 172
Armstrong Turner, 100, 75, 1000, 50, 403
Robert McPope, 350, 273, 3000, 200, 775
Exum L. Crumpler, 100, 100, 450, 15, 200
Stephen Wright, 70, 30, 800, 20, 229
Mary A. F. Chapman, 300, 150, 2000, 150, 565
James F. Whitly, 100, 111, 1100, 152, 658
Nathl. N. Gray, 110, -, -, 20, 218
Joseph Pinden (Pinder), 110, 120, 800, 50, 209
Mathew Turner, 30, -, 200, 10, 35
James R. Batten, 30, 15, 250, 20, 230
Binwell (Burwell) Brock, 35, 95, 400, 20, 160
Edmond Archer (Arcker), 30, 30, 250, 30, 104
Thomas Ross, 25, 42, 200, 10, 64
Nancy Pitt, 60, 313, 800, 30, 341
John T. Presler (Pinden), 115, 235, 3000, 200, 517
John Urquhart, 100, 150, 800, 150, 257
James Ash (FN), 20, -, -, 15, 25
Joseph Pinden, 50, -, -, 15, 100
Mason Edwards, 20, -, -, 6, 44
James F. Peck, 30, 130, -, 20, 75
Nathl. Peck, -, -, -, -, 61
Thos. H. Pitman, 70, 77, 400, 20, 150
Ann Wills, 40, 40, 300, 20, 200
Lucien E. M. Wills, 175, 137, 900, 50, 250
Wm. Powell, 20, 10, 100, 10, 80
Mills Godwin, 32, 164, 500, 15, 129
Henry W. Jenkins, 40, 60, -, -, 25
Willis Godwin, 20, 60, 2000, 15, 159
Andrew J. Goodson, 50, -, -, 10, 50
Solomon Carr, 30, 15, 100, 15, 128
Wm. Griffin, 20, -, -, 20, 85
John Rose, 20, 20, 200, 15, 66
Francis Rose, 25, 63, 300, -, 40

Elizabeth Johnson, 40, -, 400, -, 68
Henry Montfort, 30, 185, 400, 25, 452
Elijah Holland, 35, 125, 500, 30, 162
Spike Beal, 75, 112, 600, 30, 233
Geo. W. Holland, 35, 200, 350, 20, 200
Alcinda Purvis, 100, 295, 1200, 100, 500
Wm. Blanshard, 250, 150, 1300, 100, 270
Benj. Whitfield, 50, 55, 400, 30, 210
John M. Holland, 250, 200, 2200, 200, 497
Nancy Holland, 150, 200, 1500, -, 50
Mills H. Daughtry, 154, 100, 1500, 100, 390
Alfred R. Cobb, 12, 38, 100, 12, 55
Mills Ely, 100, 200, 500, 50, 138
James R. Gardner, 15, 35, 100, 15, 85
Martha Lester, 50, 70, 300, -, 30
Jesse B. Johnson, 50, 66, 600, 23, 204
Nelson B. Gardner, 100, 106, 1000, 40, 346
Elijah Owens, 30, 30, -, -, 10
Johnson Langford, 35, 18, 150, 3, 58
Dixon H. Holland, 125, 240, 1500, 30, 348
Timothy Duck, 100, 285, 1600, 20, 283
John Whitfield, 20, 25, 150, -, 30
Wm. H. Cutchins, 75, 50, 800, 57, 125
Joshua Daughtry, 40, 33, 350, 30, 180
Solomon Webb, 356, 35, 100, 15, 58
James M. West, 75, 75, 1500, 100, 173
John D. Holland, 30, 75, 400, 10, 184
Thos. R. Jenkins, 75, 440, 3000, 50, 291
Martha A. Lester, 50, 50, 300, -, 15

John R. Carson, 140, 120, 3300, 75, 586
Talbot Harriss (Agt), 150, 200, -, 150, 391
Sarah Lester, 90, 60, 800, 100, 200
Eliza Cross, 100, 116, 600, 25, 226
John Saunders, 120, 130, 500, 12, 160
Blake Wyat, -, -, -, -, 20
Riddick Daughtry, 75, 5, 140, 10, 40
Edward Rawls, 175, 175, 3000, 25, 288
Elijah Holland, 15, 35, 250, 15, 56
Richd. H. Holland, 35, 22, 200, 10, 30
Exum Beal, 40, 20, 200, 20, 155
Selah Beal, 40, 20, 100, 20, 138
Wiley Councill, 40, 117, 900, 80, 359
Elocet Council, 30, 70, 400, 15, 40
Jas. R. Purvis, 100, 245, 1000, 50, 240
Benjamin Ely, 100, 110, 800, 75, 271
Hillary West, 30, 60, 800, 25, 200
Josiah P. Gay, 300, 456, 2500, 150, 709
Uriah Vaughn, 40, 85, 300, 25, 82
Wm. G. Bradshaw, 20, 7, 100, 15, 53
Watson P. Jordan, 400, 325, 3400, 301, 1725
Thomas Bland, 75, 315, -, 30, 100
Albert G. Spratley, 235, 181, 6000, 50, 761
Allen Valmes 30, 60, 300, 5, 45
Henry Purden, 300, 900, 4000, 100, 456
Pleasant Stagg, 50, 30, 200, 25, 50
Willis Womble, 130, 270, 1500, 60, 316
Geo. W. Goodson, 50, 172, -, 20, -
Charles Hollaway (FN), 15, 15, 100, 15, 50
Josiah Kimball, 30, 150, 400, 10, 70
Thos. J. Edwards, 50, 500, 500, 5, 5
Alexr. Moody, 140, 142, 500, 25, 296
James Davis, 25, 35, 300, 15, 100
Wm. P. Powell, 200, 101, 1000, 95, 150
Wm. Gaskins, 10, 40, 200, 10, 200
Wm. J. Johnson, 30, 60, 00, 15, 85
Jessee Whitly, 90, 30, 600, 15, 85
Abraham Brown (FN), 930, 10, 350, 15, 90
Levin Allmand (FN), 20, 20, 200, 8, 30
Jacob Jordan (FN), 12, 13, 150, 15, 90
A. G. Boykin, 200, 200, 6000, 150, 900
Josiah Edwards, 70, 130, 3000, 20, 75
Peter Turner, 25, 75, -, 10, 45
Leml. Hargrave, 40, 360, -, 130, 300
Isaac Moody, 250, 150, 1000, 75, 228
Locky Tynes (FN), 80, -, -, 15, 150
Richd. Taylor, 75, 75, 2000, 10, 75
Wiley W. Roberts, 150, 22, 1000, 400, 166
John P. Johnson, 18, 35, 150, 10, 36
Ludlow Lawrence, 200, -, 3000, 30, 395
James Lawrence, 100, 400, 1000, 10, 136
Augustus Ballard, 500, 700, 6000, 200, 2174
Jas. M. Holland of Jno., 50, 25, 200, 20, 95
Wm. Carr, 25, 25, 100, 15, 58
Micajah Carr, 90, 93, 300, 20, 175
Holland Darden (Sarden), 50, -, 200, 25, 150
Abraham Duck, 30, 30, 300, 25, 150
Blake Darden, 100, 200, 1000, 25, 400
Jacob Butler, 12, 8, 50, -, 60
James Carr, 20, 50, 300, 50, 80
Amos Turner, 8, 2, 100, 15, 60
Exum Stephens, 50, 77, 500, 25, 60

Everett Turner, 50, 30, 200, 10, 66
Winslow Ellie, 20, 26, 150, 20, 50
Benj. Spivey, 35, 15, 200, 15, 50
Betsy Spivey, 25, 25, 200, 15, 75
Meredith Crumpler, 15, 14, 100, 10, 30
Ely Crumpler, 15, 15, 60, 8, 52
Dempsey Mimford, 25, 25, -, 10, 35
Edwin L. Ballard, 125, 175, 1300, 60, 575
Dempsey D. Watkins, 120, 100, 1300, 100, 360
Nancy Johnson, 50, 40, 500, -, 50
Zac A. Spivey, 35, 40, 150, 35, 75
Jacob H. Duck (Luck), 400, 994, -, 200, 1290
Lavinia Lawrence, 30, 45, 150, -, 75
Daniel Bradshaw, 30, 60, 200, 12, 80
Lott Corbett, 8, 52, 300, -, -
Henry W. Corbett, 30, 32, 125, 5, 66
Nathan Johnson, 40, -, 150, 10, 105
Parker Beal, 40, 150, 200, 10, 75
John Parker, 50, 50, 300, 15, 120
Elizabeth Vaughn, 100, 50, 500, 40, 287
Wm. Bracy, 25, 35, 200, 25, 80
Wm. Lester, 20, 70, 400, 10, 83
Elizabeth Councill, 60, 40, 400, 50, 250
Jesse D. Councill, 180, 127, 3240, 55, 431
Johnson Duck (Puck), 6, 6, 100, 12, 20
Nathan Duck, 20, 20, 100, 20, 50
Elizabeth White, 50, 180, 500, 25, 54
Polly Fowler, 30, 20, 400, 15, 153
Elisha Carr Sr., 30, 32, -, 12, 86
Jacob Carr, 10, 50, -, 2, 30
Norfleet Pearce, 45, -, -, 30, 181
Mallory Vaughn, 200, 197, 1200, 30, 324
Albert B. Johnson, 70, 170, 700, 50, 210
Timothy Edwards, 100, 100, 700, 50, 300
Wm. Whitly, 40, 50, 400, 10, 120
Wm. Hall of Thos., 150, 94, 700, 200, 279
Wm. N. Outland, 150, 178, 1300, 100, 417
John Holland, 60, 100, 400, 15, 100
Lewis Holland, 150, 150, 750, 25, 120
Mary A. Jones, -, -, -, -, 214
Sally Rench, 40, 223, 500, 10, 250
Henry R. Howell, 6, 74, 200, 20, 125
Henry W. Murphy, 150, 150, 900, 20, 250
Nathan Newby (FN), 30, 50, 300, 10, 50
Mills W. Darden, 235, 500, 5000, 200, 925
Willis Butler (FN), 40, 61, 200, 10, 40
Lawson Vaughn, 25, 100, 400, 20, 178
Margaret Holt, 20, 25, 150, 12, 50
John Babb, 30, 220, 500, 40, 130
Thomas Darden, 500, 450, 6000, 100, 820
William Gay, 80, 50, 1300, 30, 320
Thos. M. Dashel, 400, 700, 8000, 300, 1022
Peter Gwaltney (FN), 2, 10, 50, 5, 55
Mills E. Marshall, 60, 50, 650, 25, 185
Dixon W. Kitchen, 100, 150, 2000, 100, 429
Wm. Johnson, 70, 230, 1000, 50, 370
Wiley Bradshaw, 10, -, -, 2, 11
Mary Roberts, 75, 155, 800, 20, 160
Thos. Underwood, 20, 47, 200, 15, 83
Mills Babb, 10, -, -, 5, 50
Sally Johnson, 20, 80, 200, 3, 200
Ely Pearce, 50, 78, 300, 10, 150
Joshua Bradshaw, 35, 115, 500, 20, 307
Robt. E. Roberts, 12, 53, 175, 20, 60
Wm. L. Roberts, 70, 30, 400, 10, 120
Everitt Gay, 100, 112, 1000, 20, 226

John Underwood, 80, 310, 1000, 12, 165
Etheldred Denson, 40, 225, 700, 15, 217
Zachariah Womble, 160, 214, 1500, 100, 216
Richd. H. Polly (Rally), 100, 107, -, 35, 150
Ely Parkenson, 75, 75, -, 150, 70
Polly Edwards, 50, 13, 300, 20, 90
Robt. Presson, 50, 20, 200, 20, 121
Madison Edwards, 50, 70, 500, 20, 191
Elizabeth Edwards, 150, 200, 1000, 25, 342
Zachariah Atkins, 50, 200, 100, 50, 218
Nicholas Edwards, 30, 23, 250, 20, 130
Wiley Butler Sr., 50, 42, 500, 50, 189
Nancy Powell, 50, 50, 300, 60, 100
Besty Hill (FN), 4, -, -, -, 64
Mills Fulgham, 75, 125, 750, 50, 180
Hezekiah Atkins, 20, 189, 600, 10, 30
Willis Spivey, 100, 190, 500, 25, 284
Francis Spivey, 70, 95, 1000, 75, 440
Leml. Bland, 15, 21, 76, 20, 90
Mills H. Parr, 12, 35, 300, 15, 100
Mary Hall, 150, 150, 1000, 30, 279
Charlotte Gale, 25, -, -, 10, 75
John T. Nelms, 75, 25, 30, 20, 125
Francis Johnson, 75, 125, 800, 20, 189
Henry C. H. Darden, 200, 200, 1500, 100, 586
John C. Hancock, 25, 15, 50, 2, 65
John G. Darden, 65, 100, -, 15, 138
Britton Edwards, 50, 21, 100, 16, 130
Allen Edwards, 500, 600, 3200, 250, 1075
Jos. N. Tomlin, 35, 35, 150, 20, 60
Geo. F. Hall, 170, 150, 1800, 150, 610
Hardy Chapman, 600, 300, 3000, 200, 895
Joseph Tomlin, 100, 50, 160, 10, 100
James Johnson Jr., 60, 40, 300, 12, 170
James Johnson Sr., 125, 15, 600, 50, 300
Nancy Stephenson, 75, 75, 200, 15, 100
Elias Bowder Sr., 100, 100, 1000, 75, 150
Benj. Griffin, 40, -, -, 15, 25
Hartwell F. Powell, 100, 200, 1500, 100, 366
Wm. C. Britt, 30, 256, 250, 20, 163
Lucy Low, 30, 70, 200, -, 70
David Roberts, 120, 73, 1500, 225, 750
Sally Roberts, 90, 110, 900, -, 130
Meredith H. Watkins, 150, 150, 1500, 113, 867
Esther Ely, 150, 155, 500, 5, 90
Wiley Watkins, 200, 191, 1800, 50, 550
Joachim Johnson, 25, 225, 750, 20, 228
Stephen Holland, 40, 86, 300, 20, 100
Nathan Carr, 20, 30, 133, 10, 90
John Carr Jr., 30, 40, 178, 25, 100
Mahlon Johnson, 30, 216, 700, 10, 89
Isaac Hedgpeth, 1, 70, 150, -, 40
Elijah Butler, 30, 20, -, 10, 75
Jethro Butler, 80, 120, 1000, 15, 311
Aggy Butler, -, -, -, 5, 24
Clausea Carr, 30, 30, 75, 5, 64
Polly Butler, 5, 5, 50, 2, 30
Eloridge Rayford, 26, 57, 400, 15, 150
James Vaughn, 50, 10, 200, 15, 154
Joseph Puck (Duck), 75, 255, 2000, 30, 360
Stephen Turner, -, -, -, 4, 35
Allen Hedgepeth, 75, 115, 1000, 40, 300

Lawson F. Holland, 125, 222, 1000, 25, 250
John Carr Sr., 65, 35, 500, 50, 524
John Darden of Jno., 100, 150, 1000, 50, 404
Jno. Darden of Holland, 40, 63, 300, 20, 200
Kessiah Butler, 70, 70, 400, 20, 150
Elam Rhodes, 100, 100, 1000, 25, 300
Riddick Butler, 20, 30, 200, 15, 30
Jeremiah Holland, 25, 55, 300, 20, 100
Jethro Rhodes, 40, 87, 400, 25, 200
Wm. McClenny, 175, 300, 1800, 150, 500
Norris Johnson, 80, 332, 1000, 20, 200
Meredith D. Butler, 40, 60, 400, 15, 150
Edward A. Outlin, 81, 200, 1000, 40, 300
Anthony Persons, 300, 550, 4000, 100, 500
John Johnson, 50, 50, 300, 15, 125
Allen Johnson, 30, 4, 150, 8, 100
John Meltear, 5, -, 700, 20, 125
Mills Crumpler, 25, 29, 400, 20, 2225
Gabe (Gale) Johnson, 25, 100, 500, 10, 150
Steven D. Butler, 150, 250, 1500, 300, 300
Wm. E. Baines, 150, 195, 1600, 25, 500
Lebenah Butler, 100, 94, 400, 10, 50
Cary Ely, 25, 25, 250, 20, 120
Neverson Saunders, 60, 10, 300, 30, 175
Honour Saunders, 10, 30, 100, 2, 20
Josiah Ely, 300, 516, 3900, 150, 517
Wm. H. Darden, 140, 270, 2000, 100, 317
Martha S. Chapman, 40, 220, 1800, 15, 75
James Ely, 125, 125, 3000, 50, 275

Sion Gay, 110, 230, 2000, 50, 350
Geo. T. Nelms, 150, 203, 1800, 35, 450
Miranda Whitley, 100, 10, 400, 10, 150
Billy Mingo, -, -, -, 15, 85
Geo. W. Glover, 60, 100, 1500, 100, 339
James R. Corbell, 70, 130, 800, 20, 250
John E. Benson, 150, 225, 2600, 100, 275
John Strand, 35, 33, 500, 20, 100
Geo. Morriss, 25, 215, 700, 25, 150
Shannon Ayler (FN), 10, -, -, 10, 75
Edwin Womble, 250, 400, 3000, 200, 712
Geo. T. Darden, 300, 200, 10000, 60, 354
Esther T. Everitt, 50, 20, 300, -, 45
Miranda Mathews, 75, -, -, 20, 125
Edmond Jordan, 40, 8, -, 10, 80
Wm. H. Jordan, 4, -, 8000, 75, 350
Jas. C. Jordan, 300, 500, 6000, 150, 1250
Mildred Pearce, 120, 70, 1500, 10, 80
Wm. N. Joiner, 250, 350, 2000, 75, 600
Hary Bowser (FN), 30, 10, 400, 15, 175
Robt. T. White, 200, 400, 2500, 25, 500
John Tomlin, 50, 250, 800, 50, 280
Robt. H. Whitfield, 140, 223, 5000, 175, 760
Jas. E. Goodson, 35, -, -, 20, 100
Jas. B. Southall, 240, 310, 8000, 225, 1208
Saml. Wilson, 160, 672, 4000, 75, 531
Mallory T. Dickson, 200, 90, 3500, 100, 377
Munroe Butler, -, -, -, 15, 45
Wm. T. Shelly, 60, -, -, -, 6
Ed. H. Valentine, 10, -, -, 12, 85

A. Atkinson, 250, 250, 5000, 500, 1100

Jno. E. Adams, 200, 200, 1500, 500, 700

Jos,. Davis, 5, 3, 50, 15, 95

Geo. W. Carroll (Exr), 500, 595, 8000, -, -

Jno. B. Butler, 130, 170, 3000, 25, 350

Wm. W. Gray, 50, -, 300, 20, 122

Archibald Murphy, 40, -, 400, 15, 75

Emily Gale, 40, 60, 350, 20, 353

Nathl. P. Young, 150, 175, 3108, 100, 800

Jno. W. Latimore, 200, 290, 5000, 150, 718

Thos. D. Ripley, 250, 900, 4000, 500, 1020

Edwin Morrison, 80, 108, 1200, 70, 460

Merit Womble, 35, 15, 1800, 75, 200

Wm. H. Day, 300, 405, 10000, 330, 1382

S. Junius Wilson, 60, 100, -, 10, 150

Jos. W. Jordan, 100, 185, -, 80, 150

Geo. R. Atkinson, 100, 69, 2000, 50, 375

Willis Wilson, 450, 750, 11000, 280, 969

Robt. R. Wilson, 400, 400, 8000, 100, 1070

Jos. Tynes (FN), 33, 33, 300, 10, 100

Allen Davis, 75, 200, 1000, 50, 300

Thomas D. Harris, 80, 500, 2500, 75, 400

Mary E. Warburton, 125, 314, 2000, 150, 475

Moses R. Harrell, 350, 905, 15000, 500, 1400

George W. Crawly, 250, 600, 4000, 150, 600

Joseph C. Gibson, 400, 1300, 20000, 425, 1750

George C. Richardson, 100, 300, 1800, 200, 925

George C. Richardson, 300, 2634, 20000, 800, 1800

William Martin, 500, 900, 7000, 200, 900

Edwin J. Bishop, 650, 2300, 30000, 275, 1625

Burwell Harrell, 25, 130, 1400, 75, 475

James T. Hockaday, 50, 350, 1200, 50, 250

Moses Moore, 30, 20, 300, 40, 240

William Spencer, 100, 250, 1500, 125, 700

Upton M. Spencer, 125, 1400, 3500, 100, 500

William Minos, 103, 475, 1700, 100, 450

Edward Wallace, 20, 90, 250, 25, 100

Wesly Canady, 40, 235, 500, 30, 150

Garrett Knight, 50, 182, 1500, 25, 200

William B. Piggott, 42, 208, 3000, 75, 300

Joshua Morris, 75, 45, 1300, 45, 300

William M. Jones, 100, 450, 4500, 60, 200

Thomas V. Buck, 300, 429, 8000, 500, 1400

John S. Charles, 190, 163, 1500, 45, 150

Mann Spencer, 100, 30, 1200, 50, 500

George W. Garrett, 75, 75, 500, 35, 120

Littlebury Waddell, 20, 100, 700, 25, 130

John Coke, 850, 1000, 25000, 700, 1900

William A. Barnes, 85, 248, 1200, 25, 290

Thomas Boswell, 100, 450, 2500, 50, 495

Robert Weymouth, 425, 150, 8000, 200, 1500

Bennett Kirby, 36, 29, 700, 30, 120

George Blow, 330, 900, 20000, 800, 1600

Kenzie Johns, 150, 300, 3500, 50, 350

John Bailey Sr., 500, 293, 4000, 60, 275

John Bailey Jr., 45, 60, 800, 20, 100

Littleton T. Collier, 700, 2600, 30000, 300, 2400

Goodrich Durfey, 500, 400, 10000, 500, -

James City County, Virginia
1850 Agricultural Census

The University of North Carolina at Chapel Hill filmed the 1850 agricultural census for James City County from originals at the Library of Virginia under a grant from the National Science Foundation in 1963.

Columns 1, 2, 3, 4, 5, and 13 represent the following information on the census:
1. Name of Owner, Agent or Manager of Farm
2. Acres of Improved Land
3. Acres of Unimproved Land
4. Cash Value of the Farm
5. Value of Farming Implements and Machinery
13. Value of Livestock

Robert C. Jones, 200, 304, 4000, 65, 750
William S. Bacon, 60, 397, 1900, 50, 275
William A. Manly, 40, 30, 700, 15, 175
Kentey L. Taylor, 120, 100, 1000, 100, 230
Penkethman T. Garrett, 150, 100, 1200, 30, 250
William B. Richardson, 100, 40, 1500, 50, 275
Martha Richardson, 100, 200, 2000, 30, 10
Stanhope Richardson, 275, 374, 3000, 25, 300
Allen Richardson, 150, 325, 5000, 50, 725
Pryor Hankins, 125, 650, 6000, 25, 450
William S. Minor(Minos), 210, 405, 1600, 75, 375
Alexander H. Hankins, 300, 330, 5000, 100, 500
Albert W. Hankins, 150, 700, 10000, 225, 950
John R. Newstep, 98, 650, 4000, 40, 425
Whitley Wallace, 98, 100, 600, 25, 200
William J. Lindsay, 18, 9, 200, 20, 120
Elizabeth Richardson, 200, 300, 5000, 50, 550
Christopher Post, 20, 340, 3000, 30, 220
William Allen, 50, 85, 400, 20, 70
William L. Taylor, 125, 475, 2000, 115, 410
Samuel Salter 75, 96, 1500, 50, 480
Felix Peirce, 200, 225, 2000, 35, 260
Robert Morriss, 100, 140, 2700, 30, 300
Henry V. Morriss, 40, 17, 700, 20, 150
Henry B. M. Richardson, 180, 320, 4000, 110, 670
Jessee Taylor, 75, 46, 700, 25, 150
David Taylor, 25, 20, 200, 20, 100
William Thomas, 24, 75, 200, 25, 40
William Hazlewood, 50, 30, 300, 25, 120
Patrick Hazlewood, 60, 56, 800, 30, 150
Polly James, 225, 480, 1500, 25, 520
Nancy Yates (Gates), 60, 35, 500, 20, 160
James R. Warren, 200, 3100, 1500, 100, 600
John T. Marston, 300, 430, 5000, 40, 1200

Pinkethaman A. Taylor, 65, 200, 1200, 20, 295
William S. Rogers, 40, 30, 230, 15, 140
Madison J. Martin, 150, 40, 2000, 50, 625
Warner Enos, 200, 375, 1600, 95, 400
Jane T. Farthing, 120, 80, 2500, 50, 525
George W. Cardwell, 60, 198, 1000, 100, 220
Edward R. Coke, 125, 225, 3000, 35, 493
Charles M. Hubbard, 150, 130, 5000, 50, 460
Richardson Henly, 250, 250, 5000, 100, 690
Nathaniel Piggott, 450, 582, 8000, 200, 1000
John F. Farthing, 160, 150, 1800, 30, 200
George E. Grady, 150, 250, 3000, 75, 473
Henry F. McKenny, 55, -, 1000, 75, 350
George Hankins, 500, 500, 9000, 300, 950
William B. Morecock, 150, 817, 3500, 100, 600
Jackson Harewood, 150, 250, 1800, -, 320
John W. Manning, 100, 200, 1200, 25, 300
Pleasant Hix, 50, 100, 500, 30, 165
Joseph P. Brown, 150, 250, 2500, 100, 700
Martha Slater, 200, 25, 1000, 30, 100
Thomas Spraggins, 50, 140, 800, 50, 480
Elizabeth Saunders, 174, 425, 2000, 50, 340
Washington Cowles, 150, 100, 1800, 50, 330
John Cowles, 150, 250, 5000, 130, 715
William Bush, 100, 386, 3000, 150, 800
Robert Pierce, 100, 400, 2000, 25, 140
John Ward, 70, 60, 1200, 50, 275
Dindridge Marston, 150, 380, 3200, 50, 425
Richard F. Gatewood, 100, 75, 1600, 60, 400
Francis M. Jones, 180, 620, 3400, 50, 620
John T. Martin, 70, 30, 1500, 35, 285
William T. Lindsay, 150, 267, 2000, 50, 550
Richard H. Whitaker, 60, 329, 2700, 50, 580
Daniel Jones, 200, 600, 3000, 75, 525
Daniel P. Hankins, 200, 30, 1500, 45, 575
George H. Bennett, 60, 684, 6000, 140, 578
John A. Vaiden, 150, 222, 2000, 80, 410
Thomas Cosby, 80, 53, 500, 30, 115
Robert P. Taylor, 125 75, 2000, 75, 315
George W. Mahone, 40, -, 500, 30, 275
Colman R. Tillage, 60, 60, 1000, 25, 190
James M. Clarke, 207, 163, 8000, 500, 875
Henley T. Jones, 475, 539, 25000, 550, 1250
Archer Curl, 155, 245, 4500, 150, 550
Mathew Willson, 45, 60, 1500, 40, 225
William Adams, 25, 155, 1200, 25, 75
Michael S. Warren, 150, 410, 4000, 125, 800
James Morriss, 30, 50, 1000, 25, 180
Joshua Walker, 500, 800, 20000, 600, 1275

Fielding B. Piggott, 220, 194, 3000, 100, 550
Saml. Bright, 300, 160, 12000, 200, 500
Churchhill Adams, 150, 441, 6000, 270, 640

William P. Browne, 55, 125, 600, 40, 150
John J. James (Jones), 100, 323, 3000, 60, -

King and Queen County, Virginia
1850 Agricultural Census

The University of North Carolina at Chapel Hill filmed the 1850 agricultural census for King and Queen County from originals at the Library of Virginia under a grant from the National Science Foundation in 1963.

Columns 1, 2, 3, 4, 5, and 13 represent the following information on the census:
1. Name of Owner, Agent or Manager of Farm
2. Acres of Improved Land
3. Acres of Unimproved Land
4. Cash Value of the Farm
5. Value of Farming Implements and Machinery
13. Value of Livestock

Heritage H. Cauthorn, 300, 400, 5000, 125, 470
Francis Prince, 40, 17, 5400, 10, 171
Mary E. Wathington (Washington), -, -, 3000, 40, 189
John C. Walton, 60, 42, 1000, 25, 188
John Davis, 58, 58, 1000, 20, 110
Richard Whayne (W. Hayne), 42, 83, 800, 25, 156
James Taylor, 40, 106, 500, 20, 123
Rubert W. Tuppence, -, -, -, 10, 20
John Marshall, 100, 227, 1000, 20, 90
Thomas E. Carlton, 80, 64, 850, 10, 340
Thos. Westly Redd, 30, 120, 450, 12, 148
Thomas R. Grisham, -, -, 5500, 50, 635
Joseph Allan, -, -, -, -, 28
Mrs. Cathrine Parker, -, -, -, -, 31
Mrs. Lydia Carlton, 200, 82, 2200, 20, 199
Mrs. Susan Eubank, -, -, -, 100, 320
Lomand Carlton, 80, 230, 900, 10, 125
Abraham Carlton, 200, 300, 4000, 20, 167
Mrs. Susan Boulivare, -, -, -, -, -
Thomas Gay, -, -, -, -, 20

Garrett Carlton, 50, 108, 700, 20, 143
Mrs. Lucy Carlton, -, -, 500, 20, 88
Thomas G. Carlton, -, -, -, 5, 70
Thomas Wyatt, -, -, 600, 50, 115
John Collie, -, -, -, -, 9
James M. Davis, 50, 108, 400, 20, 170
James Sockly, -, -, -, 10, 49
John F. Lawson, 30, 20, 250, 10, 71
Mrs. Nancy Hart, -, -, -, -, 20
John Hudgins, 1, 10, 50, 10, 30
Edward Gibson, 50, 35, 300, 20, 136
O. M. Carlton, 80, 45, 400, 20, 93
Mrs. Polly Carlton, 30, 170, 300, 20, 110
Richardson Wyatt, 60, 14, 400, 15, 120
Isham Carlton, 150, 187, 6000, 20, 258
William Collie, 60, 10, 350, 10, 70
James L. Wyatt, 150, 75, 1200, 10, 29
William Brury, 50, 66, 400, 80, 254
Chris. A. Carlton, 10, 87, 200, 5, 32
Daniel Thurston, -, 50, 150, -, 18
Wm. Davis, 12, 41, 100, -, 12
Joseph Cardwell, 100, 71, 350, 10, 100
George Kaufman, 120, 60, 400, 35, 208

John Kaufman, -, -, -, -, 60
John L. Oliver, 70, 151, 1000, 100, 312
Ambrose Oliver, -, -, -, -, 140
Henry Cauthorn, 400, 225, 3000, 18, 185
George Eubank, 70, 150, 300, 10, 35
Lewis Eubank, 49, -, 100, 10, 73
Mrs. E. Cardwell, 100, 100, 350, 10, 94
Richard Marshall, -, -, -, -, 30
Mrs. Cather Marshall, 80, 90, 600, 12, 136
Betsy Henderson, 25, 34, 500, 30, 115
Jack Robertson, -, -, -, 25, 100
Lorenzo Robertson, 50, 38, 250, 15, 120
Lawson Reviere, 200, 260, 1300, 10, 139
William Bourne, 50, -, 200, 20, 130
John Richerson, 70, 30, 500, 15, 173
George Lee, 20, 38, 200, 10, 81
Magar Getrige, 60, 198, 600, 10, 100
Oliver Garrett, 60, 35, 300, 15, 120
Ferdinand Garrett, 18, 92, 300, 15, 102
Danson Harris, 100, 320, 1000, 30, 38
Spencer Gilmore, -, -, -, 410, 55
Jamison Alexander, 100, 15, 330, 5, 65
Lewis Dickerson, 75, 29, 500, 20, 125
Samuel Tunstall, 900, 400, 6000, 200, 1065
John S. Garrett, 75, 286, 1000, 20, 187
Jonathan Burch, 50, 100, 1000, 25, 209
Lody Moore, 80, 220, 600, 55, 167
Gideon Spencer, -, -, -, -, -
Robert Stiff, -, -, 500, -, 295
Thomas Bew, -, -, -, 25, 117
John D. Muire, 200, 41, 250, 10, 95
Zachry Lewis, 40, 60, 1500, 30, 486

Walker Moore, 80, 142, 1000, 50, 300
Robert Lumpkin, 65, 48, 1200, 40, 269
Vincent Coleman, 50, -, 300, 5, 76
Churchill Fuller, 30, 85, 300, 12, 168
Mary Motley, 125, 128, 2600, 15, 133
Mrs. Elizabeth Garrett, 50, 45, 800, 15, 120
John Didlake, -, -, -, 12, 70
William Bagby, 100, 15, 900, 25, 225
Sylvanus Gresham, 150, 210, 2500, 20, 171
Wm. C. Hundley, 130, 10, 2500, 40, 285
Lewis Taylor, 40, 24, 300, 5, 70
Benj. F. Dugar, 300, 297, 2300, 15, 56
John P. Williams, 275, 275, 4000, 30, 417
Lewis Carlton, 40, 150, 150, 25, 230
Philamon Bird, 200, 500, 4000, 50, 444
Wm. N. Garrett, 60, 338, 1500, 20, 260
Francis Brooks, -, -, -, 5, 64
Juliett Furgusion, 40, 29, 500, 5, 15
Chause (Chanse) Gilmore, 40, 14, 350, 15, 99
Mrs. Patsy Ware, 120, 120, 800, 12, 100
Henry Burch, 5, 5, 100, 10, 35
Corbin Watkins, 140, 40, 1500, 15, 286
William Bird, 300, 200, 4000, 35, 477
John H. Thurston, 100, 75, 1200, 15, 296
Benj. F. Kidd, 25, 24, 500, 10, 145
Holt Richerson, 120, 40, 1600, 25, 225
Gillett Gresham, 100, 50, 600, 20, 176

William H. Oliver, 75, 38, 750, 10, 192
Elizabeth Hoskins, 70, 70, 1600, 15, 240
Mortimer Smith, 300, 160, 6500, 45, 260
James Mitchell, 300, 400, 8000, 75, 823
William Walton, 80, 20, 500, 15, 75
James R. Garrett, 100, 46, 1000, 12, 260
Fanny Gilmore, 70, 13, 500, 10, 75
Thos. H. Jeffries, 125, 125, 800, 50, 240
Beverly D. Roy, 400, 300, 5000, 40, 675
Thos. Bulman, 200, 600, 3000, 40, 382
Wm. Cardwell, 25, 175, 100, 120, 607
George Collins, 175, 175, 1800, 25, 215
Saml. S. Crittenden, 20, 380, 1600, 125, 409
Wm. M. Morris, -, -, -, 15, 150
Math. W. Albright, 147, 148, 1000, 15, 149
Richard Thurston, 30, 20, 200, 25, 93
Robt. T. Turner, 500, 1400, 1000, 50, 997
James Young, 90, 50, 2000, 40, 525
Carter R. Morris, 100, 290, 2300, 15, 312
Annie Dillard, 80, 53, 800, 15, 88
Robt. F. Stubbs, 100, 80, 1000, 60, 310
James Brown, 28, 56, 200, 15, 60
Thos. E. Milby, 25, 135, 250, 25, 80
John Milby, 25, 108, 200, 15, 117
Thos. R. Burton, 120, 170, 950, 80, 101
Thos. C. Bulman, 80, 20, 400, 60, 211
Lucy Davis, 120, 60, 900, 10, 275
John Y. Burton, 160, 250, 1000, 45, 343
James S. Harington, 60, 115, 350, 60, 229
Norbarry Yarington, 40, 44, 250, 15, 50
Agnes Yarington, 60, 90, 300, -, 80
Elizabeth Milby, 66, 34, 100, 10, 52
Martin J. Gaines, 80, 24, 210, 17, 118
William Bluford, 100, 100, 400, 15, 194
Leroy M. Gibson, 70, 60, 400, 30, 325
Benjamin Lumpkins, 50, 130, 1500, 20, 81
Lewis Jeffries, 200, 300, 4000, 50, 430
Jane Stone, 30, 21, 400, 5, 139
Wm. B. Baily, 30, 89, 5000, 50, 313
Alfred F. Carlton, 100, 103, 1200, 50, 163
Martin Turner, 80, 150, 1000, 15, 151
Andrew Wyatt, 35, 150, 1000, 15, 151
Thos. M. Jeffries, 260, 134, 3500, 100, 320
John Soath (Smith), 75, 131, 1200, 10, -
Richard Carlton, 25, 25, 300, 10, 90
Catharine Smith, 100, 70, 1500, 50, 314
Henry Williams, 75, 86, 100, 20, 159
Arthur J. Hundley, 45, 135, 1500, 20, 114
Thos. Hundley, 125, 25, 800, 30, 247
Richard Kidd, 40, 15, 400, 15, 155
Lambert (Lambeth) Hundley, 50, 70, 1000, 20, 298
Lorenzo W. Garrett, 100, 55, 1500, 70, 307
Thos. W. Garrett, 370, 190, 5000, 35, 566
Edward Fleet, 50, 80, 500, 20, 137
Isaac Diggs, 350, 160, 4000, 50, 463

Lewis C. Hart, 225, 190, 2000, 50, 297
John Ro. Bland, 400, 300, 4500, 25, 418
James G. Boyd, 500, 700, 11000, 50, 720
Robert Spencer, 300, 500, 10000, 100, 965
John W. Bulman, 15, 125, 800, 20, 387
William S. Jeffries, 130, 120, 2500, 20, 358
Robert Wyatt, 75, 175, 1000, 50, 152
Abn. Dudley, 150, 110, 4000, 150, 684
William Walden, 400, 249, 5500, 100, 873
Cornelius Carlton, 300, 165, 3500, 175, 383
Frances Carlton, 200, 110, 2000, 25, 107
Henry W. Cox, 200, 215, 3000, 25, 277
Philp E. Brooks, 150, 66, 2400, 20, 475
Henry Didlake, 50, 51, 500, 20, 163
Baylor Crouch, 15, 34, 300, 10, -
Robt. Pollard, 300, 260, 5000, 75, 830
James Pendleton, 350, 346, 6500, 75, 390
Joseph T. Hundley, 200, 350, 5500, 200, 781
Charles C. Saunders, 30, 43, 300, 15, 42
Richard Langest (Langent), 120, 47, 1000, 50, 325
Thos. B. Hart, 200, 104, 2500, 50, 334
James Courtney, 40, 24, 300, 15, 51
Mary Hall, 50, 10, 600, 15, 149
Wm. D. Gresham, 400, 400, 10000, 350, 967
Fendall Gregory, 300, 500, 6000, 40, 300
William Stone, -, -, -, 8, 64

Mary Ann Hart, 160, 315, 3000, 60, 449
Thornton Pemberton, 50, 53, 500, 15, 45
Cathrine Wright, -, -, -, -, -
William Brown, 75, 58, 1000, 20, 177
John Haynes, 200, 130, 3000, 150, 600
Churchill Williams, 90, 90, 1000, 20, 125
John Williams, 30, 47, 400, 10, 76
Larkin Williams, 25, 15, 200, 5, 63
Patsy Radford, 25, 16, 250, 15, 142
Archie Jeffries, 3, 1, 300, 60, 125
Thomas J. Dunn, 130, 128, 1200, 15, 122
Robt. Bowden, 370, 231, 2275, 50, 418
James W. Gaines, 50, 67, 800, 15, 118
Thomas Edwards, 200, 110, 2500, 20, 388
David A. Faimholt, 80, 40, 800, 10, 494
Wm. R. Didlake, 50, 85, 500, 25, 125
Absolom Bland, 330, 280, 5700, 100, 720
Bames (Barnes) Lawson, 250, 275, 2500, 25, 25
Fanny Anderson, 200, 100, 2000, 12, 440
Thomas Corr, 400, 480, 10000, 150, 860
Fanny Pearce, -, -, -, 10, 95
William A. Collier (Collins), 20, 60, 500, 10, 100
Peter Bring, 60, 97, 25, 20, 237
William F. Bland, 300, 715, 3900, 10, 440
James Guthrie, 200, 500, 2500, 50, 402
John Howard, 100, 107, 800, 20, 158
Elizabeth Pollard, 300, 641, 5500, 60, 415

Cathrine Christian, 480, 200, 4300, 70, 736
Mary Ann Trible, 160, 83, 1200, 8, 111
Thomas Collins, 165, 85, 2500, 30, 378
Isaac Brushwood, -, -, -, 25, 71
Wm. R. Newcomb, 65, 65, 600, 30, 138
Ann R. Bland, 180, 65, 1200, 20, 205
Ledford A. Vaughn, -, -, -, 5, 131
John D. Wise, 370, 144, 2000, 100, 234
James Corr, 150, 78, 1200, 75, 325
Geo. W. Brushwood, 100, 100, 1200, 20, 199
William Robinson, 600, 550, 6000, 35, 621
William Collins, 100, 40, 700, 15, 232
Chas. E. Gwyn, 150, 46, 800, 60, 167
John P. Taliaferro, 500, 187, 6000, 150, 1185
Geo. T. Wedderbum, 100, 60, 1600, 10, 253
Edward Gresham, 600, 435, 10000, 150, 1168
Mary E. Purcell, 160, 90, 2000, 25, 350
Francis Richards, 200, 237, 6000, 300, 980
Elizabeth Guthrow, 160, 160, 1500, 30, 292
Chas. H. Williams, 150, 150, 2000, 25, 319
Thos. L. Deshazo, -, -, -, 15, 186
Mickill H. Dyke, 60, 24, 800, 30, 275
Thos. Ro. Gresham, 400, 350, 10000, 60, 903
John N. Gresham, 300, 225, 3500, 100, 425
John Ro. Nunn, 300, 370, 5500, 30, 647

Elizabeth Garrett, 30, 184, 4000, 40, 573
John Newbill, 150, 150, 1000, 35, 119
Robt. S. Garrett, 100, 184, 800, 25, 177
Mrs. Polly Cardwell, 75, 152, 500, 15, 155
William Hilyard, 60, 20, 500, 20, 147
Mrs. O. K. Dillard, 100, 50, 650, 30, 160
Henry Walton, 15, 5, 50, 15, 60
Sarah Davis, 180, 95, 800, 25, 224
Saml. Meredith, 30, 70, 400, 15, -
James Nunn, 25, 70, 500, 20, 84
Nicholas Dillard, 30, 51, 400, 20, 84
Ellis W. Stone, 20, 80, 800, 25, 203
Christopher Baylor, 400, 670, 7000, 150, 1063
James M. Jeffries, 350, 150, 4000, 225, 990
Saml. G. Fauntleroy, 550, 526, 6000, 200, 984
William Jones, 160, 82, 1800, 30, 348
Mrs. Sarah C. Evans, 50, 45, 600, 15, 168
Mrs. Eveline C. Cook, 100, 125, 1200, 20, 322
James Wright, 80, 80, 1500, 50, 296
Absalom Muire, 200, 300, 3000, 130, 349
George W. Brocke, 200, 116, 1400, 35, 274
Robt. Collins, 150, 150, 1500, 20, 440
Richard Walden, 150, 62, 1000, 50, 312
Edward Walden, 150, 150, 1800, 25, 361
Saml. G. Fauntleroy Sr., 400, 665, 6300, 250, 943
William Lumpkin, 300, 360, 12000, 35, 604
George Smith, 16, 34, 300, 40, 30

William Coleman, 75, 158, 800, 25, 189
Nancy Stone, 30, -, 200, 10, 68
Susan D. Mann, 250, 121, 3000, 50, 306
Robt. M. Davis, 130, 37, 3500, 50, 340
Robt. Rose, 25, 16, 300, 15, 104
Nancy Brown, 100, 70, 1000, 20, 300
Edmond Laugham, 70, 62, 800, 20, 205
Thomas Cleavely Jr., 60, 52, 800, 15, 174
John Pollard, 500, 150, 6500, 200, 1130
James C. Roy, 275, 275, 5000, 100, 556
Rebecca Pardblem, -, -, -, 75, 765
Henry S. Nunn, 60, 32, 1000, 15, 242
William Anderson, 50, 60, 1100, 10, 250
John W. Deshazo, 150, 29 ½, 1800, 30, 241
George M. Pendleton, 350, 300, 6000, 150, 996
William B. Braston, 150, 47 ½, 1800, 20, 105
Beverly Anderson, 500, 300, 7500, 250, 885
George W. Tucker, -, -, -, 25, 126
John P. Tucker, 175, 172, 3500, 35, 475
William F. Adams, 125, 91, 1000, 55, 311
Francis A. Bland, 150, 150, 1500, 15, 155
Francis Taylor, -, -, -, 15, 154
George Spencer, 30, 62, 700, 20, 177
Law E. Anderson, 100, 150, 1500, 15, 163
George Pillsberry, -, -, -, 10, 70
Charles A. Roane, 150, 70, 2000, 30, 430
Curtis Roane, 65, 38, 1000, 30, 321

Agnes Anderson, 125, 15, 800, 25, 357
Allen Roane, -, -, -, 15, 216
William Spencer, 150, 148, 2500, 50, 981
James A. Goulden, 200, 105, 2000, 50, 547
Paschal Bland, 100, 231, 1200, 75, 176
Bartholomew Massie, 100, 135, 800, 50, 126
Hamford Anderson, 175, 175, 3000, 100, 593
Thomas Crittenden, 150, 139, 1500, 23, 396
George P. Sively, 60, 105, 800, 15, 222
Robert A. Sutton, 125, 155, 1000, 25, 305
John Atkins, 625, 775, 5000, 50, 600
Judith Sims, -, -, -, 75, 475
Alexander Atkins, 60, 62, 700, 15, 207
John Spencer, 300, 116, 1600, 25, 300
Thomas Mann, 125, 161, 1200, 15, 377
Cary T. Bland, 50, 30, 700, 25, 150
John Walden, 60, 30, 500, 20, 87
Thomas Roane, 130, 169, 3100, 25, 337
James Norman, 100, 200, 1200, 25, 272
James Sword, 200, 1200, 2000, 50, 30
Mrs. Louisa Smith, 400, 600, 3500, 60, 51
Robert B. Smith, 75, 152, 1500, 100, 576
Hill Jones, -, -, -, 30, 290
John Motley, 600, 1200, 10600, 300, 1239
William Gardner, 120, 34, 1700, 60, 225
Ludy Cauthorn, 100, 60, 1000, 40, 402

Richard H. Bagby, 200, 232, 2300, 60, 543
Minitree Spencer, 160, 140, 2400, 200, 566
John Duvall, 300, 1481, 4650, 100, 738
Robert Bland, 1000, 120000, 16000, 300, 2041
Capt. Ro. Courtney, 290, 220, 4400, 125, 924
Datrlon B. Todd, 360, 440, 10000, 125, 1350
Mrs. Susannah Smith, 40, 15, 400, 15, 190
Thacker Muire, 80, 603, 6000, 30, 635
Edward S. Acree, 150, 85, 2500, 100, 536
Doct. Saml. S. Henly, 400, 273, 10000, 125, 970
Volney Walker, 350, 210, 6000, 200, 701
Alburt Hill, 200, 114, 33500, 60, 341
Moore F. Sale, 100, 104, 1600, 50, 199
John W. Garlick, 20, 100, 2750, 45, 361
Mrs. Polly Cook, 30, 30, 400, 15, 59
Thomas Howell, 30, 35, 400, 15, 72
Edmund S. Read, 20, 10, 150, 10, 38
Burwell Kemp, 25, 10, 200, 5, 20
William Dix, 240, 150, 2400, 50, 369
Peter Toombs, 400, 254, 3000, 75, 707
Thomas Cartlon, 200, 66, 1300, 7, 86
John Pruett, 100, 71, 800, 8, 103
William Todd Sr., 600, 300, 10000, 100, 1254
Elizabeth Newcomb, 150, 139, 800, 15, 147
Ann L. Cook, 300, 160, 1600, 15, 315
Martin Gouldman, 40, 16, 200, 20, 107
Henry Williams, 40, -, 80, 20, 90
William C. Massie, 150, 50, 500, 35, 200
Royston Didlake, 70, 190, 800, 30, 290
Zachariah Bland, -, -, -, 10, 71
George W. Shelton, 50, 70, 300, 20, 293
John B. Bland, 80, 245, 2000, 30, 286
James A. Roane, 250, 190, 1600, 40, 426
Miles C. Meredith, 130, 232, 1400, 30, 181
John Darnel, 100, 90, 300, 35, 165
Thomas Davenport, 60, 210, 1000, 20, 55
Randall Tuppence, -, -, -, 20, 60
Samuel Jones, 25, 5, 200, 15, 80
Bachelor Thurston, 60, 205, 800, 20, 111
Ceazar Robinson, 50, 50, 400, 50, 101
Nancy Newcomb, 30, 19, 50, 25, 298
William H. Gardner, 350, 205, 4500, 15, 210
Roderick Bland, 500, 127, 6000, 300, 808
Samuel Milby, 150, 120, 800, 40, 219
Benjamin Thruston(Thurston), 150, 95, 500, 15, 207
Wm. C. Shackleford, 10, 60, 300, 15, 118
William W. Brown, 10, 30, 150, 20, 99
John Jackson, 200, 320, 3000, 35, 489
Temple Walker, 300, 150, 4500, 150, 807
Thomas Disngy, 12, 33, 100, 15, 170
Zachariah Harris, 6, 12, 50, 10, 48
Riely Collins, 30, 40, 300, 18, 75
William Bew(Bur), 15, 30, 180, 18, 95
Mrs. Mary Brown, 25, 20, 180, 20, 55

Andrew Broach, 50, 33, 3000, 10, 187

Richard Bagby, 1000, 538, 5000, 250, 1342

Edward Clayton, 150, 50, 1200, 15, 196

William T. Price, 200, 80, 1000, 15, 223

Richard Wright, 10, 16, 500, 15, 125

John A. Fleet, 250, 186, 4000, 200, 500

John T. Hoskins, 325, 227, 6500, 300, 1047

Alfred Alenter, 7 ¾, -, 70, 20, 28

William Taylor, 160, 40, 600, 10, 25

Christopher Watkins, 4, -, 75, 10, 78

Mrs. Susannah Wilson, 3 ½, -, 75, 5, 30

William Hill, 60, 40, 500, 3, 61

Claiborne Langest, 50, 50, 400, 5, 139

Lindsay Langest (Longest), 70, 30, 300, 12, 213

James Langest, 80, 20, 200, 20, 153

Richard Langest, 75, 25, 400, 8, 61

Baylor Cook, 70, 30, 250, 5, 70

Edward Jeffries, 70, 30, 400, 12, 159

Edmund Anderson, 70, 30, 200, 13, 95

William B. Davis, 800, 459, 8550, 200, 1145

Muscoe Watkins, 70, 79 ½, 450, 12, 153

LeRoy Hutchason, 160, 43, 1200, 15, 160

John Watkins, 70, 34, 400, 15, 171

Elizabeth Hutchason, 100, 23, 500, 20, 358

Charles Barefoot, -, -, -, 10, 78

Sally Minor, 80, 30, 350, 3, 68

Robert Jeffries, 90, 26, 600, 25, 141

Isaac Williams, 80, 155, 700, 20, 34

William F. Dickinson, 300, 238, 2000, 15, 259

Benoni Castlon, 900, 300, 9600, 150, 728

Samuel Butler, 100, 50, 1200, 15, 115

Thomas Walker, 500, 600, 12000, 500, 914

Temple Clarke, 70, 14, 400, 15, 202

Elizabeth Richards, 300, 177, 5500, 50, 358

Joseph A. Basket, 30, 20, 200, 25, 140

Joseph Watkins, 70, 38, 300, 15, 135

Joseph Ryland, 400, 300, 5500, 100, 970

Josiah Ryland, 700, 300, 10000, 150, 1422

John Prince, -, -, -, 15, 120

Martha E. Smith, 20, 18 ½, 600, 15, 106

Philip B. Pendleton, 400, 176, 7000, 200, 843

Jones Clopton, 700, 100, 7500, 150, 732

Edwin Watkins, 60, 50, 405, 5, 188

John Walker, 400, 246, 6600, 400, 1144

Albert G. Sale, 300, 200, 5000, 150, 580

William W. Cox, 25, 25, 800, 30, 143

William Jones Sr., 12, -, 100, 10, 45

Thos. W. L. Fauntleroy, 550, 590, 15000, 200, 1101

Henry Rowe, 30, 35, 400, 10, 65

William Baskett, 40, 20, 300, 15, 56

Anderson Scott, 330, 170, 6000, 45, 400

Doct. Benjamin Fleet, 520, 243, 1200, 250, 886

William Cook, -, -, -, 15, 118

William Watkins, 80, 46, 800, 30, 292

John W. Watkins, 250, 161, 2500, 24, 468

Reubin Skelton, 50, 30, 300, 10, 61

Curtis Ball, 80, 28, 300, 15, 87

Mordecai Rouse, 150, 60, 1200, 35, 244

John W. Faulkner, 450, 307, 900, 500, 1680
Lucy Ann Fleet, 400, 200, 6600, 50, 869
Oliver White, 180, 61, 3500, 75, 494
Elizabeth Hundley, 250, 75, 3500, 100, 796
Mortimore Jones, 120, 55, 1200, 50, 191
Samuel Wilson, 20, 60, 400, 20, 193
Washington Skelton, 180, 174, 2000, 70, 284
Ann D. Cook, 350, 206, 3500, 70, 435
Sarah Longest, -, -, -, 20, 116
Richard Watkins, 120, 10, 1100, 20, 280
Joseph H. Skelton, 200, 135, 2000, 200, 649
Sthroshley Stokes, 135, 271, 2000, 55, 266
Rhoda Gatewood, 80, 26, 500, 10, 80
Clairborne Gatewood, 100, 50, 750, 12, 131
Philip Noel, 60, 38, 500, 8, 44
Joseph Gatewood, 300, 200, 2000, 80, 454
Catharine Eubank, 40, 15, 300, 15, 160
Geo. W. Eubank, 50, 10, 600, 20, 154
Robert Nunn, 110, 22, 1000, 20, 394
Gregory Langest, 75, 39, 400, 20, 225
Philip Watkins, 150, 50, 800, 40, 175
Eliza Smither, 130, 70, 1200, 25, 205
Robert G. Noel, 200, 66, 1201, 40, 233
Richard Lyne, 500, 300, 5000, 300, 886
Ro. T. Gwaltney, 540, 100, 10000, 675, 960
Nancy Loving, 86, 17, 800, 25, 205
Martin Broach, 700, 200, 7000, 25, 290
William Mann, 600, 350, 7000, 200, 569
William Boulware, 900, 350, 15000, 425, 2690
Coleman Minor, 300, 98, 2800, 70, 565
John Minor, 140, 35, 1400, 41, 350
Lucy Ann Saunders, 300, 98, 4500, 80, 619
William H. Lyne, 200, 81, 2150, 100, 370
Henry Simpkin (Lumpkin), 200, 53, 1000, 25, 224
Reuben M. Garnett, 600, 459, 9500, 120, 629
Robt. G. Howerton, 500, 180, 4500, 60, 498
Thomas Fogg, 200, 152, 1500, 25, 193
Thomas Mahlon (Mahon), 125, 71, 500, 20, 140
Kiturah Eubank, 130, 70, 1000, 20, 158
Thomas Minor, 600, 240, 7000, 20, 18
David P. Wright, 400, 244, 5000, 150, 949
John Gatewood, 100, 94, 600, 40, 199
Nathaniel Jeffries, 50, 10, 300, 10, 106
Rebecca Schools, 80, 20, 300, 25, 115
Lineous Archer, 300, 140, 2000, 50, 437
Solomon Schools, 60, 40, 500, 40, 127
Mrs. Nancy Schools, 90, 35, 800, 24, 120
Mrs. Mary Clarkston, 300, 125, 3500, 60, 691
Thomas Owens, 150, 59, 800, 20, 246
Wiley Brown, 400, 100, 3500, 46, 572

Miss Francis Walker, 80, 31, 1000, 35, 166
Joseph Smith, -, -, -, 20, 177
Robert B. Bagby, 60, 48, 1000, 50, 376
Thos. McLeonard, 250, 132, 2500, 75, 305
Henry Pitts, 150, 80, 1000, 25, 365
Elizabeth Martin, 50, 50, 500, 20, 52
Uriah Schools, 50, 30, 300, 10, 170
Lunsford Atkins, 50, 50, 300, 15, 42
George W. Bradley, 50, 10, 250, 15, 150
Woodford Southard, -, -, -, 15, 100
Mrs. Mary Bates, 250, 226, 25000, 40, 489
Josiah Martin, 40, 8, 200, 15, 113
Peter D. Samuel, 100, 37, 700, 50, 170
Mrs. Susan Gresham, 250, 200, 2000, 25, 259
Augustine Munday, 100, 150, 1200, 25, 176
Thomas Graves, 30, 30, 300, 5, 51
Redd Houston, 80, 47, 1000, 15, 35
Samuel S. Gresham, 250, 140, 4500, 150, 510
John Muscoe Garnett, 500, 500, 6000, 150, 765
LeRoy Boulware, 350, 106, 5100, 100, 665
Younger Largest (Langest), -, -, -, 10, 56
Doctor Moore G. Fauntleroy, 1000, 700, 18000, 800, 1501
Reubin Baskett, 400, 125, 8000, 50, 87
James Smith, 500, 535, 8000, 175, 1100
James S. Southgate, -, -, 4700, 40, 320
Thomas Haynes, 500, 160, 6600, 150, 1026
Alexander Fleet, 400, 225, 6200, 300, 180

James Ro. Fleet, 350, 154, 9000, 400, 1045
Mrs. Elizabeth Hutchason, 400, 160, 3000, 70, 30
Mrs. Sarah A. Pollard, 400, 232, 3800, 200, 500
Richard Gouldman, 100, 30, 600, 40, 194
Mrs. Phoebe Gouldman, 120, 57, 800, 25, 161
Mrs. Rosa Key (Kay), 200, 75, 1500, 25, 163
Sally Blake, 50, 79, 800, 20, 50
Miss Lucy Key, 60, 89, 1000, 30, 150
Richard Kay, 150, 225, 1400, 60, 611
Mrs. Nancy Parker, 150, 50, 1000, 25, 11
John B. Martin, 500, 500, 6000, 300, 750
Mrs. Sarah Loving, 200, 62, 1300, 20, 180
George Loving, 500, 204, 2000, 50, 4112
Thos. C. Martin, 600, 340, 6500, 300, 966
Andrew Martin, 80, 20, 400, 5, 15
Robert S. Motley, 700, 360, 7500, 200, 1053
Robert Sale, 250, 133, 2000, 60, 351
Mrs. Priscilla Segar, 200, 169, 2200, 25, 618
Moore Boulware, 90, 43, 2650, 25, 618
Robert Duling, 50, 35, 600, 25, 151
Dr. William Dew, 600, 613, 10000, 200, 451
Luther C. Dew, 380, 170, 800, 100, 702
Mrs. Lucy Dew, -, -, 4000, 75, 474
Lucinda Muse, 150, 127, 2000, 60, 350
John Lumpkin, 250, 150, 3200, 250, 799

John Lumpkin manager, 300, 165, 1800, -, -
Carter B. Fogg, 500, 436, 10000, 200, 818
Rebecca Lumpkin, 130, 20, 2700, 50, 190
Mrs. Elizabeth Philips, 150, 50, 1000, 20, 198
Mrs. Polly Henshaw, 80, 500, 10000, 100, 695
Mrs. Keturah Boulware, -, -, -, 125, 530
Benjamin F. Dew, 250, 190, 4500, 250, 948
James Haynes, 52, -, 400, 20, 60
William Pynes, 100, 100, 1500, 50, 264
Mrs. Martha L. Harewood, 500, 530, 8500, 150, 1170
Archibald Pointer, 400, 277, 6500, 250, 630
Walter House, 400, 478, 12000, 225, 1600
Walker Streit (Streil), -, -, -, -, 658
Thomas G. Brooks, 100, 60, 1600, 20, 130
Christopher Coulton, 200, 319, 2500, 50, 309
Samuel Guy, 125, 125, 2500, 20, 160
John Bagby, 600, 690, 8000, 250, 1126
Claiborne C. Milby, 110, 90, 600, 30, 140
James C. Trice, 200, 122, 2100, 25, 255
John R. Wright, 120, 128, 2500, 50, 271
William L. Clayton, 150, 200, 3000, 50, 455
Claiborne Bland, 300, 257, 2500, 150, 530
John M. Albright, 50, 38, 800, 25, 210
Richard Shackleford, 150, 79, 3500, 50, 570
William H. Anderson, 300, 350, 6000, 75, 875
James Gwynn, 250, 250, 6000, 75, 835
William Brooks, -, -, 15000, 100, 995
Isaiah Clegg, 100, 70, 900, 15, 155
Thomas Clegg, 170, 90, 1000, 100, 197
Mrs. Alice Milby, 90, 35, 300, 20, 79
James W. Courtney, 80, 87, 2000, 50, 310
John W. Shackford(Shackleford), 300, 200, 4500, 50, 448
Reubin Sammons, 250, 60, 3500, 25, 300
Horace D. Faulkoner, 500, 400, 10000, 200, 1564
Horace D. Faulkoner, 300, 200, 3000, -, -
Elijah Schools, 200, 127, 800, 25, 210
John R. Ryland, 400, 431, 5000, 100, 750

King George County, Virginia
1850 Agricultural Census

The University of North Carolina at Chapel Hill filmed the 1850 agricultural census for King George County from originals at the Library of Virginia under a grant from the National Science Foundation in 1963.

Columns 1, 2, 3, 4, 5, and 13 represent the following information on the census:
1. Name of Owner, Agent or Manager of Farm
2. Acres of Improved Land
3. Acres of Unimproved Land
4. Cash Value of the Farm
5. Value of Farming Implements and Machinery
13. Value of Livestock

William H. Benson, 225, 100, 3500, 100, 600
Austin McClanahan, 193, 194, 1430, 100, 550
Robert Harrison tenant, -, -, -, -, 90
William Staples, -, -, -, -, -
H. T. Washington, 650, 350, 15000, 120, 1260
John Parker, 200, 7, 6500, 285, 765
D. B. Fitzhugh, 375, 135, 9000, 275, -
James Arnold, 400, 158, 10000, 350, 1200
Benjamin Sales tenant, -, -, -, 10, 50
Samuel Stapus (Staples) tenant, -, -, -, 50, -
John Roulett tenant, -, -, -, 25, 80
Sarah Jett, 28, -, 114, 30, 280
Gabriel Peed, 28, -, -, 5, 50
John H. Arnold, 225, 100, 2000, 180, 340
James E. Jones, 50, 100, 1500, 50, 430
Thacker Rogers, 400, 430, 4000, 100, 320
William Staples, 50, 50, 400, 10, 20
Henry Ryals, 25, 25, 300, 10, 50
Churchwell Jones, -, -, -, 20, 100
F. D. Davis, 100, 100, 1200, 25, 175
W. C. Thompson, 50, 50, 600, 25, 150

H. G. Houland, 1430, 750, 37000, 500, 2500
S. I. S. Brown, 700, 600, 8000, 235, 1382
A. T. Dishman, 200, 100, 2500, 60, 310
J. Vanness, 140, 140, 1800, 100, 550
J. S. Jones, 20, 39, 700, 60, 110
Geo. C. McKenney, 300, 148, 3500, 100, 384
F. F. Ninde (Kinde), 100, 19, 1500, 50, 250
Oouton Clarke, 100, 25, 2000, 50, 380
Chas. Miffleton, 200, 200, 2000, 50, 500
Susan Jones, 200, 130, 2000, 40, 250
Daniel Coakly, 200, 100, 3000, 200, 300
M. L. Bogart, -, -, -, 25, 60
Caleb Dodd, -, -, 20, 20, 100
Nathan Burchell, 100, 400, 2500, 60, 320
John McDaniel, -, -, -, -, 125
John S. White, 75, 25, 1000, 100, 170
John C. Self, -, -, 5, 5, 45
W. B. Broocke, 100, 28, 900, 100, 250
Phil. Johnson, -, -, -, -, 75

James Strother, 200, 100, 2100, 50, 250
John A. Edwards, 210, 220, 2800, 95, 300
Henry Bailey, 75, 125, 600, 30, 50
Nath. Elkins, 150, 50, 1000, 100, 228
John Wador, 50, 60, 400, 25, 60
James Phillips, 125, 167, 1200, 200, 500
John Jones, 175, 85, 1000, 50, 265
George Miffleton, 100, 6, 450, 15, 165
Will. J. Dishman, 140, 140, 1000, 20, 175
Will C. Potts, 150, 150, 900, 30, 250
James Staples (Stapler), -, -, -, -, 60
James Lee, 200, 75, 1800, 30, 290
Robt. Wallace, 1167, 583, 10000, 500, 700
Geo. Marshall, 4, -, 250, 30, 150
Thomas Pollard, 56, -, 112, 100, 120
Reubin Roulett, -, -, -, 10, 110
Elias Owens, -, -, -, -, 75
James Lee Jr., -, -, -, 25, 128
John D. Owens, 100, 11, 427, 30, 88
Taliafero Inscoe, 110, -, 660, 10, 120
Will. H. Dickinson, 120, 18, 4000, 30, 300
John Elkins, 40, 10, 400, 20, 10
Saml. Mardus, 29, -, 100, 10, 80
James Barnett, -, -, -, -, 130
John Roach, 100, 100, 600, 20, 200
John Scott, 25, 25, 150, 5, 50
William Shanklin, -, -, -, 10, 110
B. S. Redman, 30, 7, 650, 10, 150
Francis Fox, 40, 60, 500, -, 20
John Rollins, 53, 53, 530, 30, 120
Robert Welsh, 80, 24, 450, 10, 160
Johnson Fitzhugh, 150, 125, 300, 20, 70
James Green, -, -, -, 5, 12
Walker Keys, -, -, -, 5, 25
Hetty Bradshaw, -, -, -, -, 5
Aron Taylor, -, -, -, 5, 40
William Lucas, -, -, -, -, 10
Charles Mason, 1200, 600, 20000, 500, 2600
Abn. Walker, 44, 45, 500, 20, 80
Lucy P. Berry, 150, 150, 1500, 74, 160
Jules Barberry, -, -, -, 60, 200
Richard H. Stuart, 1850, 2000, 20000, 1190, 4150
Thomas H. Price, 100, 83, 1200, 30, 282
Thomas L. Hunter, 125, 75, 5000, 100, 480
W. S. Brown, 225, 100, 2000, 150, 260
Lucien Dade, 350, 250, 6000, 150, 1100
Eliza Fitzhugh, 370, 70, 10000, -, 100
William Greenlow (Greenlaw), 500, 200, 10000, 800, 950
Joseph Greenlaw, 530, 270, 12000, 400, 710
Hyram Carreo, 25, -, 216, 5, 100
William Mark (Monk), -, -, -, -, 25
John Marmaduke, -, -, -, -, 15
Jenny Lucas, -, -, -, -, 25
William Carreo (Carrer), -, -, -, 10, 50
Robert Coakly, 40, 160, 1500, 100, 236
Ed. McClanahan, 250, 120, 5000, 200, 520
George Olile, 15, 49, 300, 20, 100
Thomas Baler, 1150, 1000, 33000, 750, 2420
Baldwin Owens, 75, 67, 750, 20, 150
Stephen Marders, 25, 25, 200, 10, 75
Richard Branakin (Brandkin), 30, -, 200, 10, 70
Albert Suttler (Suttles), -, -, -, 10, 125
Sarah Treacle (Iraete), -, -, -, -, 55
Benj. Thomas, -, -, -, -, 80
Richard Reany, -, -, -, -, 105
Henry Roulett, -, -, -, 20, 95

Anuck Potts, 280, 280, 3000, 100, 575
Robert Peed, -, -, 1300, 50, 186
Rebecca Owens, -, -, -, -, 200
Gusta. Alexander, 50, 350, 12000, 75, 800
George Grymes, 400, 276, 500, 370, 850
George Bruce, -, -, -, -, 90
Margaret Lomax, 900, 900, 30000, 380, 1500
Francis C. Fitzhugh, 700, 300, 5000, 340, 1010
John T. Washington, 400, 83, 5000, 250, 594
Hugh M. Tennent, 400, 175, 5000, 300, 425
Martha C. Stuart, 750, 750, 129000, 340, 1050
E. Pemberton, 100, 100, 1800, 30, 150
Robert Clark, 190, 190, 2000, 75, 371
Abram B. Hord, 1203, 600, 20000, 1200, 2432
Henry Scrange, -, -, -, -, 100
John Fleming, -, -, -, -, 80
Cad Crismand (Crismond), -, -, -, -, 150
Custiss Grymes, 20, 293, 3000, 200, 288
Nancy Scrivner, 33, -, 350, 10, 50
Thomas Baxter, -, -, -, 10, 120
William McDaniel, 200, 317, 3000, 75, 300
John Gravatt, 100, 40, 520, 16, 100
Davy Jones, 100, -, 350, 10, 40
John B. Burchell, 100, 386, 2400, 30, 190
Virginia Taylor, 1000, 130, 25000, 100, 1250
Richard H. Turner, 600, 300, 18000, 500, 1310
Carolinus Turner, 450, 270, 18000, 1100, 2326
George Turner, 600, 272, 10000, 400, 1082
Lawrence Eduards, -, -, -, 10, 75
N. W Baker, 100, 27, 955, -, 70
Jeremiah Trigger, -, -, -, 10, 75
John Eduards, -, -, -, 6, 50
Edmund Hoomes, 100, 100, 500, 40, 60
Jane C. Grymes 675, 675, 1000, 600, 1860
John Taylor, 300, 198, 10000, 400, 1200
William Hudson, -, -, -, -, 40
Dangerfield Lewis, 700, 1100, 8600, 700, 1852
Robert Trigger, -, -, -, 30, 200
John Clift, 100, 80, 542, 50, 175
Richard Elliss, -, -, -, -, 10
Sigesmond Massey, 100, 50, 487, 40, 210
John Teasbloom, 100, 100, 2000, 30, 200
John Olive, 60, 40, 400, 30, 210
Edwin Suttles, 120, 109, 2000, 50, 250
William Coakley, 125, 125, 2500, 100, 240
James Bryant, -, -, -, 15, 80
Mildred Allensworth, 100, 200, 1500, 25, 125
H. Thompson, -, -, -, 10, 140
R. Wilkerson, 100, 200, 1500, 100, 400
I. Wilkerson, 200, 300, 3000, 200, 500
A. A. Suttle, 60, 53, 500, 30, 125
Will King, 200, 100, 1000, 125, 480
F. McGinniss, 65, 55, 600, 40, 150
John Dickinson, 40, 35, 300, 10, 90
Will Ronley, 300, 160, 3000, 150, 258
James Cunningham, -, -, -, 20, 35
Nat. W. D. Fox, -, -, -, -, 50
Joseph Reamy, 20, 83, 250, 15, 55
Uriah Inscoe, 10, 93, 233, 5, 90
Joseph Marders, 61, -, 183, 10, 10

Thomas Spillman, 80, -, 300, 15, 75
Richard Scott, 25, -, 125, 10, 60
George Marshall, 100, 100, 640, 30, 150
Robert Rollins, 100, 15, 115, 30, 100
Joseph Wilkerson, -, -, -, 25, 20
James Baker, -, -, -, 10, 80
Hyram Johnson, -, -, -, 56, 80
Thomas Jett,-, -, -, 20, 60
Lindsey Green, 30, -, 100, 30, 100
Henry Winkfield, -, -, -, 10, 70
Felicia Morgan, -, -, -, 5, 20
Cath. Worrell, Blags & No Owner, 5 , 50
Austin Worrell, Blags & No Owner, 15, 50
Warner Worrell, Blags & No Owner, 10, 25
Edmund Coomes, Blags & No Owner, 25, 80
Meredith Morgan, Blags & No Owner, 10, 75
Joseph Morgan, Blags & No Owner, 10, 90
Starke Pitts, -, -, -, 30, 100
Eliz. Cox, 40, 6, 200, 25, 60
St. Leger (Hogan) L. Carter, 800, 400, 35000, 430, 1000
Robert Morriss, -, -, -, -, 100
Will T. Smith, 200, 200, 22500, 550, 1200
Stanfield Jones, 50, 100, 1000, 30, 140
Henry Taylor, 35, 160, 400, 30, 175
Willie D. Hord, 800, 1700, 14000, 80, 380
Thomas Jones, 150, 400, 2300, 75, 500
Charles Clift, 22, 23, 500, 20, 65
Nicholas Quisenberry, 500, 125, 6000, 400, 900
Saml. Fowke, -, -, -, -, 90
James Porter, 100, 70, 1500, 100, 250
Benj. Weaver, ¼, -, 1500, 75
John Cookley, -, -, -, -, 25

John F. Dickinson, 280, 100, 10000, 450, 1044
Chas. Tayloe (Taylor) Est., 500, 680, 12000, 50, 550
Amarde Fitzhugh, 300, 200, 5000, 60, 550
Beheth Rollins, 134, -, 393, 20, 160
A. B. Price, 500, 300, 4800, 500, 1046
Fielding Selus (Ichis), 300, 193, 3250, 450, 1050
Eduard T. Taylor, 1136, 1544, 37500, 1000, 2430
Austin Fitzhugh, 650, 535, 15000, 400, 900
John Rose, -, -, -, -, 20
Daniel Payne, 53, 50, 395, 50, 410
William S. Payne, 7, -, 4000, -, 656
James Eduards, 20, 30, 400, 50, 190
Jane Roach, 160, 150, 2978, 100, 375
Thomas Parkins, 300, 150, 4000, 350, 1204
Thomas C. Scott, 375, 325, 7960, 350, 1120
William Arnold, 125, 135, 1500, 250, 415
Fernando Fairfax, 355, 698, 14000, 325, 965
Geo. T. Riding, 450, 250, 5000, 120, 609
Geo. Dunlap, 12, 12, 120, 60, 150
Dicy Dunlap, -, -, -, -, 58
Enoh Eduards, 700, 500, 6000, 150, 786
Rush Marshall, 400, 200, 10000, 50, 450
Caroline Jenkins, 250, 250, 10000, 200, 560
William Wallace, 600, 114, 14490, 300, 660
Samuel Humphrys, -, -, -, 50, 100
Thomas Lee, 1500, 420, 22800, 450, 1127
Michael Wallace, 1000, 546, 10590, 500, 1700

John Jeter, 800, 600, 50000, 900, 1056
Horace D. Ashton, 400, 104, 3690, 300, 950
James G. Taliaferro, 700, 600, 15000, 850, 1180
John Brown, -, -, -, -, 40
Jane Wert, 148, 148, 4000, 100, 321
Mortimer Bainbridge, -, -, -, 150, 780
Stephen Pratt, 300, 206, 4000, 150, 464
Caroline Rollins, 230, 1363, 22500, 50, 250
Lewis Cross, 300 316, 1950, 100, 250
Julia Hansford, 1500, 817, 20000, 100, 480
William Cotton, 100, 300, 5000, 225, 900
Gustavus Wallace, 680, 340, 23000, 450, 1140
William Jones, 150, 50, 2000, 30, 275
Lexington Clift, 60, 40, 1600, 25, 50
James Ballad, -, -, -, 30, 85
James Rollins, 200, 200, 5000, 40, 200
John M. Carpenter, 300, 400, 7000, 150, 450
Thomas McGuire, -, -, -, 20, 160
Alexander Bouie, 98, -, 291, 30, 290
Lewis Griffin, -, -, -, 25, 160
W. C. Bruce, -, -, -, -, 90
James Bruce, 85, 127, 820, 40, 185
William Dillon, -, -, -, 15, 55
Ashley Trigger, -, -, -, 15, 65
Thomas Montieth, -, -, -, 25, 85
James Jones, 16, -, 64, 10, 50
Thomas Acres, 50, 50, 501, 30, 150
Thompson Anderson, -, -, -, 25, 60
John Anderson, -, -, -, 10, 150
Will Jones, -, -, - 25, 145
Ann Randell, 100, 61, 483, 50, 230
Will Anderson, -, -, -, 20, 135
Carey Anderson, 35, -, 140, 15, 65

Sidney Jones, -, -, -, 15, 140
William McCarty, 60, 60, 480, 20, 175
John Furgerson, -, -, -, 5, 50
Richd. Watson, -, -, -, 10, 100
Caroline Rollins, -, -, -, 25, 60
Robert Anderson, -, -, -, 20, 125
Will Custiss, 172, 85, 765, 25, 275
Eliz. Miner (Minor), 247, 100, 1450, 30, 125
Charles Dodd, -, -, -, 10, 80
William Ballard, -, -, -, 35, 190
William P. Taylor, -, -, -, 5, 60
Eliga Watson, -, -, -, 10, 75
Caterly Collinsworth, 400, 222, 5870, 150, 600
Ann McGuire, -, -, -, -, 75
Susan Fowler, 40, 40, 400, 30, 10
Geo. Miffleton, -, -, -, 30, 190
Susan Arnold, -, -, -, 15, 100
John Arnold, 1200, 800, 20000, 900, 1500
Oswell Ferrell, 30, -, 90, 10, 100
Joel Stokes, 110, -, 550, 50, 110
Anthony Brown, -, -, -, 10, 15
Will Taylor, 46, -, 137, 25, 100
Will Jenkins, 60, 50, 360, 50, 120
Washington Rollins, -, -, -, -, 75
Joseph Lee, 94, -, 771, 50, 175
Robt. L. Coats, -, -, -, 10, 65
Francis Roach, -, -, -, 25, 40
John Sebastian, 5, -, 90, -, 260
Bailey Clift, 30, 80, 500, 10, 50
Charles Gibbs, -, -, -, 25, 175
John Baker, -, -, -, 40, 175
William Quisenberry, 800, 400, 10000, 350, 1060
Geo. H. Roberson, 40, -, 1200, 50, 150
Jane W. Lee, 30, -, 108, 30, 120
Charles H. Ashton, 300, 104, 4385, 50, 575
Betsy C. Turner, 500, 279, 7854, 250, 650
Abner Rollins, 44, 44, 310, 15, 80

Geo. D. Ashton, 400, 195, 6200, 150, 400

John Washington, 60, 36, 1000, 35, 250

Francis T. Fitzhugh, 650, 400, 10000, 150, 460

Albert G. Owens, in Fitzhugh, -, 400

Geo. B. Johnson, -, -, -, 30, 150

Will E. Stuart, 309, 150, 1500, 100, 320

George Stuart, 600, 300, 6000, 150, 600

Richard Potts, 200, 120, 1379, 45, 350

Charles G. Jones, 160, 62, 1391, 75, 400

John Watson, 700, 556, 13000, 250, 450

James McClanahan, 125, 125, 1250, 50, 230

Jamess Quisenberry, 500, 262, 7960, 200, 850

W. R. Mason, 910, 100, 5300, 475, 1750

Richard V. Tiffey, 125, 120, 1290, 150, 410

Mason Carrer, -, -, -, 50, 200

King William County, Virginia
1850 Agricultural Census

The University of North Carolina at Chapel Hill filmed the 1850 agricultural census for King William County from originals at the Library of Virginia under a grant from the National Science Foundation in 1963.

Columns 1, 2, 3, 4, 5, and 13 represent the following information on the census:
1. Name of Owner, Agent or Manager of Farm
2. Acres of Improved Land
3. Acres of Unimproved Land
4. Cash Value of the Farm
5. Value of Farming Implements and Machinery
13. Value of Livestock

George B. Mill, 300, 400, 3500, 100, 445
James C. Neale, 250, 150, 2000, 50, 300
Allen King, 200, 184, 2000, 50, 345
Robert H. Lipscomb, 166, 166, 3300, 50, 180
Sterling B. Lipscomb, 200, 100, 2000, 40, 160
George N. Powell, 300, 259, 3500, 25, 200
Wm. M. Willeroy, 150, 150, 1900, 10, 470
John Lukhard, 75, 25, 800, 20, 240
Baylor Temple, 200, 300, 10000, 50, 640
James Johnson, 200, 200, 2000, 30, 275
William Redd, 250, 250, 2000, 30, 265
Robt. H. Tebbs, 100, 66, 2800, 100, 530
Reuben A. Hillyard, 650, 350, 12000, 360, 1525
Martin Drewry, 450, 300, 8000, 250, 1000
Benj. R. Blake, 400, 150, 10000, 250, 1260
Wm. S. Fontaine, 850, 430, 17000, 510, 2000
Geo. W. Powers, 70, 30, 800, 15, 40
Robt. Burke, 100, 25, 1500, 75, 330
Thomas Roane, 400, 195, 6900, 175, 1055
Geo. W. Lipscomb, 120, 75, 1500, 100, 375
Miles E. King, 260, 80, 3500, 100, 600
John Hooper, 250, 135, 4000, 80, 400
Nancy Edwards, 100, 67, 2500, 100, 365
Nathaniel Talley, 1350, 550, 40000, 90, 3000
Jas. H. King, 250, 150, 8000, 215, 900
Junius B. Roane, 500, 200, 8520, 350, 1200
Elijah Powell 250, 200, 2700, 50, 500
Larkin S. Garrett (Carrett), 300, 139, 2635, 50, 450
Jno. S. Lewis, 300, 200, 1000, 200, 900
Jas. V. Tompkins, 30, -, 300, 110, 20
Robt. King, 100, 145, 850, 10, 40
Ambrose White, 300, 200, 4500, 200, 600
Sterling S. Thornton, 66, 60, 850, 40, 450
Bernard A. Lipscomb, 250, 350, 2000, 20, 110

Wm. J. Lipscomb, 125, 125, 2500, 10, 150
Jefferson Hill, 20, -, 180, 25, 30
Lewis Littlepage, 400, 300, 8000, 300, 940
Harriet Hill, 300, 100, 4000, 300, 700
Jane Willeroy, 150, 70, 2000, 100, 375
Thos. Robinson, 2700, 1300, 30000, 500, 2800
Achilles Ball, 25, 15, 140, 10, 100
Major Brooks, 100, -, 430, 90, 200
Jas. White, 60, 130, 1100, 20, 60
Reuben H. Davis, 100, 33, 600, 10, 150
Wm. A. Edwards, 100, 50, 800, 60, 310
Miles F. King, 150, 50, 1800, 10, 30
Hardin Littlepage, 200, 122, 2800, 150, 255
Wilson C. Pemberton, 150, 150, 3500, 200, 850
Walker Hogan, 450, 300, 8500, 250, 900
David A. Saag (Saay), 250, 250, 3500, 80, 500
Wm. M. Garrett, 40, 60, 900, 20, 60
Jas. Pollard, 100, 70, 1000, 40, 300
Reuben M. Davis, 140, 80, 2200, 20, 225
Isaac B. Edwards 275, 195, 4000, 300, 940
Wm. T. Fleet, 200, 110, 1800, 100, 325
Wm. M. Garey, 250, 300, 5500, 365, 1050
Jno. T. Neale, 175, 160, 2000, 75, 380
Henry Carr (Corr), 775, 225, 3500, 175, 680
Saml. B. Lipscomb, 300, 80, 3500, 225, 500
Leonard Acree (Acnce), 50, 6, 450, 15, 20
Robert Waters, 165, 140, 2800, 60, 160
Jno. Lipscomb (N), 110, 60, 1300, 10, 100
Chas. Rogers, 200, 300, 2000, 50, 175
Robt. Huchins, 28, 5, 300, 20, 100
Jas. H. Johnson, 100, 280, 2000, 100, 300
Wm. M. Ellett, 200, 20, 2800, 70, 300
Jno. Smith, 150, 95, 1800, 30, 310
Jno. W. Taylor, 375, 125, 3800, 120, 600
Henry L. Abraham, 200, 150, 1600, 20, 275
Mary D. Slaughter, 75, 50, 700, 5, 75
Philip P. Duval, 750, 300, 3000, 300, 1170
Wm. Ellett, 200, 185, 1800, 50, 265
Saml. Robinson, 200, 120, 2000, 50, 575
Ottoman Slaughter, 550, 393, 12000, 305, 1255
Alexander Cozatt, 200, 250, 3000, 50, 275
Jno. S. Kzrine (Kyrine), 250, 214, 3200, 60, 600
Jack Custerlow, 30, 30, 300, 10, 50
Allen Beazley, 100, 70, 1200, 30, 360
Bartlett Lipscomb, 40, 50, 800, 20, 220
Thos. Whitlock, 30, 14, 300, 25, 175
Reuben Minor, 200, 800, 8000, 35, 290
Thomas B. Martin, 553, 770, 11000, 245, 1160
Wm. M. Turner, 300, 160, 5500, 300, 615
Leoline Slaughter, 240, 230, 3000, 55, 200
Jno. Pemberton, 250, 210, 4000, 150, 625
Ann Meredith, 350, 150, 5000, 100, 500

Zachry Trimmer, 10, 4, 100, 5, 40
Wm. A. Braxton, 450, 320, 6500, 310, 1145
Corbin Braxton, 530, 200, 30000, 300, 2300
Jno. H. Walker, 400, 440, 4000, 100, 480
Reuben McGeorge, 20, 50, 200, 5, 20
Wm. T. Samuel, 200, 250, 3500, 40, 435
Robt. Pollard, 400, 502, 11000, 200, 750
Nancy Taliaferro, 1200, 330, 4000, 60, 475
Robt. A. Munday, 1200, 500, 16000, 400, 1500
Wm. Powers, 600, 400, 11000, 200, 800
Jas. P. Neuce, 120, 13, 1100, 40, 250
Robt. B. Johnson, 40, 32 500, 40, 220
Archie Brown, 340, 339, 9500, 300, 1300
George W. Mager, 100, 70, 1200, 40, 200
Thos. Starke, 300, 150, 4000, 340, 875
Henry C. Johnson, 130, 50, 1200, 40, 185
Nat. Terry, 40, 32, 450, 40, 85
Francis Tompson, 30, 55, 450, 30, 30
Wm. Heath, 30, 10, 250, 20, 40
Jas. A. Bond, 40, 20, 1150, 30, 160
Clarissa Robins, 200, 100, 4500, 30, 330
Jno. C. Slaughter, 150, 650, 3000, 35, 320
Lemuel Edwards, 50, 450, 1000, 150, 420
Ann Gregory, 300, 200, 4000, 75, 265
Joseph H. Davis, 600, 300, 5500, 100, 475
Jno. A. Robins, 140, 115, 3300, 90, 510

Maria Gregory, 900, 300, 11000, 350, 930
Martin Slaughter, 225, 225, 3800, 300, 650
Robt. Hargrove, 18, 7, 200, 10, 75
Jno. B. Lipscomb, 100, 32, 1000, 12, 120
Parks B. Davis, 240, 220, 4000, 75, 375
Raymond Davis, 80, 76, 1200, 8, 150
Philip B. Dillard 100, 100, 900, 50, 135
Egbert E. Lipscomb, 270, 240, 3500, 150, 400
Thos. Pemberton, 50, 100, 800, 8, 50
Richd. S. Brooks, 25, -, 150, 20, 50
Alexander C. King, 110, 65, 1500, 40, 100
Rebecca C. Rice, 125, 175, 1500, 50, 150
Josiah Williams, 200, 200, 1500, 80, 250
Jos. H. Cook, 120, 223, 2500, 59, 375
Richd. M. Vias, 800, 4000, 20000, 180, 2600
Thos. Bew, 70, 66, 700, 30, 110
John Cook, 400, 200, 3000, 200, 610
Wm. Robinson, 70, 50, 2000, 50, 250
Wade H. Sale, 150, 375, 3200, 100, 435
Mary C. Garlick, 155, 50, 1800, 200, 425
Wm. A. Spillers, 250, 90, 2800, 100, 400
Sally George, 25, 6, 1100, 30, 135
Wm. A. Gresham, 80, 400, 12000, 75, 950
Thos. W. S. Gregory, 300, 350, 7000, 100, 1000
Patrick H. Slaughter, 500, 500, 8000, 300, 900
Frank Martin, 200, 203, 6000, 50, 535

Wm. E. Croxtin's Est., 200, 300, 4000, 25, 335
Thos. K. Foster, 70, 60, 1000, 50, 150
Beverly B. Douglas, 60, 140, 1700, 240, 180
Chas. H. Deshazo, 300, 127, 270, 280, 530
Thos. Dabney, 360, 108, 4500, 100, 700
John Lewis, 180, 84, 3300, 280, 568
James Roane, 500, 143, 11000, 255, 1300
Wm. _. Hillyard, 50, 94, 2000, 50, 130
Jno. T. Wormley, 350, 250, 5500, 50, 300
William Pollard, 90, 160, 1500, 100, 500
Louisa Dabney, 25, 5, 950, 30, 140
Jas. Figg, 10, 20, 175, 12, 100
Jno. H. Burch, 100, 150, 2500, 50, 300
Thornton Alexander, 200, 200, 2500, 50, 380
Edward Mills, 10, 10, 100, 20, 90
Isabella G. Waring, 110, 110, 4000, 75, 460
Bayler Hill, 230, 103, 4500, 50, 500
John H. Pitts, 60, 75, 2500, 95, 330
George Woollard, 30, 5, 225, 10, 100
Daniel H. Gregg, 400, 300, 8500, 260, 985
Sarah Robinson, 200, 300, 3800, 50, 125
Patsy Rowe, 150, 129, 2000, 30, 140
George Garnett, 30, 70, 500, 25, 85
Mordecai Abraham, 400, 380, 5000, 75, 590
Philip Patterson, 100, 80, 1000, 10, 110
Absalom Watkins, 12, 5, 160, 15, 140
Jno. O. Turpin, 175, 75, 2000, 60, 490

Jno. M. Fauntleroy, 350, 167, 7000, 150, 780
Wm. H. Pollard, 200, 200, 2400, 60, 330
Bennet Tuck Jr., 100, 478, 800, 30, 250
Mary Haners, 500, 500, 8000, 200, 1500
Thos. Eubank, 40, 50, 500, 5, 55
Edward Hill, 400, 375, 9000, 250, 1000
Atwell T. Pitts, 700, 500, 12000, 220, 850
Ann W. Lumpkin, 600, 200, 5000, 300, 880
George R. Trant, 400, 200, 5500, 300, 820
Mary Munday, 200, 200, 2800, 30, 200
Temple C. Moore, 1000, 600, 16000, 170, 1935
John Tarrant, 680, 400, 7000, 310, 740
Mary Fox, 400, 130, 4500, 200, 560
Robt. T. Fox, 100, 45, 900, 30, 225
Jas. Cocke Sr., 350, 8, 3200, 60, 500
Richd. A. Fox, 60, 40, 600, 25, 80
Geo. S. Tuck, 80, 80, 900, 30, 120
Richd. Tuck, 150, 67, 1200, 25, 277
Elizabeth Eubank, 200, 100, 1200, 20, 300
Silas Mahone, 160, 40, 2200, 35, 330
Carter Mahone, 200, 103, 2700, 40, 440
Ann M.R. Garrett, 130, 66, 2000, 25, 220
Geo. Edwards, 400, 220, 6500, 325, 1680
Jas. B. Ellett, 375, 140, 8500, 180, 710
Thos. S. Jones, 400, 200, 10000, 250, 1100
Thos. Pollard, 200, 188, 1300, 60, 370
Henry Smith, 10, 10, 100, 5, 100

Saml. P. Tigner, 500, 450, 2800, 100, 590
C. K. Clarke, 1200, 560, 40000, 480, 1620
Judy H. Coalter, 400, 230, 18000, 220, 1150
Harrison B. Tomlin, 260, 120, 10000, 220, 1380
Wm. Bosher, 700, 450, 10000, 300, 1300
Henry Timberlake, 500, 400, 9000, 200, 1000
Mary Hawes, 550, 450, 10000, 400, 1100
Harfield Timberlake, 100, 88, 2800, 75, 390
Harriet Cocke, 90, 80, 1200, 75, 330
Leroy Timberlake, 100, 139, 1800, 30, 210
Martha C. Dudley, 100, 132, 7000, 10, 140
Wm. W. Dabney, 170, 30, 3000, 20, 275
William W. Dabney, 250, 150, 3000, 100, 380
Jno. Powell, 140, 63, 1300, 70, 240
Benj. F. Dabney, 300, 100, 5000, 150, 670
Benj. F. Dabney, 80, -, 1600, 50, 160
Richd. S. Tompkins, 150, 50, 1800, 75, 980
Pomfrey Davenport, 25, 75, 2000, 225, 250
Pleasant Davis, 100, 60, 700, 40, 300
Ezekiel Roberts, 20, 12, 200, 20, 65
Eliza Suttin, 850, 410, 14000, 240, 1900
Burwell Wicker, 600, 500, 13000, 150, 1000
Jas. Eubank, 158, 50, 1500, 30, 370
Jas. Eubank, 457, 300, 3000, 50, 270
Anderson King, 1000, 500, 27000, 450, 1690
Henrietta Nelson, 700, 400, 16000, 80, 875
Robt. Sale, 100, 156, 2000, 25, 100
Saml. F. Norment, 400, 50, 10000, 150, 680
Thos. Marshall, 1200, 200, 40000, 400, 2265
Golder W. Puller, 100, 50, 1500, 30, 120
Thos. P. Jackson, 140, 83, 1200, 25, 330
Wm. E. Taliaferro, 400, 350, 4500, 50, 350
Thos. G. Eubank, 180, 95, 1500, 40, 300
Lewis A. Stephens, 325, 140, 5000, 400, 1000
Jno. P. Stephens, 300, 206, 2900, 100, 600
Horace White, 240, 240, 2800, 150, 670
Ellett Misen, 200, 200, 2000, 30, 120
Jno. Cardwell, 1000, 750, 950, 560, 1820
Susan Truisdale, 30, -, 150, 5, 40
Jas. Cocke Jr., 150, 180, 2400, 25, 300
Benj. Nicholson, 250, 50, 1600, 50, 345
Thos. Tuck, 100, 40, 800, 30, 290
Richd. W. Fox, 200, 315, 3500, 50 415
Lucy A. Floyd, 150, 10, 900, 20, 100
Wm. F. Gardner, 125, 63, 800, 25, 120
Jno. C. Alexander, 50, 8, 200, 40, 125
Polly Gunter, 30, 20, 200, 20, 60
Jno. Allen, 100, 50, 700, 10, 175
W. T. Eubank, 100, 80, 1000, 50, 160
Wm. Gwathney, 800, 435, 1000, 50, 160
Wm. B. Ryland, 500, 300, 7000, 350, 1100
Carter W. Wormly, 700, 442, 21000, 400, 1800
Warner, Edwards, 300, 250, 5000, 280, 920

Josiah Burriss, 500, 300, 15500, 480, 1350
Young J. Clements, 300, 200, 6500, 100, 750
Warren Lipscomb, 215, 221, 3000, 50, 540
Fendall Gregory, 300, 357, 7290, 290, 1000
Robt. R. Turner, 50, 100, 1800, 40, 300
Chas. Walker, 80, 35, 400, 70, 175
Wm. A. Ellett, 100, 100, 1500, 25, 125
Wm. McGeorge, 50, 230, 1300, 25, 255
Arthur Walker, 240, 121, 2800, 75, 265
Richd. T. Greene, 180, 140, 3000, 110, 450
Wm. Smith, 150, 160, 4000, 150, 660
Richd. T. Hundley, 150, 150, 2000, 200, 630
Warner W. Hutchinson, 335, 200, 2000, 50, 255
Geo. W. Quarles, 1200, 1165, 20000, 250, 1850
Sterling J. Lipscomb, 300, 100, 4000, 150, 570
Wm. Martin, 100, 175, 3000, 350, 1080
Robt. W. Tomlin, 384, 124, 20000, 500, 1850
Chas. J. Bosher (Basher), 60, 60, 1400, 100, 290
Sterling J. Lipscomb, 260, 40, 3000, 50, 375
Saml. Hawan (Howan), 60, 40, 400, 20, 60
Wm. C. Pollard, 100, 100, 1600, 25, 110
Jno. P. Johnson, 75, 25, 900, 20, 130
Archie P. Pollard, 150, 250, 3000, 40, 110
Lewis Y. Powers, 50, 28, 400, 25, 150

Jno. Richardson, 20, 105, 500, 50, 60
Robt. M. Pilcher, 30, 65, 500, 40, 30
Jno. Madison, 90, 12, 1000, 20, 115
Wm. Adams, 25, 10, 200, 15, 100
Sylvester Prince, 30, 10, 1000, 35, 25
Jno. E. W. Toombs, 77, 77, 1700, 60, 200
Richd. Prince, 100, 30, 1500, 100, 640
Jno. W. Madison, 25, 25, 500, 15, 20
Thos. Jones, 280, 170, 2800, 110, 750
Anderson Scott, 700, 300, 8000, 200, 620
Catherine Crouch, 125, 25, 800, 25, 1150
Jno. Vias (Vius), 200, 100, 1800, 35, 230
Bennet Tuck Sr., 120, 80, 1000, 20, 250
Wm. Morrison, 40, 18, 400, 5, 75
Henry Morrison, 35, 15, 350, 15, 110
Preston Lipscomb, 175, 193, 4000, 50, 350
Ann King, 120, 80, 2000, 40, 250
Samuel S. Rice, 500, 200, 6000, 150, 800
Robt. E. Johnson, 250, 500, 5000, 30, 710
Caroline Langston, 30, -, 150, 10, 130
Sterling Bradbery, 40, -, 200, 5, 70
Wm. Sweat, 50, -, 300, 15, 60
Matilda Brisby, 25, -, 150, 10, 40
Wm. Holt, 40, -, 300, 10, 180
Nancy Langston, 100, -, 500, 10, 150
Jno. Langston, 60, -, 600, 10, 150
Philip Johnson, 200, 400, 3000, 120, 350
Robt. N. Moore, 500, 200, 7000, 150, 1300
Wm. Hill, 400, 630, 7000, 300, 1260
Wm. Collins, 30, 10, 200, 10, 30
Isaac Miles, 50, 10, 300, 75, 115

T. B. Littlepage, 200, 300, 5000, 150, 350
Jas. T. Boyd, 250, 100, 3000, 25, 325
Patrick H. Aylett, 1300, 1100, 20000, 800, 2700
Wm. G. Pollard, 250, 154, 4000, 75, 355
Elyson Edwards, 30, 15, 200, 25, 160
Austin Minor, 50, 150, 600, 10, 50
Peter Wyatt, 120, 63, 1100, 50, 190
Jno. Sizer, 300, 200, 5000, 100, 650
Robt. P. Hill, 300, 200, 4000, 50, 375
Jno. R. Stuart, 50, 150, 500, 50, 100
Elizabeth Pollard, 50, -, 250, 10, 75
Austin Vaughn, 50, 75, 500, 30, 60
Lewis Pollard, 280, 160, 2500, 50, 420
Ann Rowe, 100, 50, 400, 10, 150
Frances Trice, 40, 35, 900, 50, 120
Achilles Campbell, 300, 250, 4500, 100, 520
Mary Dodson, 145, 90, 900, 15, 80
Thos. Allen, 75, -, 200, 5, 50
Johnson Atkins, 30, 10, 220, 25, 90
Mary Ancarro, 150, 230, 1400, 30, 350
Wm. R. Crutchfield, 150, 80, 1500, 5, 60
Robt. H. Ancarro, 100, 160, 1500, 5, 60
Thos. R. Burrus, 120, 100, 4000, 30, 170
Laurence Fant, 250, 250, 3500, 75, 550
Robt. Read, 150, 50, 1000, 15, 110
Saml. Allen, 100, 25, 500, 10, 50
Wm. White, 30, 20, 200, 10, 75
John T. Floyd, 120, 60, 1000, 40, 100
Thos. Garnett, 150, 80, 1100, 40, 220
Iverson Atkinson, 100, 66, 1500, 30, 150
Susan Tuck, 300, 200, 2500, 40, 450

Delphia Powell, 250, 150, 1500, 50, 250
Wm. G. Tuck, 100, 200, 1500, 15, 50
Jas. G. White, 37, 72, 2500, 50, 240
Richd. Eubanks, 80, 58, 1000, 50, 420
Ezekiel J. Woody, 50, 43, 1000, 40, 135
Jas. Leftwitch, 300, 300, 3000, 60, 275
George Terry, 100, 50, 600, 10, 200
David Rider, 100, 200, 2700, 60, 250
Elizabeth R. Campbell, 100, 400, 2000, 25, 280
Wm. Sweet, 30, 20, 500, 25, 100
Jno. Quarles, 150, 90, 1200, 25, 140
Christ. Tompkins, 200, 136, 2500, 60, 360
Jas. V. Pollard, 55, 41, 2500, 8, 360
Edmd. Littlepage, 30, -, 500, 75, 400
Chas. H. Lee, 175, 130, 2000, 50, 260
Wm. S. Whitlock, 80, 30, 600, 30, 100
William Nunn, 300, 70, 6000, 400, 700
Jno. R. Light, 175, 100, 1800, 30, 330
Fanny Armstrong, 40, 80, 500, 35, 90
Franklin Slaughter, 15, 20, 100, 4, 55
Wiley Atkins, 15, -, 60, 5, 35
Jno. Morrison, 30, 20, 200, 5, 75
Elkanah Clements, 200, 100, 2000, 36, 570
Jno. Beadles, 50, 75, 500, 30, 165
Jas. Morrison, 25, 25, 250, 25, 100
Mordecai B. Dabney, 100, 200, 1800, 50, 275
Charles Webb, 200, 208, 2000, 100, 560
David A. Valentine, 18, 17, 600, 5, 70
Saml. N. Roberts, 60, 60, 600, 15, 45
Lucy A. Puller, 300, 150, 3000, 20, 230

Dudly Atkinson, 200, 103, 1500, 100, 300
Fleming Blake, 100, 50, 800, 20, 100
George Turner, 350, 150, 3000, 30, 375
Thos. Armstrong, 80, 137, 6000, 80, 420
Robinson Adams, 60, 60, 500, 30, 170
Robt. Mitchell, 30, 20, 250, 25, 70
Edward Pollard, 140, 60, 1000, 30, 400
James A. Fisher, 200, 237, 2000, 40, 200
Ambrose Acnee (Acree), 50, 210, 1300, 30, 110
Thornton Almand, 20, 50, 350, 15, 80
Jno. Dengre, 15, 65, 300, 3, 35
Robt. Powers, 15, 10, 125, 5, 35
Warner Hutchinson, 60, 137, 1800, 30, 130
Thos. H. Taliaferro, 175, 125, 1500, 25, 150
Thos. V. Horn, 200, 100, 3000, 40, 224
Christ. C. Davis, 200, 100, 1500, 40, 25
Mary Gally, 150, 50, 1000, 25, 175
Andrew B. Walker, 50, 50, 400, 10, 65
Geo. Mitchell, 30, 40, 200, 10, 60
Randall Twopence, 30, 10, 200, 20, 55
Jno. G. Noel, 6, 30, 1000, 20, 110
Philip Eubank, 30, 24, 200, 8, 55
Jno. P. Lipscomb, 80, 80, 600, 20, 130
Reuben Atkins, 90, 40, 1000, 20, 210
Jno. F. McGeorge, 350, 150, 5000, 100, 450
Philip O. Horn, 40, 100, 400, 15, 80
P. R. J. Quarles, 50, -, 1000, 20, 240
Robert S. Crow, 45, 48, 600, 10, 100

Lancaster County, Virginia
1850 Agricultural Census

The University of North Carolina at Chapel Hill filmed the 1850 agricultural census for Lancaster County from originals at the Library of Virginia under a grant from the National Science Foundation in 1963.

Columns 1, 2, 3, 4, 5, and 13 represent the following information on the census:
1. Name of Owner, Agent or Manager of Farm
2. Acres of Improved Land
3. Acres of Unimproved Land
4. Cash Value of the Farm
5. Value of Farming Implements and Machinery
13. Value of Livestock

Robt. T. Dunaway, 330, 418, 12000, 475, 175
Elizabeth Jefferson, 15, 15, 750, 10, 68
George R. Waddey, 60, 100, 1500, 45, 234
Wm. C. Callahan, 50, 96, 730, 10, 270
Benjamin Waddy, 80, 360, 2000, 135, 407
Elyson A. Currie (Currie), 350, 450, 15000, 230, 950
Leroy P. Leland, 75, 39, 2000, 25, 118
Arman Beane, 63, 34, 864, 25, 146
Lamoth George 200, 55, 5000, 105, 366
James Kelly, 25, 30, 250, 10, 94
Griffin Williams, 130, 26, 3000, 100, 394
William Durston, 96, 30, 4000, 100, 370
Lucy Williams, 100, 15, 3500, 75, 304
Elias B. Edmonds, 30, 20, 3000, 50, 366
Henry S. Hathaway, 200, 100, 5000, 100, 442
James B. James, 100, 60, 2500, 125, 282
Thomas Spriggs, 100, 20, 3500, 150, 424
Robert Edmonds, 30, 20, 1500, 50, 60
Joseph G. Roberts, 60, 120, 1600, 50, 435
Thomas Brown, 200, 170, 2500, 125, 650
Thomas E. Eubank, 75, 221, 3000, 100, 350
James Simmonds, 100, 175, 2500, 100, 477
Luke Ball, 50, 68, 590, 5, 140
George Brent, 190, 410, 3000, 100, 540
Saml. Downing, 250, 329, 5000, 100, 665
Richard Norris, 100, 100, 1000, 50, 200
James W. Degges, 30, 42, 500, 3, 167
Benj. M. Walker, 700, 130, 3000, 50, 435
Henry Shay, 100, 55, 1200, 40, 366
George Talley, 30, 32, 180, 25, 166
Cyrus Doggett, 40, 10, 400, 10, 142
Mary L. George, 130, 150, 3200, 40, 218
Jno. H. Williams, 50, 50, 800, 45, 300

Thomas Norris, 150, 153, 2121, 115, 602
Saml. Gresham, 150, 139, 3212, 193, 350
James Eubank, 50, 400, 1200, 50, 300
Garrett (Yarrett) Haynie, 50, 65, 600, 20, 185
Wm. O. Eubank, 130, 120, 1000, 70, 390
Charles H. Leland, 60, 370, 3000, 160, 210
Richd. B. Mitchell Jr., 80, 310, 1800, 5, 166
Joseph Tapscott, 50, 75, 600, 5, 130
James Robinson, 130, 130, 1400, 30, 200
John Boyd, 30, 37, 670, 25, 200
Wm. Callahan, 50, 150, 1200, 5, 160
Joseph Thomas, 20, 64, 500, 15, 60
William C. Pirm, -, -, -, -, 100
James M. Hill, 80, 70, 1200, 25, 250
Allington Brent, -, -, -, -, 47
Digna Brent, -, -, -, -, 14
Joseph G. Stephens, -, -, -, -, 160
Edwin L. Dobyns, 60, 40, 600, 30, 110
Saml. Blackwell, 150, 20, 1500, 20, 204
Joseph T. Gorder, -, -, -, -, 50
Louisa Towles, 300, 200, 3000, 50, 225
Thomas Masden, 50, 12, 624, 25, 140
Henry Tapscott, -, -, -, -, 25
John Alford, -, -, -, -, 10
David Edwards, 20,137, 900, 25, 208
James H. Talley, 70, 70, 700, 15, 285
James Talley, -, -, -, -, 70
Peter Sullivan -, -, -, -, 10
Warner Beane, 100, 150, 2000, 60, 382
Wm. Robinson, 30, 59, 400, 34, 172
Julius W. Mitchell, -, -, -, -, 300
Newby Berrick, 50, 90, 800, 10, 135

Archd. S. Stott, 110, 103, 2000, 50, 400
Archd. Hinton, 50, 83, 1064, 10, 95
Wm. O. Norris, 100, 153, 1771, 25, 180
Henry L. Towles, 300, 145, 5000, 80, 425
Thads. Forester, 50, 150, 1200, 50, 180
Nicholas P. Burchard, 200, 130, 4000, 40, 405
Cornelius Sullivan, 150, 150, 300, 40, 350
Urbane Bush, -, -, -, -, 165
W. W. C. George, 100, 100, 1400, 100, 352
Edwd. M. Pursell, 40, 85, 1000, 20, 125
George Christopher, 50, 200, 700, 30, 285
Joseph W. Brent, 75, 325, 2500, 8, 272
Wm. H. Simmonds, 60, 113, 700, 40, 90
James Kenner, -, -, -, -, 36
James Ewell, 325, 300, 6000, 70, 450
Cyrus Hazard, 50, 72, 786, 40, 125
Julius B. Vanness, -, -, -, -, 117
John Harrison, -, -, -, -, 50
W. C. Lunsford, 100, 59, 1000, 20, 206
Thomas Clarke, 100, 196, 1500, 20, 290
Jno. S. Chowning, 120, 90, 4600, 200, 550
Robert Alfred, -, -, -, -, 34
Elias Jones, -, -, -, -, 45
R. N. Crittenden, 76, 27, 2000, 25, 165
Mordecai Lawson, 110, 10, 1000, 30, 320
Patsy Clarke, 80, 84, 500, 15, 88
Richard Sullivan, 60, 90, 400, 35, 125
Washington Haynie, -, -, -, -, 153

Judith Norris, 65, 67, 660, 15, 137
Felicia T. Dunaway, 150, 164, 2500, 40, 338
William W. Headly, 50, 100, 500, 30, 188
Bidkar George, 60, 28, 800, 30, 130
Samuel Ingram, 50, 80, 400, 15, 45
Joseph Barnett, -, -, -, -, 64
Octavius George, 100, 100, 1700, 80, 360
Christopher Durston, 208, 192, 5000, 30, 255
James T. Yerby, 150, 225, 6000, 20, 675
George D. Haydon, -, -, -, -, 66
Peter H. Beane, 260, 140, 8000, 40, 460
Elias J. Carter, 200, 500, 4000, 100, 530
John E. Kenner (Kensor, Kenne), 100, 100, 1000, 20, 282
John M. Danson, 110, 114, 1500, 50, 275
Wm. Longworth, -, -, -, -, 27
Jno. E. Blakeman, 110, 83, 3000, 50, 530
Richard Douglas, -, -, -, -, 116
Edward L. Brasford, 80, 80, 750, 30, 120
Elias Fendlea, 22, 33, 330, 150, 50
Jos. C. Cornelius, 25, 5, 300, 15, 105
Thomas Pitman, 40, 200, 1000, 30, 216
Edward Payne, -, -, -, -, 120
John W. Moore, 30, 70, 70, 30, 155
Richard Bloxon, 80, 105, 800, 60, 235
Wm. T. Treakle, -, -, -, -, 25
Richard Doggett, -, -, -, -, 20
James W. Treakle, 5, 35, 200, 5, 20
John D. Oliver, 134, 66, 2000, 75, 278
Edwin Shackleford, 400, 1000, 21000, 60, 330
Travis Sebree, 50, 46, 800, 20, 272
M. H. Oliver, 150, 76, 2500, 40, 350

T. R. M. Oliver, 50, 36, 500, 20, 125
Robt. F. Ransone, 80, 20, 1200, 40, 66
Wm. Cornelius, -, -, -, -, 56
John Cornelius, -, -, -, -, 53
Addison Hall, 100, 80, 4000, 100, 335
Richard R. Mitchell, 300, 50, 4000, 100, 414
Geo. W. Flowers, 100, 75, 2350, 25, 357
Thomas Davis, 125, 178, 3000, 30, 350
James R. Webb, 50, 100, 75, 150, 138
John G. Cox, 50, 60, 2000, 20, 550
D. D. Berrick 100, 125, 1000, 25, 180
Robert Carter, 150, 400, 3000, 25, 450
William Flowers, 35, 10, 2000, 20, 155
Joseph Yerby, 30, 10, 200, 10, 88
John W. Leland, -, -, -, -, 283
Peter Williams, 50, 107, 1000, 60, 200
John Hathaway, 375, 135, 8000, 200, 490
Porteus Towles, 70, 34, 1000, 35, 300
William K. Lee, 175, 50, 4500, 235, 955
Raleigh D. Carter, 150, 700, 5000, 175, 525
Richard K. Ke__n, 40, 135, 2000, 30, 160
Thomas Tally, 50, 44, 600, 5, 35
Cyrus Nicken, -, -, -, -, 56
Steptoe Nicken, -, -, -, -, 34
Sucky Nicken, , -, -, -, 50
Martin Shay, 40, 68, 600, 30, 117
Henry Jones, -, -, -, -, 50
James West, 37, 90, 400, 5, 90
Chatham C. Flowers, 57, 13, 2000, 30, 185
A. N. Cundiff, 40, 191, 900, 50, 250

Joseph F. Flippo, 300, 65, 6400, 150, 708
Arthur H. Lee, 55, 15, 2000, 50, 290
Wm. G. Mitchell, 125, 75, 2500, 70, 350
Jno. A. Montagne, 100, 250, 1500, 30, 200
John Rogers, -, -, -, -, 20
Wm. R. Johnson, -, -, -, -, 35
James W. Warwick, 115, 112, 1900, 60, 238
Tho. C. Callahan, 84, 170, 2500, 50, 317
Jos. H. Davenport, 450, 150, 7200, 20, 411
Addison L. Carter, 220, 163, 8000, 350, 884
Eppa N. Dunaway, 200, 170, 8000, 205, 625
Joseph D. Pursly, 50, 110, 1000, 20, 110
Leroy Beane, 35, 36, 710, 15, 150
Warner H. Haynie, 112, 113, 2000, 100, 500
Warner Haydon, 60, 60, 500, 25, 120
William H. Kirk, 200, 380, 8700, 100, 780
William T. Jesse, 300, 400, 8000, 280, 1000
Richard Edwards, 80, 122, 800, 35, 740
Robert Forester, 20, 180, 600, 20, 156
A. Hill Currie, 150, 185, 5000, 50, 260
E. Madison agt., 350, 600, 12000, 500, 442
E. Madison, 175, 25, 3000, 30, 200
Jno. E. Watts agt., 100, 100, 2400, 30, 200
John B. Ball, 200, 400, 4000, 60, 550
Fayette Ball, 300, 400, 3000, 80, 865
Wm. Lunsford, 15, 185, 600, 20, 115
Thomas Rice, 36, 60, 320, 15, 110
Dandridge Cockrell, 20, 80, 300, 20, 125

James Bush, 75, 127, 600, 35 275
Hielkiah (Hilkiah) Ball, 90, 128, 2500, 50, 410
Josiah Robinson, 25, 75, 300, 10, 138
Tho. A. Sorrell, 30, 30, 1000, 75, 220
Wm. F. Harcum, 100, 50, 3000, 100, 512
M. M. Gresham, 30, 137, 1475, 30, 145
Davis Dawson, 10, 38, 100, 20, 80
James A. Holt, -, -, -, -, 130
John Denny, 23, 22, 220, 30, 125
Zion Sebree, -, -, -, -, 40
William M. Ward, -, -, -, -, 42
Jane Nutt, 80, 75, 615, 10, 114
James Anderson, 707, 609, 16450, 103, 1181
Peter Chase, -, -, -, -, 135
William N. Kirk, 100, 400, 4000, 150, 640
Francis H. Ford, -, -, -, -, 25
Elizabeth Beane, 62, 31, 880, 20, 224
Cyrus Chilton, 52, -, 1500, 25, 25
Thomas Armstrong, 205, 87, 3212, 400, 715
Thomas Armstrong Jr., 135, 135, 4700, 25, 443
Edward Gaskins, -, -, -, -, 10
William George, -, -, -, -, 10
Sarah Masden, 50, 10, 720, 18 60
John Robbins, - ,-, -, -, 70
Nancy Peirce, 80, 20, 1000, 5, 60
Jno. M. George, -, -, -, -, 88
Sarah Chilton, -, -, -, -. 35
Jno. W. Sanders, 50, 150, 1200, 30, 150
Jethro Carter, -, -, -, -, 50
Tho. H. Ingram, 6, 9, 300, 20, 130
William Hinton, 30, 30, 600, 10, 70
William Spilman, -, -, -, -, 45
Hugh Summers, -, -, -, -, 20
Waring B. Kenner, 34, 40, 600, 20, 130

Elizabeth Currell, 40, 10, 2000, 50, 375
Wm. C. Currell, 200, 80, 5800, 150, 740
Wm. Currell, 80, 35, 2500, 20, 150
Nancy Wilder, 70, 5, 1700, 15, 125
S. H. Robertson, -, -, -, -, 25
Addison H. Locke, 60, 45, 2000, 30, 270
Jesse Chilton, -, -, -, -, 28
Octavius Lawson, 350, 150, 7000, 125, 566
Sidney Robinson, -, -, -, -, 25
David Yerby, 78, 157, 4000, 25, 135
Isaac Currell, 150, 100, 1000, 25, 250
Hix Currell, 50, 58, 500, 10, 205
Charles N. Lawson, 150, 250, 4000, 60, 250
A. M. Sanders, 40, 20, 1500, 50, 260
Robt. C. C. Woddy, -, -, -, -, 27
P. B. Sanders, 150, 137, 5000, 150, 370
Thorogood Taylor, 300, 120, 9000, 200, 885
Nath. Spriggs, 300, 100, 5000, 60, 500
David Vinn, -, -, -, -, 44
Aaron Vinn, -, -, -, -, 44
Custis Wessels, -, -, -, -, 50
Geo. Hammonds, -, -, -, -, 15
S. J. Spilman, -, -, -, -, 28
Robt. Edwards, 150, 650, 6400, 90, 490
Paulina George, 100, 50, 250, 25, 145
John C. Carter, -, -, -, -, 25
Wm. Cornelius, -, -, -, -, 30
Thomas S. Ingram, 30, 23, 800, 25, 100
Isaac Cundiff, 180, 73, 2800, 35, 265
Lucy G. Davenport, 70, 24, 1175, 30, 80
John Ford, -, -, -, -, 22
W. Ashbourn, -, -, -, -, 12
Benj. Warwick, -, -, -, -, 25
William Warwick, -, -, -, -, 25
Monroe George, -, -, -, -, 158
Griffin Gainer, -, -, -, -, 14
William Rowe, -, -, -, -, 24
Michl. George, -, -, -, -, 48
E. G. Shearman, -, -, -, -, 25
Raleigh Brown, -, -, -, -, 25
Jesse George, -, -, -, -, 50
Jas. W. Gresham, 400, 500, 1000, 375, 840
John Y. Currell, 38, 20, 725, 10, 100
Albert G. Gibson, 80, 170, 1500, 30, 170
Wm. B. Snead, 80, 90, 3500, 60, 315
Elizabeth D. Low, -, -, -, -, 15
Ann Leland, 130, 128, 1500, 40, 240
James Pirne, -, -, -, -, 56
Sally Jones, -, -, -, -, 40
Wm. S. Dogett, 18, 27, 500, 15, 100
Robert Doggett, 30, -, 200, 2, 60
William Currell, -, -, -, -, 45
Judith Currell, -, -, -, -, 60
Wesly Cornelius, -, -, -, -, 40
B. B. McKenny, 1400, 479, 23487, 710, 1850
Thomas B. Payne, 75, 89, 2000, 100, 293
Alice Brent, 150, 150, 4000, 100, 570
Robert H. Smith, 820, 800, 27000, 112, 1940
Jno. S. Treakle, 70, 30, 3000, 110, 350
Ro. J. Mitchell, 130 330, 8000, 85, 650
W. L. G. Mitchell, -, -, -, -, 155
Littleton D. Mitchell, 260, 70, 9000, 125, 856
Jno. C. Hamilton -, -, -, -, 20
Wm. Henderson, -, -, -, -, 770
Isaac Gaskins, -, -, -, -, 80
Wm. H. George, 150, 72, 4000, 60, 275
Archd. Anderson, 35, 16, 1500, 25, 160

Mary B. Hubbard, 106, 54, 2500, 185, 640
Josiah Ingram, 128, 43, 1025, 16, 50
Tho. Schofield, 45, 55, 1200, 35, 218
Jno. S. Currell, 75, 19, 3600, 60, 264
Henry Wood, -, -, -, -, 150
Jesse Davis, -, -, - -, 68
Robt. W. Hughlett, -, -, -, -, 20
John Kirk, -, -, -, -, 80
Edward Jones, -, -, -, -, 30
Wash. Thomas, -, -, -, -, 20
Lucinda Doggett, -, -, -, -, 80
Benj. Gaston (Garton), -, -, -, -, 35
John K. Treacle, -, -, -, -, 30
Malinda Pitman, -, -, -, -, 75
Jno. Chowning, 300, 150, 8000, 200, 770
W. W. Davenport, 100, 50, 1800, 30, 210
Ralph H. Chilton, 325, 225, 11000, 280, 615
Raleigh Dunaway, 175, 51, 6000, 150, 730
Jno. B. Bramham, 250, 150, 8000, 200, 906
S. C. Tapscott, 100, 200, 1650, 75, 628
Ann E. Pace, -, -, -, -, 30
E. K. Hutchings, 200, 153, 1500, 40, 330
Jno. R. Chilton, 250, 150, 5000, 85, 1000
Cordelia Sebree, -, -, -, -, 30
Nancy Cowey, -, -, -, -, 70
Thomas Taff, -, -, -, -, 40
Griffin Berrick, 40, 60, 700, 50, 160
Nancy M. Rains, 70, 74, 800, 25, 600
Polly Nicken, -, -, -, -, 30
Richard T. Beane, -, -, -, -, 142
Rodney S. Nash, -, -, -, -, 90
William Hinton, -, -, -, -, 40
George S. Lee, -, -, -, -, 60
Ralph Edmonds, 300, 36, 10000, 300, 528
Josiah Doggett, 30, 54, 400, 15, 112
Lewis Hammonds, 55, 45, 500, 20,175
Williamson Connolly, -, -, -, -, 78
Ann Dunaway, 150, 270, 2500, 40, 162
Thomas Norris Sr., 40, 200, 1000, 40, 130
Mary Bush, -, -, -, -, 12
Francis Mitchell, 150, 200, 2500, 40, 400
Francis Mitchell, 100, 67, 750, 25, 80
Wm. O. Bailey, 37, 18, 275, 30, 100
Sarah Kirkham, 84, 142, 630, 20, 80
Sarah Warwick,-, -, -, -, 40
Alice M. Peirce, 200, 400, 6000, 50. 370
Frances Danson, -, -, -, -, 25
Elizabeth Blakey, 208, 104, 3906, 50, 375
Harriet Saunders, 400, 152, 7705, 75, 550
Richard D. Route, 300, 400, 3500, 20, 120
John Hanks, 50, 23, 250, 15, 78
Lovel Peirce, 76, -, 450, 25, 175
James Chowning, 375, 109, 3630, 150, 850
William Bee Jr., -, -, -, -, 15
James Cox, -, -, -, -, 70
Gilbert Smith, -, -, -, -, 110
James S. George, -, -, -, -, 120
William Doggett, 50, 50, 1000, 30, 440
William Doggett, 200, 91, 3000, 20, 50

Lee County, Virginia
1850 Agricultural Census

The University of North Carolina at Chapel Hill filmed the 1850 agricultural census for Lee County from originals at the Library of Virginia under a grant from the National Science Foundation in 1963.

Columns 1, 2, 3, 4, 5, and 13 represent the following information on the census:
1. Name of Owner, Agent or Manager of Farm
2. Acres of Improved Land
3. Acres of Unimproved Land
4. Cash Value of the Farm
5. Value of Farming Implements and Machinery
13. Value of Livestock

John S. Loyd, 180, 120, 1500, 200, 200
Elijah Hill, 60, 10, 1500, 100, 500
John Taylor, 50, 150, 700, 40, 150
Pierce S. Rutherford, 65, 70, 600, 100, 200
Boyd Dickinson, 70, 250, 3000, 300, 300
Thomas L. Larmer, 200, 300, 3000, 50, 500
William Chandler, 90, 200, 2000, 10, 325
Henry Ferguson, 80, 300, 1200, 200, 300
Elizabeth Furgerson, 70, 170, 3000, 75, 200
Jackson Hicklan, 45, 170, 600, 10, 200
Joel M. Ferguson, 50, 75, 600, 5, 150
Benjamin Hill, 85, 127, 2000, 20, 600
William P. Duff, 50, 90, 1000, 20, 200
Ira G. Sprinkle, 50, 150, 700, 10, 200
Jerome M. Glass, 30, 270, 00, 5, 150
Aaron Fletcher, 150, 260, 2000, 10, 150
Hiram Spoule, 25, 200, 350, 5, 100
John Garrison, 100, 192, 1500, 20, 400
Peter Lambert, 30, 75, 500, 10, 100

Hiram Brasshier, 130, 200, 1500, 25, 250
William Wilson, 120, 70, 100, 5, 200
Francis C. Allen, 90, 410, 2000, 50, 1070
William W. Sage, 30, 170, 200, 20, 350
Sampson Sage, 70, 50, 600, 75, 200
Elizabeth Duff, 100, 500, 4000, 25, 250
Jones Duff, 80, 150, 1500, 15, 110
Vostine, Stickley, 30, 160, 1100, 25, 175
Claiborne Young, 150, 500, 4000, 100, 500
Abraham Young, 300, 700, 5000, 100, 300
David Young, 100, 300, 3000, 50, 300
James Sproul, 60, 40, 1600, 25, 300
Joseph Duff, 100, 150, 2500, 100, 400
Robert Duff, 50, 120, 1500, 25, 200
Mary Duff, 50, 10, 1000, 10, 200
Thomas Duff, 50, 50, 2000, 200, 350
William Carnes, 120, 1500, 3500, 125, 2000
Samuel H. Duff, 70, 75 2000, 50, 500
John Hobbs, 25, 75, 500, 5, 70

Louis Hutsell, 80, 190, 4000, 100, 300
John Drake, 200, 800, 3500, 10, 350
James Drake, 50, 200, 1000, 20, 200
Martin Drake, 150, 150, 2000, 75, 300
Isaac Creech, 50, 50, 300, 10, 250
Vincent Low, 25, 300, 300, 25, 150
Bryant Fannon, 60, 60, 800, 20, 150
Henry Barker, 200, 3500, 5000, 75, 1000
John M. Russell, 40, 100, 600, 10, 250
Elijah Creech, 25, 125, 400, 5, 125
Benjamin Tharp, 40, 200, 500, 5, 100
Edward Smith, 100, 150, 2500, 5, 150
James T. Loyd, 60, 100, 1500, 50, 600
Absalom Loyd, 150, 250, 4000, 175, 550
A. B. McElroy, 100, 100, 1750, 10, 500
Solomon Dinkins, 45, 105, 500, 5, 75
John McElroy, 180, 210, 4000, 150, 700
Corvan McElroy, 100, 150, 2000, 100, 430
Robinson Dougherty, 40, 100, 2000, 10, 200
Augustus Carroll, 20, 60, 100, 10, 150
James Rawlings, 50, 150, 800, 10, 300
Nathaniel Dougherty, 60, 100, 1500, 25, 300
Andrew Milbourne, 500, 800, 10000, 200, 1400
Alexander Stout, 200, 400, 2000, 25, 500
Isaiah Dougherty, 60, 52, 1000, 10, 150
Archibald McElroy, 75, 50, 1500, 50, 200
Charles Chrisman, 40, 150, 1400, 10, 150
Alexander Bishop, 80, 50, 500, 100, 200
Isaac Chrisman, 50, 56, 2000, 30, 300
Nicholas Dougherty, 40, 100, 1200, 25, 200
James Worly, 20, 80, 600, 10, 150
William Davis, 50, 50, 700, 15, 150
Jonathan Oxford, 60, 125, 600, 15, 100
John Koger, 100, 110, 2500, 75, 500
Chrisly Sybert, 45, 100, 70, 15, 150
Thomas Burk Sr., 40, 300, 1200, 15, 150
Thomas Ball, 20, 100, 200, 10, 200
Andrew Lockhart, 125, 130, 3000, 15, 300
Alexander Hamilton, 25, 25, 600, 5, 175
Jacob Rosnick, 200, 600, 3000, 200, 400
Samuel Edsall, 75, 125, 300, 15, 200
Thomas S. Burke, 75, 153, 800, 25, 250
Francis Mills, 75, 125, 400, 50, 200
Alexander Ewing, 150, 400, 4500, 100, 900
Nathan Sword, 65, 126, 1500, 15, 200
Phillip Roller, 15, 50, 3000, 120, 250
Jacob Lambert, 25, 300, 700, 15, 300
George Stapleton, 25, 100, 600, 5, 100
Joshua McClancy, 40, 150, 300, 5, 150
Riel Lawson, 110, 500, 3000, 25, 500
Daniel Newbery, 80, 500, 4000, 10, 150
Andrew Levissy, 50, 200, 1500, 75, 300
Isaac Robinett, 100, 1000, 3000, 25, 450
John Osborne, 30, 150, 700, 15, 300

James Wallis, 50, 100, 700, 10, 300
Thomas Monaham, 55, 40, 500, 10, 150
Noah Anderson, 225, 400, 2500, 50, 400
Jessee Roberts, 50, 600, 1500, 52, 250
Phillip Babb, 35, 120, 500, 10, 250
Sarah Belcher, 30, 70, 500, 5, 75
David Brewer, 50, 50, 500, 5, 150
Isaac Crumly, 80, 800, 1000, 15, 300
George Osborne, 50, 600, 800, 10, 200
Enoch Osborne, 30, 65, 400, 5, 150
Isaac Osborne, 30, 70, 400, 5, 150
Emanuel Roberts, 104, 200, 900, 5, 125
Amos Roller, 25, 125, 300, 5, 100
Hudson Johnston, 25, 25, 100, 5, 75
George W. Allen (Wallen), 50, 120, 500, 10, 150
John Johnston, 50, 150, 375, 5, 150
Jacob Delph, 45, 125, 300, 10, 125
William Willis, 50, 200, 300, 10, 75
Leonard Johnston, 40, 140, 300, 10, 50
Joseph Willis, 15, 275, 300, 5, 125
George Johnston, 40, 25, 300, 10, 175
Samuel Moore, 40, 70, 500, 10, 75
Dyer Lawson, 100, 500, 2000, 10, 500
Russell Lawson, 40, 30, 250, 10, 250
Abraham Bledsoe, 50, 60, 300, 10, 125
Norissa Bledsoe, 40, 110, 300, 5, 125
Hudson Lawson, 65, 180, 500, 5, 75
William Garrison, 250, 110, 7000, 150, 1000
John Parsons, 65, 1120, 1000, 20, 250
Daniel Garrison, 50, 75, 600, 20, 300
Dixon Litton, 230, 370, 6000, 50, 1500
David Collier, 30, 500, 500, 10, 250
William Collier, 30, 45, 250, 10, 100
W. G. Collier, 125, 125, 1000, 20, 550
William Landreth, 25, 80, 300, 10, 150
William Smythe, 50, 350, 1000, 20, 300
John Legg, 50, 350, 300, 10, 200
John Pendleton, 70, 120, 1000, 25, 300
John Horton, 100, 100, 2000, 50, 600
Jonathan Creech, 160, 2000, 3000, 100, 800
Williamson Coomer, 36, 300, 1000, 10, 250
George W. Giller, 70, 70, 600, 10, 150
Solomon Collier, 40, 20, 700, 25, 150
Orrey Giller, 50, 100, 1000, 100, 150
Isom Collier, 170, 300, 4000, 30, 100
Elemon Joseph, 80, 2000, 1000, 10, 300
Andrew Stergil, 70, 700, 500, 10, 250
Henderson Shepherd, 40, 25, 300, 5, 150
John Shepherd, 70, 100, 500, 10, 300
Ely Boggs, 50, 100, 600, 10, 175
Joseph Kilburn, 35, 95, 300, 10, 150
John Kelly, 70, 140, 500, 10, 250
John Elkins, 40, 60, 400, 10, 250
Joseph Elkins, 70, 70, 400, 10, 175
Daniel W. Wells, 40, 35, 350, 10, 250
Anderson William, 80, 50, 800, 20, 300
Martin Kilburn, 40, 210, 600, 20, 500
Joseph C. Wells, 40, 70, 700, 15, 300
William T. Wells, 75, 30, 1000, 10, 500
Alfred Slimp, 40, 60, 600, 10, 200
Joseph Gilley, 40, 60, 400, 10, 200

Copleton Wade, 100, 300, 4000, 75, 300
William Wilson, 225, 700, 4500, 200, 2000
David Olinger, 50, 250, 1500, 10, 250
Hughal Slimp, 60, 80, 2000, 15, 1000
Aaron Collier, 100, 100, 000, 30, 700
John Slimp, 100, 120, 6000, 50, 300
Jehugh Collier, 40, 25, 600, 15, 300
Isaac Collier, 60, 40, 500, 10, 300
Mary Jones, 500, 3000, 15000, 150, 1000
William Parsons, 75, 25, 800, 20, 250
Peter Razor, 70, 70, 3000, 30, 300
William N. G. Barron, 200, 3300, 6000, 300, 3500
James Bridges, 1000, 8000, 15000, 150, 3500
John Jones, 50, 50, 800, 25, 250
John Huff, 35, 200, 350, 10, 300
James Stedam, 30, 270, 500, 5, 150
Mahal Wells, 100, 300, 1000, 10, 100
Robert Wells, 30, 170, 250, 5, 100
Isaiah Jones, 75, 50, 1000, 15, 1200
John Pate, 50, 50, 300, 10, 150
Absalom Willis, 50, 20, 800, 10, 100
Aca Willis, 100, 150, 800, 25, 400
Larkin Elkins, 25, 40, 300, 20, 200
John Gilly, 80, 600, 1000, 30, 300
Jesse Gilly, 300, 80, 2500, 100, 700
John Davis, 150, 100, 700, 25, 300
William Blanton, 30, 50, 300, 10, 150
Robert Parsons, 35, 70, 300, 10, 175
John Wells, 30, 300, 400, 10, 200
Zachariah Wells, 30, 50, 400, 10, 120
Elkanah Gilly, 150, 50, 1000, 10, 250
A. J. Wells, 75, 75, 900, 10, 250
James Wells, 50, 100, 700, 15, 800

Mathias Kelly, 95, 500, 300, 25, 520
William Richmond, 70, 30, 100, 25, 100
John Kilburn, 30, 120, 300, 5, 150
Susan Razor, 80, 170, 3000, 50, 700
John Razor, 100, 100, 6000, 50, 900
Andrew S. Heburn, 190, 300, 5000, 50, 500
Jacob L. Clingler, 45, 300, 500, 20, 320
Jonathan Richmond, 400, 400, 8750, 150, 2850
George McKinny, 20, 80, 1000, 10, 200
William Hobbs, 125, 800, 2300, 25, 350
John Seggs, 110, 600, 4000, 50, 1000
William Baily, 50, 50, 1000, 10, 175
Samuel Ward, 200, 300, 5000, 150, 1000
George W. Young, 150, 100, 4000, 25, 400
Job Hobbs, 60, 40, 1800, 10, 350
Robert W. Wynn, 100, 150, 2000, 100, 700
Daniel Cable, 50, 100, 750, 10, 200
Mitchell Cecil, 100, 200, 3000, 100, 350
William Thompson, 40, 100, 1000, 50, 150
Francis Bishop, 50, 140, 1000, 20, 350
John Jayne, 90, 150, 200, 65, 350
Thos. T. Travis, 75, 300, 1000, 15, 300
Ira Lucus, 20, 150, 700, 10, 60
Campbell Thompson, 20, 50, 500, 10, 200
William Thompson, 20, 52, 500, 10, 200
Elijah Creech, 200, 200, 2000, 35, 500
Samuel Trett, 180, 200, 1500, 15, 600

James M. Venibal, 40, 200, 600, 15, 125
Smythe Crabtree, 60, 241, 400, 20, 125
Eli Bowlin, 50, 140, 1200, 50, 225
Elkanah Flanery, 200, 400, 5000, 100, 1000
Sebastino S. Slemp, 250, 650, 5000, 150, 600
William A. Taylor, 35, 20, 200, 10, 200
Mary Hobbs, 80, 40, 1500, 10, 250
William Parsons, 60, 81, 987, 10, 500
John Penington, 150, 325, 3500, 50, 1000
L. L. Mainous, 100, 300, 2000, 120, 400
Joseph K. Clinger (Olinger), 70, 200, 700, 30, 350
John C. Olinger, 200, 53000, 15000, 50, 600
William Francis, 50, 60, 70, 60, 450
Silas Flanery, 50, 110, 2000, 10, 300
Shelby Hobbs, 70, 35, 1500, 15, 500
Thomas Flanery, 100, 125, 2000, 20, 300
James Flanery, 80, 50, 1500, 20, 250
Thos. Clarkston, 25, 150, 200, 10, 100
Thos. Collinsworth, 50, 106, 1500, 15, 200
Charles Barker, 50, 65, 400, 7, 150
Timothy Dolton, 100, 125, 600, 5, 300
Jacob Morris, 35, 165, 300, 5, 200
William Horton, 60, 100, 500, 20, 150
William Davidson, 50, 200, 700, 15, 150
Zach. N. Wells, 30, 1200, 300, 10, 200
David Cox, 60, 100, 1000, 5, 100
James Parsons, 75, 125, 800, 10, 200
H. B. Hampton, 100, 150, 4000, 100, 1500
William Spencer, 25, 25, 250, 10, 100
Jerry Seggs, 85, 165, 2000, 25, 400
William Zion, 100, 100, 100, 25, 300
Hiram Reese, 30, 50, 565, 25, 180
Thomas Legg, 25, 225, 500, 10, 125
James M. Clarkston, 40, 360, 500, 26, 250
Ananias D. Robbins, 30, 200, 100, 10, 100
Thomas Parsons, 25, 247, 500, 10, 35
Charles Robbins, 75, 500, 4000, 20, 300
Wm. Baily, 80, 220, 1000, 20, 350
William P. Minter, 100, 100, 2000, 50, 300
William Zion Sr., 10, 175, 3000, 100, 400
Joseph C. Bishop, 30, 270, 1200, 10, 130
James Stewart, 50, 25, 500, 10, 300
William Stewart, 50, 27, 500, 10, 200
James R. Gilbert, 40, 40, 500, 10, 200
Benedict Yeary, 45, 40, 800, 10, 100
Joseph A. Harris, 25, 75, 500, 5, 125
Edward Penington, 120, 600, 2000, 25, 1000
Edmond Whitt, 25, 400, 600, 10, 150
Levi Penington, 60, 700, 2000, 150, 630
Elijah Penington, 60, 700, 2000, 150, 750
Nimrod Ely, 100, 6000, 2000, 150, 600
H. J. Ely, 45, 20, 1000, 25, 375
Hiram Ely, 80, 300, 1500, 25, 500
Tobias Pennington, 35, 150, 900, 10, 300
William Hughes, 40, 270, 4000, 25, 400
Joseph Ely, 50, 100, 1500, 25, 500
Isaac Hughes Sr., 45, 250, 1000, 25, 150

Benjamin Gilbert, 27, 50, 500, 10, 200
Elizabeth Noe, 65, 50, 800, 10, 200
John Lucas Jr., 75, 190, 1200, 15, 300
John Jesse, 130, 160, 4000, 100, 660
William Snider, 100, 100, 1500, 100, 600
James Garrison, 60, 40, 1200, 100, 300
John D. Sage, 100, 110, 1000, 25, 300
John Parsons Jr., 70, 100, 700, 30, 200
Alfred C. Loyd, 80, 130, 1300, 100, 300
Alexander Litton, 150, 150, 2000, 150, 700
William Smith, 70, 70, 500, 20, 250
Isaac Russell, 16, 104, 500, 15, 120
John Smith, 150, 800, 2000, 25, 500
John Gilly, 40, 200, 2000, 25, 250
John Zion, 180, 95, 6000, 45, 1200
Ephraim Johnston, 25, 50, 400, 5, 100
David Pennington, 65, 226, 1750, 75, 500
John Headrick, 70, 43, 900, 10, 250
Francis Zion, 50, 75, 4000, 20, 550
James Russell, 55, 150, 1500, 15, 250
Alfred Russell, 100, 200, 3000, 30, 350
John Russell, 70, 60, 3000, 100, 700
Perrine Coomer, 60, 45, 1500, 10, 200
Jonathan Bishop, 115, 30, 2000, 150, 646
James Smith, 45, 500, 1500, 20, 270
George Ely, 100, 80, 3000, 25, 500
Henry Graham, 100, 200, 1800, 100, 600
Rachel Moyers, 50, 467, 3000, 100, 650
John E. Burke, 100, 60, 2500, 25, 400
Catharine Newman, 60, 100, 2000, 75, 400
James Crabtree, 120, 700, 2000, 25, 350
Henly C. Hall, 40, 125, 600, 10, 116
Gabriel Chrisman, 40, 39, 300, 5, 175
Francis Sprinkle, 40, 450, 500, 15, 175
Thomas Napier, 100, 100, 600, 30, 350
Thomas Garrett, 60, 140, 500, 10, 175
John Dickinson, 200, 250, 2000, 150, 400
John D. Sharp Est., 231, 757, 5000, 150, 1050
Mastin Collier, 100, 300, 1600, 100, 200
Henry Thompson, 50, 180, 400, 70,175
And. Baumgardner, 70, 130, 1500, 150, 300
Abram Crabtree, 60, 140, 1600, 20, 220
Josiah Wynn, 175, 556, 2000, 25, 300
Charles Noe, 65, 340, 1500, 10, 300
George Milbourn, 25, 215, 600, 15, 100
George A. Crabtree, 200, 40, 2000, 25, 350
Alexander Orr, 90, 170, 1200, 25, 400
Joseph Suttles, 70, 300, 1000, 150, 450
G. W. Garrett, 35, 75, 600, 10, 175
George R. Stubblefield, 200, 400, 2000, 300, 300
Henry Dougherty, 85, 815, 3300, 35, 500
James Green, 50, 67, 800, 10, 150
Wm. Hously, 75, 41, 1300, 100, 250
Ben. D. Martin, 250, 700, 6000, 175, 900
James Cheek, 65, 110, 1000, 10, 350

John Hamblen Sr., 120, 250, 3000, 50, 510
John Larmore, 250, 353, 6000, 150, 1200
Rebecca Duncan, 35, 150, 600, 5, 1100
Thomas N. Graham, 75, 320, 1500, 150, 600
Mary Hyden, 35, 120, 800, 10, 150
Cordy Pendergrass, 50, 64, 600, 5, 200
Joseph M. Poteet, 30, 70, 700, 15, 200
Joseph Woliver (W. Oliver), 50, 100, 600, 10, 125
William P. Miller, 100, 200, 1500, 25, 300
John Graham, 80, 50, 1400, 100, 550
Joseph Graham, 115, 185, 2000, 75, 300
William Retherford, 30, 200, 600, 5, 125
Mary Woodard, 70, 140, 500, 10, 200
William Woodard, 60, 200, 400, 10, 200
John Kirk, 90, 112, 1600, 25, 300
John D. S. Russell Jr., 60, 115, 800, 25, 350
John Pennington Jr., 30, 270, 600, 10, 200
George R. Ely, 80, 280, 725, 100, 350
James Burgan, 37, 40, 200, 6, 100
Duke Covey, 40, 260, 600, 5, 200
V. A. Woodard, 200, 500, 3000, 50, 570
James A. G. Ely, 90, 100, 1450, 150, 400
Henry Woodard, 100, 300, 1600, 100, 500
John Burgan, 30, 30, 300, 20, 260
Elias Harbour, 75, 200, 1500, 25, 500
James Muncy, 80, 100, 1500, 25, 400
Gaseway Carroll, 50, 110, 1000, 15, 300
Arthur Blankenship, 150, 400, 3000, 200, 750
Alfred Corey, 40, 115, 700, 10, 100
Martha Taylor, 60, 140, 500, 15, 300
Henry H. Yeary, 125, 75, 2000, 50, 250
James Taylor, 125, 325, 2000, 25, 400
Jacob Grabil, 200, 1300, 5000, 100, 80
George W. Cox, 40, 44, 650, 100, 300
Nancy M. Cox, 310, 220, 3400, 100, 800
John Sims, 70, 500, 2000, 25, 500
Ezekiel Hobbs, 35, 70, 200, 50, 300
George Reed, 75, 125, 800, 15, 175
Jas. F. Walker, 20, 15, 280, 10, 175
George Matlock, 25, 25, 350, 10, 175
George Grabil, 30, 70, 300, 10, 100
Gabriel Jackson, 130, 180, 1800, 10, 400
Joseph B. Morton, 50, 75, 400, 10, 150
George Scott, 100, 180, 1500, 15, 600
Henry J. Morgan, 80, 75, 1500, 10, 350
John M. P. Ely, 30, 70, 300, 5, 150
Isom Hubbard, 70, 200, 1500, 25, 600
Wilware Mash, 100, 120, 200, 50, 00
William Robinson, 40, 300, 600, 80, 225
John Farris, 50, 100, 700, 20, 200
William Taylor, 35, 50, 800, 10, 240
Fleming S. Burtrett, 40, 450, 1000, 15, 300
Elihugh K. Howard, 35, 60, 600, 10, 100
William Cox, 70, 125, 1000, 25, 200
Elisha Smith, 23, 86, 400, 10, 125
William Ewing, 200, 800, 10000, 150, 1200

John M. Beaty, 166, 125, 4000, 150, 820
Austin Clifton, 90, 154, 1200, 125, 250
Eli Hubbard, 100, 300, 1100, 25, 377
Thomas W. Brent, 100, 308, 1800, 150, 400
John Miller, 250, 250, 4300, 150, 600
Joel Ludy, 80, 220 1500, 75, 350
David Martin, 150, 200, 300, 10, 300
Isaac Thompson, 50, 70, 500, 10, 300
Elkanah Wynn, 150, 350, 4000, 150, 900
Charles Dougherty, 370, 1000, 7000, 150, 1400
David Orr, 150, 200, 2000, 75, 600
Mathew Warren, 100, 72, 950, 75, 500
Simpson W. Burgan, 30, 20, 200, 15, 300
Henry Thompson, 40, 150, 200, 10, 2000
Anna Grantham, 70, 50, 700, 100, 250
Abram Jones, 30, 235, 1000, 15, 175
Fredrick D. Fukerson(Fuckerman), 100, 500, 6000, 150, 700
John F. Howard, 80, 500, 3000, 25, 300
(Jeancy)Yancy Fuckerman, 200, 400, 6000, 150, 700
Mary Cloud, 140, 300, 4000, 150, 520
Alex. Chadwell, 250, 500, 7000, 150, 900
Chadwell Brittin, 300, 700, 15000, 200, 3000
Peter H. Rowland, 100, 100, 2000, 25, 250
Baylas(Baylor) Littrell, 60, 84, 1000, 500, 500
John Ball, 30, 50, 400, 15, 200
Levi Carmack, 60, 40, 1200, 10, 150

Samuel Lock, 100, 200, 2000, 10, 300
Jacob Susong, 150, 80, 1200, 100, 350
Robert Ball, 26, 26, 300, 150, 200
Nancy Butcher, 75, 75, 1500, 15, 400
Sarah Colston, 50, 200, 1600, 14, 230
Henry Colston, 50, 150, 1200, 50, 300
James Colston, 30, 5, 30, 300, 10, 100
Thomas Colston, 60, 54, 1200, 15, 200
John Colston, 50, 30, 1000, 200, 400
Sarah McPhearson, 130, 95, 2500, 150, 700
Hiram C. Wiseman, 150, 152, 2500, 150, 150
William Woodson, 350, 700, 10000, 300, 1600
Thomas Gibson, 90, 10, 1000, 100, 300
Zachariah Gibson, 90, 10, 1000, 100, 300
Esther Brown, 40, 60, 1000, 15, 150
George Hoskins, 210, 180, 2500, 100, 500
William S. Martin, 190, 85, 4000, 150, 500
Levi Chance, 100, 166, 1100, 100, 500
William Sayers, 40, 100, 1000, 50, 200
Samuel Presman, 100, 30, 4000, 25, 200
John Shoemaker, 25, 50, 300, 10, 120
William Norwell, 20, 10, 250, 10, 100
John Colston, 100, 125, 1000, 100, 300
Job B. Crabtree, 75, 800, 1000, 25, 300

John S. Willis, 200, 700, 6000, 100, 200
Jane Willis, 100, 50, 2000, 25, 250
George S. Ball, 100, 300, 4000, 100, 400
Henry Mooly, 100, 25, 900, 125, 300
Robert M. Ely, 600, 700, 15000, 250, 3000
Hiram Hoskins, 150, 250, 2200, 100, 500
David Chadwell, 75, 75, 1500, 50, 200
Joshua Ewing, 150, 228, 4000, 200, 900
Robert M. Baler (Bales), 300, 800, 8000, 150, 1200
Patrack Ewing, 100, 300, 3000, 100, 00
Nath. Morgan, 200, 300, 2800, 100, 400
Hiram Ely, 100, 100, 2000, 75, 500
Sylvester Thompson, 50, 40, 1100, 50, 200
William Thompson, 60, 55, 1500, 20, 350
Moses McAfee, 75, 50, 1200, 250, -
Nathaniel Ewing, 75, 20, 1500, 100, 500
James J. Gibson, 300, 700, 9000, 200, 1500
Francis Gibson, 200, 200, 4000, 25, 700
George Gibson, 127, 75, 3000, 50, 700
Harriet E. Fulkerson, 80, 80, 2000, 50, 300
Samuel Ewing, 250, 100, 7000, 100, 700
Thomas Ball, 200, 400, 4000, 80, 800
William Ball, 400, 1500, 10000, 200, 3000
George W. Ball, 200, 300, 2500, 100, 600
Adinstone Rogers, 60, 124, 1500, 150, 500

Samuel Chadwell, 60, 100, 250, 20, 300
Michael Brown, 150, 600, 2000, 20, 300
William Brown, 100, 125, 700, 20, 250
Gunbery Short, 30, 100, 600, 15, 200
David Moore, 150, 350, 2500, 100, 800
James Muncy, 25, 50, 200, 10, 175
Charles W. Noe, 100, 300, 2000, 25, 500
Hunter Edds, 50, 100, 700, 25, 200
Jehial Fugate, 100, 600, 2500, 300, 500
Vincent Bales, 100, 500, 6000, 75, 1000
Stephen Bales, 150, 640, 3000, 25, 700
Joseph A. Hardy, 100, 150, 1200, 25, 300
Harrison Edds, 100, 600, 3000, 25, 400
John M. Hamblen, 40, 75, 1000, 20, 175
Leftridge Edds, 100, 150, 1200, 15, 200
Abbott G. Cole, 50, 50, 600, 15, 200
James Campbell, 100, 300, 4000, 25, 300
John Dunn, 100, 200, 2000, 50, 312
Archibald Grubb, 60, 100, 800, 75, 300
John M. Baldwin, 90, 100, 800, 20, 200
Martin Wyrick, 75, 140, 1600, 100, 250
Isabella Robinson, 100, 187, 1200, 25, 150
Archibald Buckhanon, 45, 75, 800, 10, 325
Alman Oaks, 50, 117, 700, 21, 300
William Collins, 50, 70, 30, 25, 300
Joseph Houndshell, 66, 100, 1200, 25, 250
James Bartly, 70, 106, 400, 100, 250

Nicholas Speaks, 150, 443, 4000, 150, 800
Harey W. Brewer, 40, 260, 1500, 15, 200
Jacob V. Fulkerson, 90, 121, 5750, 75, 750
Elenor S. M. Fulkerson, 65, 135, 3000, 25, 400
William Garrett, 15, 100, 300, 20,150
Nicholas Henegar, 100,185, 2000, 30, 400
Jacob Spangler, 140, 230, 1500, 150, 500
George S. Thomas 30, -, 100, 25, 150
Stephen S. Parrott, 50, 98, 1100, 25, 275
William Parrott, 75, 150, 1800, 100, 450
Peter Wolfenbarger, 40, 55, 800, 15, 300
John Fletcher, 180, 229, 2000, 100, 500
Nathan Hobbs, 200, 170, 4000, 50, 700
Cavender N. Robinson, 250, 750, 8000, 100, 300
Wilson Hyden, 25, 85, 400, 10, 290
William Thompson, 50, 87, 1200, 75, 500
John H. Allen, 60, 270, 2000, 25, 175
Danl. C. Martin, 25, 50, 500, 10, 150
John Thomas, 40, 160, 500, 10, 200
James Thomas, 25, 75, 300, 10, 170
John Mink, 70, 100, 300, 25, 250
Robt. Green, 60, 50, 1000, 25, 700
John M. Ely (H. S.), 50, 60, 500, 20, 200
Russell Bales, 35, 75, 400, 10, 150
Robt. Shelton, 20, 80, 400, 10, 150
William Kinser, 70, 400, 1200, 100, 300
Robt. Sims, 75, 125, 1600, 75, 400
William Sims, 75, 185, 1600, 75, 400
George Snider, 75, 75, 1000, 140, 400
William Greaver, 80, 140, 3000, 75, 250
Phillip Long, 204, 900, 5000, 100, 800
Squire H. Breeding (Bruding), 120, 120, 2000, 30, 300
William Adams, 170, 600, 2000, 25, 300
Allen H. Miliham, 100, 200, 1500, 75, 250
John T. Ely, 60, 115, 625, 100, 400
James Thompson, 75, 65, 1500, 75, 700
James Jones, 75, 115, 1400, 125, 600
Thomas Thompson, 60, 300, 800, 50, 250
John Thompson, 55, 300, 800, 75, 250
John Snodgrass, 40, 50, 400, 50, 300
John W. M. Ely, 40, 50, 800, 25, 250
A. H. Fulkerson, 140, 100, 4000, 75, 1000
John P. Ridings, 75, 35, 1200, 100, 300
Alex. Wynn, 30, 40, 700, 15, 200
William Blackmore, 75, 100, 800, 20, 150
Alsey Wynn, 100, 200, 2000, 50, 300
John Hamblen Jr., 60, 175, 900, 50, 350
Mary Thompson, 150, 700, 2000, 150, 1150
Lettitia Beaty, 100, 200, 3000, 50, 250
Champ Hamblen, 70, 70, 2000, 50, 300
Henry Hamblen, 50, 20, 800, 50, 250
Richard Hamblen, 75, 70, 2000, 50, 200
Alex Ely, 50, 175, 1500, 100, 300
James Sims, 65, 60, 900, 25, 400

Andrew Fitts, 8, 45, 900, 25, 300
George W. Clark, 50, 54, 800, 15, 150
Ensly Parrott, 250, 250, 5000, 100, 300
Elijah Bishop, 140, 160, 3000, 100, 530
Oliver Jessee, 40, 40, 900, 25, 250
Mary Jesse, 100, 100, 2000, 50, 300
George F. Ely, 94, 56, 1350, 50, 350
Andrew Arnold, 75, 30, 1000, 100, 250
Loring F. Tyler, 170, 127, 2500, 150, 500
Lipscomb Parrott, 443, 318, 5000, 500, 2480
Stephen Smythe, 25, 275, 2000, 10, 150
Cornelius Fitts, 400, 800, 15000, 200, 1500
Wiloughby Muncy, 70, 150, 150, 25, 250
James Muncy, 30, 56, 600, 20, 250
James Jayne Jr., 50, 60, 1200, 25, 250
William Muncy, 80, 140, 1500, 25, 250
Henry Sowell, 116, 85, 1000, 25, 400
Francis Muncy, 75, 50, 1600, 25, 300
Claibourn Anderson, 150, 850, 6000, 100, 450
Henrietta Farler, 75, 225, 1000, 25, 500
Burdine Wigal, 80, 170, 1300, 150, 350
Joseph Blakemore, 75, 175, 800, 25, 275
Lincoln A. Hamblen, 60, 140, 800, 25, 250
Geo. G. Edwards, 60, 170, 700, 25, 225
William Marshall, 100, 47, 1200, 70, 400
Igancious Edwards, 80, 20, 600, 10, 250
James Edwards, 25, 75, 600, 10, 250
Thomas Warren, 100, 150, 1000, 30, 250
Danl. S. Dickinson, 170, 420, 4600, 250, 865
Rodney Warren, 100, 207, 1900, 50, 300
James Jayne, 140, 400, 2000, 100, 800
Martin Sims, 130, 220, 3000, 100, 1000
Martin James, 80, 200, 800, 300, -
Stephen Jayne, 50, 250, 900, 15, 150
Samuel Burchett, 50, 125, 500, 15, 275
Robt. Clark, 80, 20, 500, 50, 400
Jesse Vandeventer, 40, 160, 1500, 25, 200
William Bishop, 90, 310, 1750, 50, 350
William Jayne, 170, 300, 3000, 100, 700
William Vandeventer, 60, 87, 1200, 25, 200
John Clark, 75, 125, 1500, 25, 300
George Campbell, 30, 180, 800, 50, 100
Burwell Burchett Sr., 50, 300, 1500, 75, 300
Benjamin Dickinson, 1500, 2000, 25000, 300, 5150
Joel Taylor, 135, 200, 1350, 100, 450
David Poteet, 120, 280, 4000, 70, 400
John Boggs, 60, 45, 900, 25, 150
Joseph Parsons, 50, 900, 700, 10, 200
Stephen Parsons, 40, 60, 800, 5, 200
Charles Anderson, 40, -, 150, 10, 200
John Day, 30, 70, 250, 10, 200
Stephen S. Crockett, 75, 25, 1000, 100, 600

Loudoun County, Virginia
1850 Agricultural Census

The University of North Carolina at Chapel Hill filmed the 1850 agricultural census for Loudoun County from originals at the Library of Virginia under a grant from the National Science Foundation in 1963.

Columns 1, 2, 3, 4, 5, and 13 represent the following information on the census:
1. Name of Owner, Agent or Manager of Farm
2. Acres of Improved Land
3. Acres of Unimproved Land
4. Cash Value of the Farm
5. Value of Farming Implements and Machinery
13. Value of Livestock

John A. Carter, 700, 220, 32000, 520, 4333
John R. Dulany, 500, 300, 32000, 800, 7000
Thomas Littleton, 100, 20, 4000, 150, 500
Richard Dulany, 150, 50, 7000, -, 600
George Herrell, 4, -, 800, 30, 60
James Carter, 180, 30, 6300, 150, 1000
Abner Carter, 120, 23, 4290, 300, 500
Lucallus Hospital, 6, -, 300, 50, 200
Bushrod Anderson, 210, 40, 8000, 400, 1000
Ebin Furr, 20, -, 600, 20, 140
James Birch, 140, 36, 6000, 100, 400
Betsy Murrey, 138, 20, 7000, 10, 400
Elizabeth Crane, 95, 16, 4000, 50, 200
Alfred Anderson, 144, 70, 6000, 300, 1000
William Burton, 700, 300, 40000, 2000, 5000
Joseph Gochnauer, 150, 25, 6000, 500, 1500
David Gochnauer, 150, 35, 8000, 600, 800
Elizabeth Gochnauer, 100, 20, 4000, 200, 400
William Suth, 270, 30, 10000, 300, 1500
Joseph Carr, 125, 40, 500, 160, 800
Gourley Reeder (Ruder), 122, 80, 8000, 250, 1500
Albert Reeder, 70, 4, 5000, 200, 400
William Shamblin, 220, 50, 8000, 350, 1000
John Newlon, 85, 20, 3000, 75, 250
Asberry Beavers, 81, 40, 4000, 150, 400
Frederic Suth (Tubb), 120, 23, 4500, 100, 1000
Tudwell (Ludwell) Louckett, 550, 170, 20000, 300, 4500
Alice Gibson, 90, 20, 4000, 15, 100
Henry Plastic, 180, 27, 8000, 200, 2000
Henry Plastic, 80, -, 300, -, -
George Run, 700, 200, 30000, 300, 2000
John Run, 75, 25, 3000, 200, 2000
Thomas Eaches, 180, 50, 10000, 100, 1200
Claiborne Lang (Long), 85, 18, 3500, 100, 250
John Raley (Haley), -, -, -, -, 50
George Brown, -, -, -, -, 100

Isaac Lauck (Louck), 300, 100, 6000, 100, 600
Richard Carter, 175, 25, 6000, 125, 600
Harriett Carpenter, 80, 20, 3000, 125, 1200
Thomas Humphrey, 375, 80, 10000, 600, 2500
Richard Littleton, 160, 40, 6000, 250, 1200
James Johnson, 6, -, 2000, 25, 175
John Gill, 5, -, 300, 30, 250
George Grayson, 650, 20, 5400, 150, 400
Samuel Newlon, 160, 20, 5400, 50, 400
Gilmore Furr, 300, 100, 12000, 200, 800
Marcus Dishman, 100, 20, 5200, 125, 380
Wm. Seaton, 250, 60, 10000, 200, 1400
Nancy Seaton, 230, 50, 7000, 100, 400
Charles Powell, 350, 100, 6000, 200, 1200
Jesse Richards, 225, 50, 14000, 125, 1000
Daniel Kincheloe, 9, -, 500, 50, 360
Wm. Wilkerson, 44, 6, 3600, 100, 225
George Ayre, 300, 180, 12000, 900, 4000
Liam Powell, 200, 13, 10000, 100, 1260
Powell & Gray, 62, 100, 30000, -, -
John Prince, 6, -, 675, 20, 235
Catherine Frasier, 97, 20, 4000, 50, 335
Job Harrison, 320, 156, 16660, 300, 1500
Addison Carter, 250, 45, 9000, 250, 1200
Herod Thomas, 300, 200, 15000, 130, 800
Travis Wily, 20, 30, 1000, 50, 60

John Ross, 200, 94, 6350, 150, 110
Thomas Ross, 83, 54, 2720, 150, 800
Mahlon Baldwin, 140, 20, 2300, 200, 1925
John Wornell, 325, 275, 12000, 325, 920
A. F. Osborn, 220, 180, 10000, 100, 264
Ann Noble, 190, 50, 8000, 100, 483
Bushrod Jolly, 85, 25, 3850, 100, 770
Charles Blakly, 220, 95, 10000, 100, 1000
Peter Gregg, 400, 56, 11000, 300, 550
Barton Richards, 160, 40, 600, 300, 1625
Uriah Glasscock, 505, 160, 30000, 350, 247
John Rollins, 80, 25, 3360, 125, 840
Robert Bowman, 176, 60, 7000, 150, 1260
Thomas Francis, 220, 74, 9390, 300, 465
John Francis, 100, 50, 7500, 50, 277
John Littleton, 600, 200, 16000, 200, 2500
John Carter, 210, 90, 11000, 200, 800
Stephen McCarty, 140, 70, 9000, 250, 360
Minor Furr, 100, 100, 1000, 120, 864
William Fitzhugh, 115, 53, 6000, 300, 495
James Mount, 600, 250, 25000, 400, 3200
Wm. Francis, 70, 30, 4000, 400, 420
John Hibbs, 25, -, 2200, 100, 328
Phebe Rossell, 80, 10, 14000, 100, 480
Joseph Magith, 165, 50, 10000, 500, 200
Jonathan Tavenner, 200, 80, 1200, 600, 1172
William Walker, 17, 8, 2400, 75, 340
James Welch, 45, 15, 1500, 75, 275

Benjamin Walke (Walker), 34, 16, 800, 50, 243
Samuel Magith, 180, 40, 7000, 100, 923
Humphry Sheppard, 170, 40, 1600, 200, 1000
Eli Tavenner, 30, -, 4700, 100, 300
Samuel Carr, 85, 33, 2400, 500, 432
Jas. Whitaker, 70, -, 5000, 150, 585
John Whitaker, 140, 35, 4000, -, -
Bozzel Jacobs, 100, -, 13000, 75, 4000
Michael Plast__, 200, 125, 5000, 200, 1085
Alpia Newlon, 100, 30, 4000, 100, 300
Griffith Thomas, 70, 32, 3000, 20, 280
Eden Carter, 60, 21, 9000, 100, 320
Wm. Furr, 200, 60, 9000, 150, 583
John Bassore, 225, 99, 5000, 300, 1220
Thomas Humphry, 150, 20, 2000, 250, 900
Mary Haris, 70, 16, 16000, -, 103
Isaac Piggott, 300, 125, 3400, 300, 1430
Thomas Brown, 150, 35, 7000, 135, 1034
David Gallaher, 150, 34, 4000, 385, 957
Asbury Beavns, 90, 10, 13000, 100, 453
Joseph Nichols, 250, 50, 14000, 300, 2000
Wm. Ewes, 275, 125, 20000, 600, 844
Joshua Pancost, 400, 200, 14000, 150, 400
Jaminiah Garrett, 247, 50, 12000, 250, 1050
Alpheus Gibson, 300, 80, 9000, 200, 2925
John Powell, 227, 100, 3000, 200, 1759
Peyton Moore, 55, 20, 7000, 60, 284
Thomas Frea (Fred), 170, 60, 6795, 250, 870
Addison Osborn, 110, 41, 31000, 100, 340
Phillip Hopkins, 70, 3, 6000, 65, 250
Fenton Furr, 120, 28, 3000, 100, 840
Mary Shamblin, 70, 20, 2000, -, 120
Catharine Furr, 88, 10, 3000, 70, 360
Albert Shamblin, 110, 33, 3000, 200, 800
William Gallaher, 85, 15, 1800, 50, 200
Lucinda Palmer, 130, 39, 3500, 40, 200
John Jinkins, 110, 30, 4000, 60, 345
William Thomas 175, 55, 10000, 225, 950
Benjamin Stringfellow, 70, 30, 3000, 200, 348
John Butcher, 400, 100, 15000, 300, 2800
Mosses Arnold 60, 20, 2800, 100, 340
John Beavers, 250, 100, 3500, 250, 1475
James Throgmorton, 425, 175, 20000, 400, 1375
Edmund Allen, 275, 78, 9000, 300, 850
Robert L. James, 200, 100, 9000, 700, 1100
Mason Moore, 100, 100, 4300, 100, 1600
Meshach Silcott, 45, 55, 2000, 60, 355
John Hesser, 90 60, 4500, 100, 340
Jacob Lawrence, 200, 97, 10000, 150, 425
Alfred Rhodes, 250, 125, 1600, 200, 1000
Stephen Mount (Monat), 100, 50, 4000, 60, 360
James Houghman, 20, 10, 900, 40, 150
James Aleace, 6, 6, 300, 150, 400
Jas. Aleace, 120, 43, 4000, 100, 330

Saml. Lodge, 300, 175, 18000, 200, 1380
Ellen Jacobs, 250, 500, 9000, 150, 557
Jas. Hill, 260, 154, 16000, 200, 1700
Owen Thomas, 200, 200, 14000, 200, 1400
John Postin, 50, 100, 400, 40, 400
Phineas Orsborne, 100, 50, 6000, 200, 1060
Jefferson Thomas, 100, 60, 5000, 100, 670
Betsy Thomas, 70, 80, 3000, -, 80
George Allair, 100, 48, 4000, 100, 437
Craven James, 150, 113, 5000, 300, 1290
Jonah Osborne, 235, 232, 10000, 150, 1378
Thompson Orsborne, 50, 30, 4000, 520, 84
Gustavus King, 50, 100, 1000, 30, 300
Jas. Allans, 100, 96, 4000, 300, 500
Isaide Beans, 130, 26, 4000, 300, 800
Patience Heaton, 400, 200, 18000, 300, 2000
Mary Pugh, 30, 10, 1000, -, 50
Joel Orsborne, 80, 55, 5000, 150, 400
Joseph Allder, 150, 25, 10000, 50, 400
John Fulton, 150, 100, 8000, 100, 450
Patience Peck, 60, 40, 5000, 60, 636
Craven Brown, 90, 35, 5500, 60, 140
James Rogers, 200, 50, 5000, 250, 460
Summa Gregg, 75, 27, 4000, -, 100
Wm. Shamblin, 100, 23, 4000, 100, 300
Addison Cochran, 175, 50, 10000, 250, 1040
Abraham Pugh, 25, -, 1000, 50, 660

Mahlon Thomas, 200, 176, 9000, 100, 400
Maddison James, 100, 50, 5000, 225, 600
Rachel Nichols, 80, 31, 4000, 80, 130
James Hill, 85, 28, 4300, 80, 1142
Margarett Humphry, 18, -, 700, 30, 970
Joseph Lodge, 225, 140, 13000, 300, 300
Abner Humphry, 200, 95, 10000, 250, 860
Thomas Humphry, 190, 103, 11000, 250, 400
Levin Shamblin, 128, 62, 6000, 200, 300
Letitia Blakely, 55, 200, 3000, -, 120
Asa Grady, 40, -, 2000, 40, 180
Edward Grady, 40, 200, 15000, 200, 1250
Franklin Grady, 300, 150, 12000, 250, 2300
David Carlisle, 17, 23, 1000, 10, 90
Samuel Palmer, 120, 51, 4000, 150, 378
John Best, 60, 30, 3000, 150, 215
Enos Best, 100, 50, 5000, 150, 874
Enos Updike, 100, 35, 4000, , 300
Burr Shamblin, 75, 33, 4000, 100, 456
Ruth Shamblin, 75, 25, 4500, 100, 400
James Hampton, 130, 40, 4500, 150, 655
George Tracey, 75, 54, 4000, 150, 600
Eli Hurst, 80, 38, 5000, 120, 380
David Howell, 27, -, 1000, 60, 265
Ann Overfield, 100, 73, 6000, , 190
David Hesser, 100, 56, 6000, 230, 570
Gibson Gregg, 120, 63, 9000, 250, 880
Sampson Likky, 140, 50, 600, 200, 490

Saml. Moore, 140, 60, 8000, 250, 660
Eli Nichols, 115, 56, 7000, 100, 420
Armstead Silcott, 50, 30, 4000, 200, 400
John Orrison, 40, 26, 3000, 150, 374
Timothy Taylor, 150, 50, 12000, 250, 7170
Maria Nichols, 150, 50, 10000, 250, 787
Manda Lovett, 600, 200, 32000, 100, 1240
Mason Shamblin, 60, 40, 5000, 85, 390
Charles Taylor, 100, -, 2000, -, 486
Isaac Nichols, 120, 40, -, 150, 1068
Thomas Gregg, 150, 85, 7050, 150, 385
Wm. Wilson, 250, 50, 6000, 150, 1850
Isaac Wilson, 80, 8, 10000, 75, 800
Richard Copland, 25, -, 3500, -, 100
Jas. McDaniel, 130, 30, 1200, 150, 846
Samuel Nichols, 120, 40, 9000, 30, 647
Phebe Gregg, 20, 81, 7000, 150, 1140
George Gregg, 140, 60, 13000, 250, 1000
John Pancost, 135, 65, 9000, 200, 1270
James Bolds, 34, 6, 10000, 75, 318
James Hatcher, 175, 120, 2000, 125, 650
Burr Piggott, 140, 35, 14000, 120, 800
John S. Pancost, 30, 170, 7000, 150, 400
Thos. Nichols, 200, 141, 14000, 300, 1210
Amos Whitaker, 100, 50, 15000, 50, 630
Wm. Holmes, 200, 100, 4500, 200, 1640
Aquilla Janny, 50, 21, 14000, 200, 600
Josiah Hatcher, 220, 35, 3500, 200, 1086
Liddy Taylor, 120, 53, 15000, 100, 767
Bismark Taylor, 200, 50, 8000, 200, 248
Thos. Oneal, 125, 20, 11500, 100, 750
Isaac Dillan, 85, 30, 7000, 180, 1024
James Adams, 100, 40, 6000, 80, 600
Robt. Adams, 55, 40, 7000, 70, 500
John Dillan, 240, 76, 4000, 300, 198
Edgar Pursell, -, -, 15000, 50, 348
Decatur Heaton, 250, 75, 2500, 150, 726
Joseph Taylor, 125, 92, 16000, 150, 590
Mary Taylor, 150, 162, 10000, 50, 459
Johnathan Hirst, 75, 50, 14960, 95, 560
Saml. Janney, 100, 43, 6000, 50, 420
Yardly Taylor, 40, 16, 7000, 50, 250
Mary Bolin, 18, -, 3700, 150, 300
Mahlon Morris, 150, 67, 5000, -, 750
Jonas Janney, 33, 20, 12000, 50, 285
Betsy Birdsall (Birdsale), 38, 21, 2500, -, 150
Lott Tavenner, 175, 65, 12000, 200,750
Nathan Janney, 23, -, 2100, 40, 400
Daniel Janney, 40, 30, 3500, 60, 380
Benjamin Birdsall, 130, 400, 10000, 100, 520
Joel Craven, 150, 92, 12000, 200, 800
Samuel Thompson, 60, 24, 4000, 100, 700
Samuel Pursell, 45, 20, 3250, 70, 400
James Beans, 60, 52, 5000, -, 160
Thomas Nichols, 350, 130, 20000, 400, 3000

Joshia Nichols, 200, 80, 14000, 250, 2080
John Smith, 200, 600, 12000, 300, 2468
Henry Taylor, 150, 57, 10000, 350, 1290
Aquilla Mead, 70, 20, 5000, 200, 800
George McMullen, 50, 17, 3000, -, 230
Jacob Nichols, 174, 142, 15000, 150, 800
Nancy Hatcher, 200, 112, 15000, 200, 1090
Wm. Tavenner, 54, 17, 3000, 350, 430
Mahlon Tavenner, 75, 45, 6000, 100, 640
John Tavenner, 100, 34, 7000, 250, 400
Nancy Hamilton 40, 10, 3000, 100, 1000
Jonah Sands, 75, 29, 5000, 50, 470
Wm. McCray, 200, 53, 12000, 150, 1250
Mary Piggott, 200, 67, 13000, 60, 250
Charles Hirst, 100, 55, 7000, 300, 560
Thos. Rogers, 250, 59, 18000, 300, 3000
Nancy Tavenner, 100, 35, 7000, -, 120
Gabriel Tavenner, 70, 22, 4000, 50, 230
David Carr, 200, 75, 13000, 300, 600
Isaac Hogue, 360, 140, 25000, 250, 2500
Phebe Hogue, 140, 40, 6000, 50, 200
Elijah Holmes, 175, 75, 1200, 170, 1260
Martha Hughs, 250, 120, 18000, 250, 1900
James Lacock, 25, 12, 1600, 60, 135
Elisha Janney, 85, 59, 7000, 100, 600

Eli Janny, 150, 50, 800, 200, 800
Arther Johnson, 100, 34 7000, 100, 460
John Hughs, 60, 10, 4000, 150, 500
Eli Hogue, 80, 47, 5000, 100, 600
William Hogue, 100, 74, 8000, 150, 535
Benjamin Taylor, 40, 10, 2800, 100, 715
Levi White, 200, 92, 10000, 200, 1000
Thomas Gore, 90, 45, 6000, 50, 468
John Brown, 100, 65, 8000, 200, 600
James Hogeland, 90, 50, 6000, 200, 500
Joseph Helm, 147, 100, 13000, 250, 630
Wm. Brown, 130, 7, 10300, 250, 1200
Joshia Hatcher, 280, 50, 16000, 300, 1400
John Aleargee, 275, 200, 20000, 200, 2355
Lemuel Marshall 65, 19, 6680, 100, 420
George Donaho, 45, 22, 2000, 150, 600
Sarah Donaho, 80, 20, 3500, 150, 660
Thos. Brown, 110, 30, 7000, 125, 1000
Burr Hamilton, 40, -, 2000, 80, 160
Fielding Tavenner, 40, 25, 3000, 50, 400
Henry Young, 60, 80, 3500, 160, 400
Naylor Shoemaker, 60, 40, 5000, 50, 450
Elizabeth Tate, 70, 30, 5000, -, 150
Phillip Jones, 20, -, 1000, 50, 150
John Gregg, 30, 12, 2400, 60, 300
John Young, 30, 6, 1700, 100, 807
John Griffith, 120, 40, 8000, 150, 300
Enoh Fenton, 120, 40, 7000, 50, 600
David Bell, 50, 10, 3000, 100, 350
Kitty Young, 70, 26, 4800, 80, 500

David Young, 100, 39, 6000, 100, 400
Rebecca Young, 65, 26, 4000, 300, 360
John Nichols, 250, 150, 20000, 10, 1240
Wm. Moore, 168, 20, 4000, 60, 210
Abraham Spillman, 120, 40, 8000, 100, 670
Saml. Simpson, 270, 43, 9000, 125, 1200
Phillip Vansickle, 200, 100, 14000, 200, 1100
John Vansickle, 155, 45, 8000, 50, 750
Pompey Hampton, 10, -, 500, 50, 40
James Simpson, 150, 46, 6800, 60, 880
Isaac Eaton, 70, 5, 4000, 100, 500
Wm. Likkey, 100, 22, 5000, 50, 500
George Tavenner, 30, 50, 2500, 200, 240
Robt. Coe, 225, 75, 12000, 125, 800
Hector Peatch, 120, 40, 5000, 250, 760
Joseph Campbell, 400, 200, 18000, -, 2000
Esod Bolin, 85, 45, 3000, 100, 350
John Simpson, 375, 75, 18000, 250, 1500
French Thompson, 530, 207, 17000, 150, 1750
Sanford Rogers, -, -, -, 150, 640
John Jones, 100, 20, 2500, 20, 250
David Daniel 160, 40, 5000, 1225, 1000
William Kendrick, 70, 20, 2000, 100, 350
Lemuel Daniel, 200, 100, 6000, 150, 500
John Simpson, 100, 50, 5000, 100, 536
Joseph Lacock, 105, 45, 5000, 200, 560
Isaac Nichols, 150, 91, 10000, 500, 1050
Isaac Hughs, 200, 50, 9000, 250, 1090
Isaac Winekoop, 420, 280, 20000, 250, 1682
Wm. Vansickle, 140, 60, 5000, 100, 690
Benjamin Davis, 125, 75, 7000, 200, 845
Danl. White, 130, 83, 8000, 300, 788
Elisha Holmes, 130, 50, 7000, 250, 800
Martha Caruthes, 60, 20, 3000, 50, 50
Aden White, 161, 45, 8000, 200, 880
James White, 200, 68, 10000, 150, 660
Sarah Millborn, 15, -, 900, 50, 200
Benjamin Sanders, 50, 20, 2800, 100, 170
Phillip Sanders, 85, 15, 4000, 100, 650
Washington Carn, 250, 122, 15000, 700, 1500
Hannah Wade, 260, 40, 12000, 150, 895
John Brown, 70, 35, 3500, 65, 420
Asbury Nixon, 95, 100, 6000, 50, 400
Ellis Williams, 160, 90, 9000, 200, 770
Benjamin Brown, 170, 60, 18000, 150, 900
Addison Clarke, 300, 100, 14000, 200, 1265
Wm. Carr, 200, 100, 12000, 50, 180
Madison Carr, 180, 140, 6000, 100, 600
George Williams, 100, 100, 8000, 200, 650
Jonah Nixon, 65, 35, 4000, 150, 560
Ruebin Triplett, 100, 60, 5000, 100, 600
Joseph Davis, 100, 68, 6000, 200, 1000
Joel Davis, 100, 50, 7000, 150, 700

Thomas Claggett, 800, 490, 45000, 400, 5200
Josephus Carr, 275, 225, 12000, 300, 1460
George Nixon, 500, 61, 5000, 100, 500
George Wirts (Virts), 100, 50, 3500, 100, 560
Wm. Carr, 165, 30, 2400, 50, 500
George Bennett, 120, 35, 1500, 150, 680
Jacob Cost (Cast), 160, 50, 5000, 150, 1000
Elizabeth Carter, 150, 2500, 100000, 1500, 6800
William Wildman, 80, 20, 1000, 70, 250
William Powell (Rowell), 800, 200, 12000, 100, 1200
Joseph Hauling, 600, 200, 16000, 500, 2000
William Keen, -, -, -, 175, 600
George Moore, 175, 70, 7000, 150, 460
Joseph Garrett, 55, 10, 1300, 75, 620
Thos. Gulick, 300, 320, 7200, 300, 1490
Francis Gulick, 200, 80, 4000, 20, 500
Elizabeth Tillett, 150, 100, 5000, 50, 500
James Craig, 200, 117, 9000, 150, 925
James Silcott, 20, 5, 1200, -, 220
Franklin Carter, 330, 70, 15000, 300, 3000
Wyatt Allen, 18, 10, 1000, 50, 240
Wm. Craig, 50, 20, 3000, 60, 300
John Sanders, 300, 100, 20000, 200, 1100
Eva Wilkerson, 200, 100, 9000, 200, 970
John Cockrill, 130, 36, 7000, 250, 600
William Smith, 100, 20, 4800, 100, 400

Levin Richards, -, -, -, 150, 600
Wm. Wilkerson, 100, 50, 6000, 150, 600
Thomas Hogue, 180, 80, 12000, 300, 1200
Wm. Nichols, 98, 27, 6000, 250, 690
Enoch Garrett, 200, 39, 12000, 200, 890
Francis Carter, 1000, 286, 40400, 300, 2200
Benjamin Hicks, 300, 200, 10000, 100, 300
Thomas Hicks, 275, 179, 9000, 100, 550
Richard Rogers, 155, 75, 10000, 200, 1290
Asa Rogers, 280, 60, 13000, 500, 2100
Francis Powell, 205, 20, 1000, 150, 1500
Margette Powell, 300, 160, 13000, 300, 1200
Edwin Brown, 135, 15, 4250, 50, 300
Saml. Chism, 300, 50, 12000, 250, 1000
A. C. Smith, 12, 37, 4500, 100, 500
Humphry Powell, 300, 150, 20000, 601, 2000
Hugh Smith, 230, 30, 21000, 250, 650
Robt. Luckett, 260, 100, 14000, 300, 1300
Charles Bynne (Byrne), 200, 100, 10000, 100, 1000
Housina McVeigh, 700, 100, 30000, 300, 2700
William Rogers, 400, 110, 16000, 500, 2450
Hamilton Rogers, 600, 300, 36000, 600, 4000
Hugh Rogers, 200, 75, 12000, 300, 600
Benjamin Hixon, 50, 70, 5000, 100, 480
John Hixon, 125, 33, 5000, 120, 800

John Lynn, 193, 118, 6000, 160, 1176
Sanford Rogers, 250, 116 9000, 200, 1200
Catherine Simpson, 160, 30, 4000, 150, 700
Bushrod S. Willson, 200, 100, 6000, 200, 1000
Burr Walker, 100, 40, 2800, 50, 500
James Stephenson, 80, 18, 1800, -, 60
John Moore, 58, 12, 3500, 100, 65
Charles Swerts, 75, 57, 3000, 200, 600
Jonah Hood, 25, 5, 1600, 80, 290
Lewis Birkley, 500, 450, 16000, 200, 600
Nathan Skinner, 800, 200, 28000, 700, 5535
Peter Skinner, 80, 20, 3000, 100, 400
George Garrett, 75, 25, 2800, 100, 500
John James, 200, 40, 3000, 150, 700
Thomas Monday, 300, 28, 5000, 150, 800
Robert Ish, 450, 150, 5500, 100, 840
Jonathan Beard, 180, 30, 3000, 200, 1200
Martha Adams, 10, 130, 5000, 75, 900
Francis Adams, 450, 50, 6000, 125, 1000
James Rouseau, 325, 175, 5000, 250, 2000
Leas Hutchison, 70, 20, 900, 100, 200
Isaac Davis, 400, 200, 6000, 150, 1200
Beverly Hutchison, 200, 100, 6000, 80, 350
Robert Poland, 400, 200, 8000, 200, 1000
Harrison Cross, 400, 40, 4000, 100, 194
Selma Hodson, 450, 250, 5000, 200, 900
Aris Buckner, 800, 500, 8000, 150, 800
George Clanahan, 900, 500, 15000, 200, 3340
William Poston, 300, 139, 3500, 150, 400
Martin Mathews, 390, 130, 5000, 50, 1500
Landon Carter, 500, 275, 8000, 50, 100
Edward Carter, 700, 300, 8000, 200, 700
Lafayette Swarts, 250, 100, 3000, 100, 1000
James Beaumont, 150, 100, 500, 100, 150
John Wilson, 175, 25, 1500, 100, 306
Robert Cunningham, 230, 10, 2000, 100, 300
Willis Cunningham, 100, 50, 900, 80, 150
Naomi Settle, 180, 40, 1600, 150, 800
William James, 120, 20, 600, 30, 200
Sampson Hutchinson, 140, 20, 800, 40, 30
Nancy Lewis, 30, 10, 200, 20, 150
Sally James, 200, 500, 2000, 150, 400
David James, 300, 50, 2000, 100, 600
Smith James, 250, 94, 1500, 125, 500
Thomas Hutchison, 100, 26, 700, 100, 160
Bayliss Foley, 100, 40, 600, 75, 220
Wm. Foley, 350, 50, 2000, 150, 800
Adrea Swarts, 400, 100, 3000, 125, 400
Loed Lowe, 100, 25, 600, 50, 250
Barnett Swarts, 100, 60, 1200, 80, 600
Harrison Lewis, 400, 170, 4000, 250, 700

Mathew Lee, 280, 240, 5000, 200, 800
William Cross, -, -, -, 250, 200
Landon Shipman, 80, 20, 600, 100, 100
John Rataway, 140, 88, 1500, 125, 325
Nicholas Wickoff, 7, 30, 500, 50, 200
Johnathan Wickoff, 80, 20, 500, 40, 100
James Shane, 100, 40, 600, 10, 400
John Cockrill, 200, 6, 1000, 50, 500
A. W. Johnson, 36, 9, 450, 50, 250
Loving Middleton, 60, 21, 400, 60, 200
Benjamin Mashan, 140, 100, 1500, 125, 400
Charles O'Banion, 125, 60, 1400, 100, 350
Mary W. Naley, 300, 110, 3000, 50, 600
Susan Saffes, 170, 9, 1500, 150, 650
James Palmer, 50, 38, 1500, 250, 1295
Hezekiah Clemins, 20, 15, 1200, 30, 30
Benjamin Hatten, 125, 75, 1500, 50, 150
John Hutchison, 175, 20, 1600, 60, 100
Jas. Hutchison, -, -, -, 50, 550
Wm. Presgrave, 70, 10, 400, 50, 130
John Bodine, 60, 20, 400, 50, 100
David Somers, 80, 20, 600, 60, 80
Martha Lewis, 160, 68, 2000, 100, 700
Thos. Lewis, 425, 108, 7000, 400, 1500
Charles Lee, 800, 400, 10000, 350, 2400
Wm. Lee, 100, 50, 1400, 150, 300
James Welks (Weeks), 125, 25, 1500, 100, 400
Nathaniel Oden, 300, 50, 14000, 400, 800

John Akers, 400, 250, 4000, 150, 200
Sampson Hutchison, 300, 300, 7000, 250, 1500
Amos Furgeson, 150, 50, 1800, 200, 500
Saml. Ayres, 100, 50, 1500, 100, 800
Elias Ayres, 380, 140, 500, 150, 800
Nathan S. Rinne, 150, 99, 2000, 100, 175
Joseph Piles, 40, 10, 500, 50, 152
Mary Tyler, 60, 35, 900, 100, 200
Anna Tyler, 200, 100, 3000, 50, 600
Edward Jinkins, 350, 75, 4000, 200, 800
Wm. Dennis, 250, 50, 3000, 200, 350
John Allen, 300, 340, 4000, 200, 00
Joshua Lee, 300, 100, 4800, 150, 1000
Alexander Smith, 300, 100, 4600, 150, 800
John Baily, 300, 250, 13000, 200, 1200
Wm. Ball, -, -, -, 200, 100
Saml. Rusk, -, -, -, 100, 500
Henry Moffitt, 400, 200, 10000, 250, 200
Wm. Davis, 100, 50, 1200, 150, 200
Sally Branaugh, 40, 10, 250, 25, 200
Thompson Cornell, 100, 30, 600, 25, 40
Charles Riteker, 180, 62, 2000, 80, 500
John Ritcker, 180, 60, 2400, 200, 300
John Butler, -, -, -, 50, 200
Saml. Governauer, 800, 500, 20000, 200, 1000
George Gulick, 300, 160, 13000, 250, 100
James Taylor, 150, 77, 6000, 300, 1200
Horace Luckett, 400, 200, 20000, 400, 3000

Washington McCarty, 250, 150, 13000, 600, 200
Billington McCarty, 100, 27, 4500, 100, 500
James Wilson, 200, 50, 8000, 150, 1400
Bryant Gallaher, -, -, - 40, 200
John Dodd, 100, 30, 6000, 200, 800
John Itson, 220, 30,000, 250, 1500
Wm. Sullivan, 130, 42, 9000, 300, 450
John Hogeland, 120, 30, 5000, 200, 500
Samuel Hogeland 175, 50, 8000, 250, 800
George Bitser, 160, 20, 7000, 300, 00
Jonah Tavenner, 140, 30, 5000, 200, 500
Joseph Frey, 140, 29, 5000, 300, 400
James Dishman, 130, 40, 6000, 200, 500
John Beaty, 120, 25, 8000, 200, 850
Jessee McViegh, 180, 50, 6000, 200, 750
Harrison Shorts, 275, 70, 10000, 180, 1250
Wm. Stephenson, 450, 125, 20000, 600, 2500
Joseph Gibson, 220, 54, 15000, 600, 700
Wm. Fleming, 100, 40, 3000, 150, 400
Jesse Fleming, 20, 13, 200, -, 80
Vincent Mass, 200, 100, 10000, 250, 1200
James Chapell, 60, 37, 300, 100, 350
Matilda Fitzhugh, 300, 104, 12000, 150, 600
Amos Denhana, 149, 49, 7000, 80, 400
Robert Seaton, 180, 70, 8000, 150, 500
Aquilla Bishop, 14, -, 800, 150, 280
Joshua Fletcher, 600, 90, 28000, 500, 2530
Nathaniel Thomas, 247, 40, 11000, 250, 970
Wm. Fleming, 40, 41, 350, 100, 120
Charles Lucious, 200, 51, 9000, 250, 650
Sidnor Bailey, 380, 120, 20000, 280, 1380
Mahlon Gibson, 260, 54, 10000, 775, 800
Kimbler Hicks, 390, 110, 14000, 300, 2170
Randell Rhodes, 200, 50, 8000, 250, 1000
Frank Kindell, 80, 50, 3000, 180, 500
Henry Adams, 180, 40, 1200, 80, 200
Bayliss Thompson, 140, 20, 600, 100, 680
Benjamin Miles, 75, 76, 600, 125, 300
James Slack, 30, 70, 200, 50, 200
Thomas Trussell, 60, 40, 400, 120, 550
Francis Miles, 37, 50, 450, 50, 150
Joseph Fred (Frea), 120, 67, 5000, 100, 650
Burr Shamblin, 75, 33, 4500, 150, 500
Lemuel Hutchison, 200, 100, 1500, 50,180
Jesse Piggot, 120, 39, 6000, 150, 175
Joel Orsborne, 250, 130, 14000, 200, 1000
Thomas Orsborne, 128, 100, 6000, 180, 1000
Croom Howell, 50, 50, 2000, 100, 800
Isaac Howell, 200, 100, 5000, 150, 500
Jonah Pursell, 160,110, 6000, 200, 1200
Jane Potts, 100, 70, 4000, 100, 600
Joseph Worthington, 500, 250, 20000, 250, 1500

Richard Orsborn, 300, 130, 14000, 250, 1600
Heaton Russell, 300, 150, 14000, 300, 1000
James Kilgoe (Hilgoe), 100, 40, 5000, 150, 250
Edw. Potts, 250, 71, 13000, 250, 1200
Ruebin Jinkins, 225, 175, 13000, 250, 1200
Bushrod Orsborne, 20, 40, 1500, 60, 400
Mary Potts, 180, 220, 14000, 250, 800
Jas. Bish, 50, 30, 4000, 100, 120
Thomas Potts, 300, 100, 15000, 200, 1000
Wm. Potts, 85, 15, 3500, 150, 500
Martha Potts, 250, 150, 18000, 200, 1200
William Clendening, 60, 20, 3500, 60, 150
Thompson Stone, 150, 30, 6000, 150, 650
Robert White, 120, 76, 8000, 150, 520
Ezekial Potts, 150, 50, 7000, 150, 1400
Nathan Neat, 140, 43, 6000, 200, 800
William Thompson, 250, 250, 15000, 300, 1200
Jas. Thompson, 250, 80, 10000, 150, 800
John Thompson, 140, 20, 7000, 150, 1400
John Washington, 180, 70, 8000, 60, 400
John Clendening, -, 40, -, 100, 250
Wm. Clendening, 120, 400, 6000, 100, 600
Wm. Hough, 600, 30, 30000, 300, 1500
Jessie Evans, 130, 50, 6000, 200, 500

Andrew Copeland, 150, 150, 4000, 100, 400
Nathan White, 250, 40, 10000, 200, 1400
Mahlon Stocks, 125, 70, 6000, 200, 1000
William Butts, 180, 48, 6000, 150, 400
John Birkit, 38, 20, 1500, 60, 150
Benjamin Leslie, 25, 60, 1000, 40, 100
Craven Copland, 140, 66, 6000, 150, 800
Crawford White, 100, 12, 5000, 180, 450
Wm. Hough, 100, 40, 3000, 100, 450
John White, 180, 50, 5000, 180, 800
David Birdsall, 250, 40, 10000, 250, 1200
Uria Beane, 120, 35, 5000, 100, 500
Richard Orsborn, 140, -, 5000, 100, 600
Eli House, 100, 47, 4000, 100, 300
Thomas Nichols, 100, 80, 5000, 150, 400
Enos Pursell, 120, 54, 5000, 200, 200
Isaac Cariss, 120, 30, 5000, 150, 800
Ellwood Hatcher, 100, 60, 5500, 150, 600
Joshia Reed, 100, 33, 3500, 100, 500
Samuel Beane, 70, 30, 4000, 80, 600
Paxson(Parson) Beane, 186, 100, 8000, 150, 1200
Richard James, 250, 70, 14000, 175, 1200
Joseph Mock, 280, 150, 14000, 180, 2000
Peter Comphor, 130, 59, 6000, 150, 800
Eli Peirpoint, 100, 60, 6000, 180, 600
Eli Love, 85, 49, 5000, 200, 500
Benjamin Ogden, 220, 60, 7000, 150, 600
Noble Peacock, 470, -, -, 100, 800

James McIlhany, 58, 150, 28000, 400, 2800
Joseph Grubb, 60, 53, 4000, 100, 600
John Crim, 91, 27, 4000, 80, 400
Mahlon McCarty, 30, 20, 5000, 100, 300
Andrew Thompson, 45, -, 1500, 60, 280
Saml. Cardwell, 450, -, 2500, 150, 450
Robert Wright, 130, 200, 35000, 600, 3470
Archibald McDaniel, 230, 46, 8000, 130, 1000
Albert Best, 60, 59, 13000, 200, 1200
Amos Beane, 140, 40, 5000, 80, 250
Jonah Orrison, 125, 49, 7000, 200, 1400
Wm. Brown, 120, 75, 8000, 150, 600
Burr Brown, 125, 400, 6000, 180, 400
Bushrod Brown, 130, 35, 600, 100, 180
Ebeneser Coe, 200, 40, 6400, 150, 750
Fenton Love, 15, 100, 14000, 250, 1000
Samuel Carter, 150, -, 800, 80, 100
Jonah Smith, 275, 150, 14000, 200, 1400
David Brown, 60, 135, 18000, 400, 2500
Wm. Brown, 300, 40, 5000, 100, 400
Conrod Dowell, 25, 10, 20000, 400, 2500
James Frame, 200, -, 1000, 50, 150
Jonah Nichols, 80, 125, 13000, 250, 2000
George Noland, 120, 40, 5000, 150, 80
Absolom Beane, 100, 64, 7000, 200, 900
Mary Birdsall, -, 50, 7000, 150, 1000
Solomon Reese, 220, 100, 12000, 250, 1200
Charles Fox, 10, 58, 7000, 150, 500
Samuel Peirpoint, 80, 41, 6000, 150, 600
Jacob Divine, 130, 40, 8000, 80, 650
David Gooding, 100, 27, 5000, 100, 400
Nathan Gregg, 120, 40, 7000, 200, 1200
George Warner, 90, 30, 500, 100, 600
Richard Brown, 220, 76, 12000, 250, 1200
Mary Dodd, 80, 47, 5000, 100, 500
Washington Vandeventer, 180, 80, 11000, 300, 1500
William Beane, 70, 42, 4000, 100, 300
Josiah Peirpoint, 152, 30, 7000, 100, 1300
Jacob Manning, 140, 10, 6000, 150, 700
Thompson Passon (Paxson, Parson), 110, 5, 4500, 150, 350
David Rice, 160, 40, 7000, 150, 400
William Crim, 100, 45, 6000, 125, 400
Simon Shoemaker, 150, 19, 6500, 180, 800
Wm. Graham, 150, 50, 8000, 250, 1200
Daniel Crawford, 115, 61, 6000, 250, 1200
James Roach, 120, 135, 6000, 200, 700
James White, 175, 75, 6500, 175, 800
John Stone, 210, 30, 6000, 50, 1000
Samuel Clendening, 80, 32, 3000, 100, 650
Jacob Reese (Ruse), 60, 20, 2000, 50, 200
James Merchants, 130, 50, 5000, 200, 800
John Frey, 100, 40, 6000, 180, 800

Archibald Morrison, 176, 30, 5000, 150, 600
Wm. Vickers, 150, 60, 6500, 150, 850
Daniel Frey, 250, 250, 12000, 300, 1000
Joseph Comphon (Comphor), 1135, 35, 7000, 250, 700
Wm. Grubb, 47, 23, 2000, 50, 240
Jacob Bartlett, 40, 10, 1000, 50, 150
Christian Wicewaner (Nicewaner), 80, 60, 6000, 160, 600
Simon Arnold, 12, 30, 7000, 250, 800
Emanuel Axline, 160, 20, 7000, 300, 1200
Mikel Arnold, 80, 22, 4000, 160, 700
Robert Johnson, 200, 200, 8000, 150, 1200
Samuel Kalb, 400, 100, 20000, 300, 1300
John Kalb, -, -, -, 150, 600
Peter Hickman, -, -, -, 100, 300
Samuel Porterfield, 145, 94, 4000, 150, 500
John George, 190, 50, 6000, 200, 1200
John George, 190, 100, 8000, 60, 500
Michel Wincel, 30, 20, 2000, 100, 200
George Wincel, 50, 30, 3000, 120, 400
Michel Everhart, 350, 150, 20000, 200, 1000
Solomon Wincel, 100, 40, 4000, 200, 500
Emanuel Winner, 100, 120, 5000, 250, 1000
Sarah Winner, 100, 15, 5000, 200, 250
John Mann, 25, 5, 1000, 125, 400
Joseph Mann, 40, 20, 1500, 175, 500
John Everhart, 100, 100, 8000, 250, 700

Jonas Porterfield, 100, 68, 7000, 150, 450
Samuel Washington, 100, 57, 6000, 100, 500
Jacob Shafer, 75, 7, 4000, 100, 500
Michil Sanbower, 200, 35, 12000, 150, 1000
Emanuel Wathman (Wattman), 120, 40, 7000, 150, 600
Christian Sanbower, 100, 30, 5000, 200, 800
William Winner, 59, -, 2500, 50, 250
Andrew Baughman, 80, 25, 4500, 100, 500
Jacob Winner, 105, 20, 5000, 150, 800
George Winner, 120, 30, 6000, 100, 500
Jacob Short, 25, 100, 1200, 50, 150
Solomon Smith, 28, 2, 1500, 60, 182
Elias Davis, 140, 105, 8000, 100, 800
Michil Bemer, 268, 25, 12000, 150, 600
George Bemer, 400, 117, 15000, 250, 1700
Samuel Ropp, -, -, -, 150, 600
John Winner, 300, 200, 20000, 250, 400
William Winner, 120, 5, 5000, 60, 200
John Hickman, 200, 40, 10000, 150, 600
John Crook, 250, 50, 12000, 150, 300
Jacob Stutenberger, -, -, -, 100, 450
John Mock, 80, 20, 4500, 80, 500
John Sanbower, 50, 10, 2400, 100, 200
Andrew Sikes, 140, 50, 7000, 150, 350
John Yakey, 200, 40, 10000, 150, 800
George Ritchie, 80, 30, 10000, 200, 800

Henry Holly, 300, 25, 5000, 100, 250
John Staten, 50, 100, 16000, 200, 500
John Comphor, -, 100, 3000, 50, 301
Casper Spring, 60, 10, 3000, 100, 450
Phillip Sowder, 150, 55, 10000, 150, 1000
George Stream, 45, 10, 2500, 100, 150
Mary Wincel, 50, 10, 3000, 40, 200
John Sowder, 225, 65, 12000, 200, 800
Peter Frey, 26, -, 1300, 40, 1000
Phillip Frey, 40, 6, 2000, 100, 250
Elizabeth Stuck, 120, 20, 7000, 150, 400
Eli Heater (Heaton), 150, 13, 8000, 200, 600
Phillip Vincell, 120, 20, 6000, 100, 450
Benjamin Grubb, 180, 20, 10000, 100, 600
Arthur Orrison, 50, -, 2000, 80, 300
John Vincell, 60, 7, 2500, 60, 80
Mary Winner, 60, 5, 3000, 100, 400
Betsy Vincell, 50, 15, 3000, 120, 500
Jacob Kearn, 140, 20, 8000, 150, 800
Samuel Boger, 100, 20, 5000, 70, 300
Thomas Marlow, 450, 50, 23000, 600, 210
Jacob Smith, 130, 10, 7000, 150, 600
John White, 160, 30, 8000, 200, 1000
Samuel George, 125, 25, 7000, 150, 1200
John Mann, 240, 60, 14000, 200, 600
George Cooper, 90, 30, 5000, 150, 450
Gideon Householder, 125, 5, 6000, 80, 300
Conrod Roller, 70, 10, 4000, 60, 250
Elizabeth Conrod, 100, 30, 6000, 100, 600
Frederick Roller, 55, 5, 3000, 50, 180
Jesse Wear (Near), 152, 29, 8000, 100, 600
John Conrad (Conrod), 100, 6, 6000, 20, 1000
John W. Conrod, 35, 36, 2000, 80, 400
Joseph Conrod, 100, 5, 5000, 100, 450
Phillip Everhart, 150, 12, 8000, 180, 400
Abner Conrod, 90, 15, 5000, 200, 500
David Axline, 120, 45, 7000, 180, 450
Jacob Arnold, 50, 17, 3000, 75, 250
Daniel Householder, 130, 40, 8000, 200, 650
Aaron Cooper, 110, 18, 6000, 140, 400
Mary Frey, 180, 20, 8000, 175, 600
Adam Baker, 60, 12, 3500, 80, 400
Susan Crinn(Crim), 84, 3, 4000, 100, 200
George Crim, 43, 7, 2000, 80, 100
Charles Speaks, 33, -, 1500, 60, 200
John Stratler, 150, 75, 7000, 600, 1400
John Hamilton, 400, 50, 20000, 300, 1500
Thomas White, 260, 41, 13000, 300, 1800
Mary Smith, 150, 70, 8000, 400, 2500
Evan Evans, 100, 40, 6000, 100, 600
Joshia White, 140, 13, 7000, 120, 500
John Wolford, 75, 15, 4000, 80, 400
George Moore, 150, 50,10000, 150, 1325
James Nixon, 125, 50, 7000, 170, 800
John Crim, 220, 40, 8000, 150, 2000
John Cooper, 146, 50, 8000, 200, 850

John Cooper Sr., 100, 12, 5000, 150, 250
George Allders, 65, 10, 3000, 100, 275
George Hickman, 110, 33, 5000, 150, 450
Daniel Boland, 120, 20, 7000, 150, 400
Benjamin Shrevis, 130, 40, 7500, 125, 800
Michel Virts, 260, 55, 18000, 250, 1650
Solomon Cooper, 100, 100, 8000, 200, 350
Elias Cooper, 200, 60, 12000, 250, 800
Peter Virts, 44, 6, 2000, 100, 250
Peter Virts Jr., 50, 7, 1800, 60, 200
Benjamin Grubb, 100, 40, 5000, 100, 500
Benjamin Miles, 90, 10, 4000, 50, 250
Jacob Householder, 190, 110, 12000, 120, 1000
Peter Comphor, 40, 5, 2000, 60, 150
Samuel Stone, 100, 60, 7000, 200, 800
John Bager (Boger), 400, 160, 20000, 250, 1572
Jacob Shoemaker, 92, 25, 5000, 150, 600
John Ruse(Reese), 35, 23, 2000, 80, 200
Albert Allders, 130, 20, 7000, 100, 400
Adam Cooper, 226, 60, 10000, 200, 700
John Cooper, 260, 20, 12000, 150, 450
George Slater, 100, 20, 5000, 100, 400
Henry Reese, 50, 10, 2000, 60, 250
John Boger, 130, 39, 7000, 100, 500
Edward Morrison, 150, 47, 8000, 200, 450
John Leslie, 140, 20, 7000, 150, 500

Peter Wise, 94, 8, 3000, 100, 500
David Everhart, 50, 14, 2000, 40, 500
Ann Stuck, 140, 30, 6000, 50, 300
Phillip Swanks, 120, 60, 6500, 200, 1000
William Kearn, 165, 15, 8000, 70, 800
William Frey, 50, 10, 2000, 100, 450
William Stoneburrows, 100, 27, 6000, 150, 525
John Bartlett, 35, 6, 2000, 80, 400
James Rust, 58, 2, 2500, 60, 4500
Samuel Slater, 150, 22, 7000, 150, 800
William Kemp, 50, 15, 3000, 200, 700
William Hickman, 50, 20, 2500, 150, 800
Albert Best, 140, 40, 6000, 80, 800
Jerry Titus, 180, 80, 7000, 85, 400
Samuel Comphor, 82, 3, 3500, 100, 4500
Sidnor Williams, 275, 85, 12000, 200, 1000
Jonas Comphor, 100, 50, 6000, 150, 500
William Beaty, 120, 26, 6000, 150, 800
George Baker, 50, 26, 3000, 180, 700
John Folley, 60, 20, 2500, 100, 600
Samuel Luckett, 285, 50, 13000, 250, 570
Samuel Wright, 87, 10, 3000, 254, 1570
Mortimor Wattman, 90, 12, 3500, 100, 200
Daniel Mock, 28, 20, 1200, 60, 125
Ebenezer Grubb, 125, 100, 8000, 100, 800
Curtis Grubb, 130, 5, 4000, 80, 600
William Stocks, 100, 50, 15, 450
Henry Bayne, 200, 50, 8000, 4000, 2500
Charles Anderson, 310, 83, 1000, 2250, 1500

Lam Jones, 100, 50, 6000, 100, 450
Samuel Baker, 120, 32, 7000, 120, 400
Jonas Schooley, 270, 130, 10000, 200, 600
Spencer Minor (Minos), 250, 61, 12000, 150, 1550
William Comphor, 80, 35, 4000, 60, 400
Jacob Mann, 230, 72, 3000, 100, 350
William Virts, 100, 20, 18000, 250, 1500
Phillip Baker, 50, 37, 5000, 80, 450
Jacob Cruson, 140, 22, 3500, 60, 350
John Curry, 325, 75, 8000, 120, 600
William Hough, 140, 30, 18000, 250, 2500
William Steis (Stas), 120, 30, 8000, 260, 1200
Samuel Paxson(Parson), 80, 24, 8000, 250, 800
Joseph James, 150, 70, 10000, 200, 300
Griffith Passon (Paxson), 94, 100, 5000, 150, 450
Thomas Phillips, 200, 290, 41000, 250, 500
Noble Braden, 500, 50, 4000, 600, 3600
Amosy Hough, 190, 70, 12000, 280, 1000
William Williams, 160, 50, 6500, 250, 750
William Russell, 250, 35, 15000, 50, 1400
Mahlon Schooly, 75, 45, 4500, 250, 500
William Hough, 40, 50, 4000, 100, 300
George Mock, 100, 50, 7000, 180, 800
Henry Russell, 250, 100, 12000, 200, 2300
Sidnor Bennett, 200, 50, 12000, 150, 1000

William Cooksey, 150, 100, 7000, 100, 700
Edwin Oxley, 200, 113, 7000, 150, 1000
Elijah James, 300, 125, 15000, 250, 2000
William Cassiday, 400, 13, 2000, 250, 2000
Joseph Hough, 120, 50, 5000, 100, 600
John Virts, 150, 15, 8000, 125, 850
William Wright, 80, 93, 5000, 150, 640
Daniel Wines, 160, 60, 8000, 200, 1100
Henry Virts, 120, 31, 9000, 230, 1000
Sanford Ramey, 150, 155, 9000, 150, 800
Zidekiah Ridwell, 425, 20, 30000, 400, 2500
Johnathan Painter, 80, 10, 2500, 150, 400
Peter Derry, 50, 10, 1800, 100, 350
Daniel Figgins, 135, 600, 4000, 180, 800
Michel Derry, 40, 470, 600, 60, 150
Jacob Smith, 36, 33, 3000, 100, 200
Henry Virts, 100, 40, 4000, 150, 500
Christian Derry, 160, 100, 8000, 180, 650
Armistead Miller, 140, 10, 7000, 200, 700
Washington Derry, 27, 50, 1200, 50, 280
Mahlon Demery, 150, 65, 6000, 150, 400
Levi Waters, 175, 75, 8000, 250, 1000
George Near (Wear), 125, 15, 4000, 150, 750
William Demery, 50, -, 1800, 100, 400
George Smith, 100, 30, 2000, 150, 500
Johnathan Russell, -, -, -, 100, 600

John Miller, 120, 40, 6000, 200, 650
Joseph Conrod, 200, 50, 8000, 250, 1500
William Triplett, 160, 70, 2500, 100, 350
Jessee Porter, 55, 5, 2000, 80, 200
Benjamin Grubb, 180, 20, 6000, 200, 500
John Grubb, 150, 100, 8000, 250, 1200
Michel Sagal, 20, 2, 800, 60, 2500
David Shrivers, 100, 30, 2500, 125, 400
Conrod Long, 200, 50, 8000, 150, 450
George Able, 100, 70, 4000, 200, 800
Thomas Vickers, 190, 70, 10000, 250, 2000
Ellsey Shamblin, 60, 25, 1800, 150, 180
Ebenezer Conrod, 280, 110, 12000, 250, 1500
Solomon Febler, 80, 40, 4000, 150, 400
William Virts, 140, 20, 7000, 200, 450
George Johnson, 200, 60, 12000, 150, 1000
Daniel Monday, 110, 39, 7000, 200, 600
William Miller, 120, 47, 7500, 260, 1600
Israel Warner, 180, 20, 7500, 260, 1600
William Myers, 75, 50, 5000, 100, 450
Washington Myers, 80, 25, 6000, 150, 280
William Shawen, 350, 90, 20000, 280, 2000
Bushrod Fox, 175, 40, 8000, 100, 1600
Josiah Wood, 30, 3, 1000, 60, 250
William Wesly, 300, 70, 14000, 450, 1500

James Walker, 150, 40, 8000, 500, 1300
Osia Braden, 230, 50, 14000, 400, 2300
George Smith, 430, 160, 16000, 300, 1820
Robert Moffitt, 850, 400, 36000, 600, 2750
Eli Schooley, 250, 50, 12000, 300, 1200
Joshua Pusey, 900, 100, 45000, 200, 4000
Edward Mathews, 120, 30, 7000, 250, 1000
Isaac Stas, 130, 40, 8000, 350, 700
Charles Paxson(Parson), 125, 40, 5000, 250, 800
Joseph Brown, 180, 20, 7000, 270, 1200
Isaac Rice, 60, -, 1800, 200, 400
James Gallaher, 70, 30, 2000, 50, 280
Peter Johnson, 200, 60, 5000, 350, 1200
George Rhodes, 300, 100, 12000, 400, 1400
William Hall, 250, 100, 14000, 400, 1500
Thomas Sanders, 250, 107, 8000, 350, 1000
Joseph Mead, 600, 300, 15000, 450, 3500
James Higgon, 41, 19, 1200, 100, 250
Samuel Lacock, 40, 10, 1000, 160, 200
Rodney Braden, 185, 50, 10000, 400, 2500
William Rollins, 80, 25, 2500, 150, 100
Robert Ellgin, 200, 70, 4000, 125, 1000
Robert Bently, 320, 118, 12000, 300, 1600
John Ellgin, 140, 30, 3000, 200, 350

William Wilamer, 80, 50, 6000, 30, 250
Jurdan Luck, 225, 140, 5000, 250, 1000
Ignitus Ellgin, 200, 75, 2000, 200, 600
Joan Moss, 80, 20, 800, 150, 400
William Polter, 70, 18, 700, 60, 200
Henry Ball, 500, 20, 15000, 400, 2200
Isaac Carr, 230, 80, 3000, 100, 300
Mathew Shumate, 200, 87, 5000, 280, 500
Gustavus Ellgin, 150, 50, 2500, 250, 480
Francis Ellgin, 350, 150, 6000, 400, 1400
Benjamin Shrevis, 275, 50, 6000, 250, 1200
Isaac Harding, 250, 150, 15000, 500, 1000
William Tyler, 400, 100, 20000, 300, 1200
Josiah Bennett, 60, -, 3000, 200, 250
Gunnell Sanders, 60, -, 3000, 250, 200
John Bodine, 50, 25, 375, 25, 40
Daniel Summers, 125, 75, 1000, 37, 108
John Hutchinson, 75, 75, 900, 30, 900
Winifred Cockrel, 10, 5, 50, -, -
Charles Lane, 200, 100, 2500, 30, 85
David Lane, 400, 200, 4800, 150, 500
John Moxley, 235, 245, 2400, 100, 399
Ann Presgraves, 150, 50, 1000, 200, 1015
George Dane, 15, 5, 100, 25, 81
Cathrine Dane, 150, 100, 3500, 300, 1716
Millbelle Hutchinson, 100, 170, 2500, 75, 460
James Holtzclaw, 300, 250, 3850, 80, 572

John Smith, 170, 90, 3170, 400, 733
James Mcfarland, 300, 100, 3200, 500, 1015
Martin Wrenn, -, -, -, 80, 125
Garret Freeman, 350, 150, 3000, 80, 370
Margaret Harding, -, -, -, -, 50
Lewis Maukins (Mankins), 300, 100, 4000, 200, 82
Mathew O'Brian, 100, 75, 875, 5, 156
Margaret French, 100, 60, 1280, 6, 190
Lewis Bradshaw, 125, 170, 2360, 75, 450
Ann French, 150, 125, 2200, 50, 434
William Ambler, 250, 70, 2000, 100, 644
Nelson Wilson, 150, 50, 1000, -, 150
William Simms, -, -, -, -, 120
James Maukins (Mankins), 60, 30, 60, 20, 214
Robert Mathew, 30, 16, 600, 50, 230
Susan Virts, 200, 50, 1250, 40, 132
Robert Bell, 150, 50, 1000, 80, 302
William Presgraves, 250, 120, 1980, 80, 550
Benjamin Beard, 200, 80, 2000, 150, 374
Augustus Stonestreet, 100, 50, 900, 100, 360
Garrett Walker, 10, 60, 900, 50, 280
Charles Ellmore, 100, 30, 60, 10, 228
James Smith, 200, 30, 1150, 60, 326
John Ankers, 265, 65, 1650, 40, 450
Richard Summers, 200, 80, 1800, 200, 670
John Beavers, 130, 10, 700, 5, 138
William Fox, 30, 6, 1100, 30, 86
John Bun, 150, 50, 1600, 20, 390
James Whaley, 300, 100, 3000, 90, 227
John Coleman, 600, 400, 10000, 500, 1168

Richard Presgraves, 250, 50, 1500, 100, 360
Johnathan Lewis, -, -, -, 100, 340
George Fling, -, -, -, 25, 210
Joseph Blincoe, -, -, -, 50, 250
Francis Keen, 200, 114, 2500, 100, 312
Thompson Keen, -, -, -, 15, 88
Joseph Blincoe, 300, 100, 1200, 100, 400
George Presgraves, 150, 50, 2500, 100, 1180
Sandy Skinner, 220, 50, 2000, 100, 420
John Tipplet, 600, 300, 3600, 500, 890
John Sexton, -, -, -, -, -
William Havenner, 200, 100, 1500, 100, 548
Benjamin Humsner, -, -, -, 10, 175
Newton Keen, 150, 100, 1250, 150, 1070
Betsy Jones, -, -, -, -, 70
Charles Offett, 100, 80, 900, 50, 394
Perry Bugard, 100, 50, 750, 50, 320
Henry Green, 100, 60, 800, 25, 150
Benjamin Bridges, 400, 100, 5000, 200, 1594
Ellen Caylor, 200, 70, 3000, -, 200
Sampson Jinkins, -, -, -, 100, 114
Warren Cartwright, 100, -, 1000, 40, 206
Lewis Birch, 80, 40, 600, 10, 100
James Edwards, 125, 25, 750, 5, 112
Joseph Edwards, 250, 50, 1500, 40, 386
Washington Kummer, 200, 50, 2500, 100, 640
Peyton Abells, 100, 80, 1440, 75, 150
William Solomon, 100, 50, 750, 20, 320
Henry Blincoe, 5, 25, 15, -, 129
Silas Havender, -, -, -, -, 130
Elijah Peacock, 260, 55, 4500, 300, 870

Walter Revais, -, -, -, -, 64
Arther Garner, -, -, -, -, 20
Neah Milstead, -, -, -, 20, 230
Samuel Jinkins, 170, 55, 2475, 50, 817
William Veal(Neal), 150, 270, 3316, 150, 1250
John Keen, 400, 100, 4400, 10, 444
George Dowell, 300, 300, 13000, 60, 1136
Saml. Dodd, 200, 23, 1840, 10, 310
Havnson Jinkins, -, -, -, 25, 264
John Graham, 200, 100, 1500, 60, 236
Orlando Shed, -, -, -, -, 150
William Mathews, 700, 200, 5400, 50, 600
Phillip Cartwright, -, -, -, -, 162
Samuel Jinkins, 80, 20, 1000, 75, 159
Tyler Jinkins, 600, 400, 12000, 250, 1030
William Dove, 600, 600, 12000, 100, 460
Jesse Pool, 75, 45, 575, 50, 414
A. S. Tebbs, 700, 300, 13000, 600, 1384
Samuel Ankers, 50, 50, 600, 20, 278
George Miskell, 50, 50, 800, 100, 232
William Miskell, 20, 17, 296, -, 150
James Hummer, 130, 30, 1300, 40, 184
John Muse, 300, 280, 11000, 150, 502
Thomas Muse, 82, 25, 11000, 75, 412
Jacob Ish, 600, 300, 9000, 300, 840
William Davis, 21, 31, 2080, -, 530
Charles Butler, 350, 110, 5520, 200, 1470
William Rolston, -, -, -, -, 90
Basil Harrison, 150, 50, 1500, 125, 264
George Feaster, -, -, -, -, 290

John Wilson, 200, 100, 3600, 200, 492
Daniel Blunden, 50, 10, 1080, 25, 168
John Walter, -, -, -, -, 132
Robert Sanders, 52, -, 624, 20, 400
Robert Alnutt, -, -, -, -, 80
Ellen Allnutt, -, -, -, -, 134
Edward Haynes, 100, 50, 2100, 100, 160
Noah Downs, -, -, -, -, 112
James Downs, 300, 200, 5000, 100, 494
John Jones, 300, 100, 4000, 300, 720
Aaron Daily, 275, 95, 4440, 100, 806
John Greenlease, 75, 14, 2832, 150, 518
Benjamin Taylor, 200, 100, 2400, 250, 900
Armistead Taylor, 150, 50, 2000, 600, 710
Daniel Palmer, 300, 30, 3300, 100, 910
Minor Bartlett, 150, 50, 2000, 50, 178
William Mills, 200, 30, 1150, 50, 470
William Alexander, 58, 88, 696, 50, 200
Richard Alexander, 30, 6, 360, 50, 218
Henry Conden (Coudin), 50, 230, 2240, 100, 368
William Greenlease, 300, 116, 4160, 200, 1066
Rebecca Housen (Houser), 125, 155, 4200, 350, 1722
Phillip Houser, 100, 50, 1200, -, 174
Robert Wade, 500, 200, 5600, 200, 1013
Lee Landers(Sanders), 100, 70, 1360, 150, 350
Henry Cowdin, 100, 50, 900, 75, 326
Joseph Arindell, 200, 120, 1600, 50, 734

John McComber, 100, 200, 210, 50, 420
Aquilla Bauckman, 10, 29, 190, 50, 276
Daniel Didrick, 6, 24, 240, 20, 20
Thomas Davis, 100, 80, 2400, 75, 406
Joakin Recter, 20, 17, 250, -, 42
William Hamilton, 6, 3, 90, -, 104
William Mabirn, -, -, -, -, 468
Charles Henderson, 20, 4, 112, 75, 210
George Westman, 50, 25, 750, 50, 332
Alfred Veal, 10, 100, 1000, -, -
William Snider, 200, 100, 1500, 100, 460
Cupid Robinson, 20, -, 100, -, 125
Bayly Cockrill, 70, 10, 160, 60, 108
Amos Fouch (French), 50, 44, 470, 3, 54
Sanford Fling, 200, 100, 900, 30, 314
Thomas Lynes, 200, 54, 1270, 40, 416
John Shryock, 200, 50, 1250, 70, 135
John Ellmore, 10, 60, 960, 50, 500
Howard Freeman, 160, 60, 1760, 40, 436
James Mankins, 50, 50, 500, -, 250
Wm. Moran, 75, 25, 100, 10, 208
Alexander Lyon, 75, 15, 450, 40, 330
Philip Houser, 100, 65, 825, -, 156
Samuel Lafever, 150, 150, 1500, 50, 448
Joseph Beavers, 100, 50, 750, 50, 240
Christopher Howers, 150, 50, 1000, 100, 716
George Shryock, 270, 30, 3600, 200, 315
George Shryock, -, -, -, -, 624
William Shryock, 80, 110, 1710, 20, 260
Richard Moran, 100, 50, 750, 40, 320

Haymond Bitser, 80, 40, 960, 100, 267
Basil Havnner, 200, 50, 2000, 125, 600
James Moffitt, 100, 50, 1500, 50, 184
Isaac Wastman (Wartman), 100, 25, 845, 80, 122
Thomas Ellsey, 450, 179, 12380, 150, 9401
John Tillett, -, -, -, 100, 562
Robert Powers, 100, 75, 875, 60, 464
James Gulick, 500, 50, 11000, 150, 1891
William Hammesly, 200, 50, 8750, -, 100
William Havender, 250, 50, 9000, 100, 400
Alexander Newton, 12, -, 480, 1, 46
Alexander Johnson, 180, 120, 4500, 100, 864
Robert Campbell, 50, 40, 1350, 50, 160
William Alt, 260, 90, 2800, 50, 284
John Alt, 118, -, 2360, 100, 444
Stephen Downs, -, -, -, 4, 176
John Myers, 50, 20, 500, 40, 124
Elias Jinkins, 17, -, 510, -, 190
William Russell, 300, 100, 4800, 200, 770
Everett Sanders (Landers), 250, 92, 3420, 100, 407
John Campbell, 30, 15, 900, 15, 236
Sanderson Thrift, 30, 70, 2500, 70, 314
Alfred Dulan, 250, 150, 10000, 100, 566
Thomas Spring, 100, 30, 400, 40, 120
William Lafever, 180, 44, 3210, 100, 556
Robert Hough, 300, 100, 8000, 100, 580
John Littleton, 180, 30, 2100, 100, 650

Wesly McPhearson, 600, 500, 16500, 200, 1204
Charles Palmer, -, -, -, 50, 164
Peter Rollins, 80, 20, 1000, 100, 409
Peter Etcher, 70, 50, 1800, 100, 392
Robert Cockson, 45, -, 2025, 100, 396
Eleanor Thompson, 400, 200, 12000, 100, 1997
Wesly Jinkins, 41, -, 1640, 200, 280
Lewis Donahoe, 200, 50, 3750, 150, 596
Reed Poulton, 100, 43, 2860, 150, 410
Charles Blincoe, 550, 250, 16000, 200, 1719
William Fulton, 280, 80, 3600, 100, 305
John Morgan, -, -, -, 125, 490
John Clase, 40, 50, 1350, 40, 110
Dennis McCarty, 250, 50, 450, 100, 360
Samuel Jackson, 125, 25, 2000, 100, 430
George Rust, 1400, 600, 70000, 1000, 7400
John Perry, 50, -, 2000, 100, 208
John Smart, 40, -, 2400, 100, 420
George Ball, 516, 200, 30000, 250, 540
John Houghman, 200, 50, 11250, 100, 620
Armistead Rust, 400, 140, 32400, 250, 446
Sarah Craven, 200, 57, 11565, 150, 713
Aaron Sanders, 40, 5, 2250, 60, 270
William Mason, 520, 230, 40000, 260, 1554
Alfred Belt, 24, 54, 12333, 90, 826
Cephas Hempstone, 160, 34, 7851, 100, 810
John Sanders, 400, 50, 18000, 200, 1020
Justice Coleman, 450, 50, 25000, 250, 890

Henry Adams, 266, 100, 5124, 100, 570
William Guy, 280, 82, 4076, 70, 310
John McKemmy, 151, 35, 3720, 100, 660
Thomas Trammell, 105, 10, 3720, 14, 196
Charles Gillatt, 233, 36, 11560, 200, 622
Ann Spinks, 320, -, 9600, 150, 825
George Chick, 100, 4, 2080, 20, 195
Michel Whitmore, 200, 50, 5000, 100, 560
Michel Killroy, 180, 70, 3750, 80, 516
Jacob Fouthy, 170, 70, 1680, 50, 440
Samuel Sinclair, 300, 120, 10500, 400, 1733
John Stattions, 400, 204, 12080, 150, 1432
John Williams, 50, 33, 1020, 50, 208
Davis Orrison, 300, 35, 11725, 130, 1034
Sarah Dawson, 720, 79, 12300, 200, 1000
William Lambert, 1200, 550, 35000, 250, 3040
Michel Mullen, 150, 1850, 20000, 275, 2418
Charles Williams, 300, 120, 14700, 500, 1735
Dorcas Magahe, 60, 23, 1245, 10, 164
William Titus, 75, 25, 3500, 100, 450
John Williams, -, -, -, -, 330
Thomas Reed, 50, 11, 3000, -, 1279
Randolph White, 120, 20, 3920, 200, 460
James Grubb, 140, 20, 4480, 100, 670
Edward Harding, 100, 30, 5200, 150, 708
Phillip Daisey, 130, 70, 6000, 100, 462
John Smith, 100, 87, 654, 150, 338
William Grubb, 300, 100, 14350, 300, 1395
George Darrell, 75, 36, 1998, 25, 350
John Price, 112, 25, 4000, 130, 593
Sarah Filler, 80, 76, 6240, 50, 396
Mahlon Edwards, 10, -, 500, 50, 190
Joseph Edwards, 100, 137, 7110, 75, 1190
Abner Conrod, 192, 61, 10263, 150, 860
Nicholas Ropp, 100, 60, 5600, 120, 704
John Prince, 20, 10, 500, 40, 420
Nelson Everhart, 45, 15, 1500, 75, 456
Conrod Virts, -, -, -, -, 760
Mary Nicewarner, 152, 42, 5452, 30, 250
John Russell, 75, 27, 2550, 150, 271
John Nicewarner, 8, 20, 4000, 150, 500
Presly Wiggonton, 60, 50, 3300, 100, 380
John Potts, 15, 15, 700, 20, 200
Catherine Wince, 65, 40, 2392, 100, 400
Nicholas Money, 150, 50, 50000, 50, 150
John Wimbaugh, 200, 89, 5780, 100, 300
William Schooley, 80, 20, 2000, 50, 250
John Heater (Heaton), 890, 50, 3000, 100, 600
John Broure, 150, 150, 6000, 100, 550
Wilson Sanders, 250, 80, 14000, 300, 900
George Maslow, 450, 70, 28200, 300, 1100
William Luckett, 25, 5, 750, 40, 250
Danul Shreves, 200, 30, 4600, 100, 560
Joseph Fanly, 100, 20, 2500, 100, 430

Adam Loy, 130, 54, 3650, 60, 450
William Jackson, 300, 145, 8900, 250, 1000
John Minor (Minos), 485, 130, 27720, 400, 1200
Alfred Belt, 280, 28, 12936, 200, 950
Michel Whitman, 250, 50, 13500, 200, 1100
Tilmon Gore, 500, 50, 15000, 400, 1360
John Mathews, -, -, -, 200, 450
Edward Thompson, 164, 50, 4280, 60, 360
George Gregg, 35, 4, 780, 20, 200
Mahlon James, 450, 150, 12000, 200, 1200
Charles Douglas, 500, 200, 24500, 300, 500

James Beverly, 500, 150, 19500, 500, 2605
James Craven, 275, 80, 9950, 50, 600
William Grey, 550, 200, 30000, 1000, 1755
Cornelius Winekoop, 200, 100, 12000, 200, 250
George Aidey, 135, 15, 7500, 200, 300
John Janney, 40, -, 2000, 50, 642
John Thomas, 131, -, 3900, 100, 500
Thomas Swann, 960, 250, 45600, 100, 800
William Swann, -, -, -, 100, 420
James Thomas, 100, 32, 6600, 100, 1200
Christian Hempstone, 280, 44, 6000, 250, 800
Wilson Swann, -, -, -, 150, 1800

Louisa County, Virginia
1850 Agricultural Census

The University of North Carolina at Chapel Hill filmed the 1850 agricultural census for Louisa County from originals at the Library of Virginia under a grant from the National Science Foundation in 1963.

Columns 1, 2, 3, 4, 5, and 13 represent the following information on the census:
1. Name of Owner, Agent or Manager of Farm
2. Acres of Improved Land
3. Acres of Unimproved Land
4. Cash Value of the Farm
5. Value of Farming Implements and Machinery
13. Value of Livestock

Uriah Harris, 125, 25, 2500, 30, 245
Joseph A. Nunn, 150, 175, 2600, 50, 235
Richard Poindexter, 45, 48, 465, 25, 64
William Chiles, 600, 61, 9610, 315, 690
Tho. Whitlock, -, -, -, -, 26
Dabney Poindexter, 80, 20, 400, 25, 117
Mary Fletcher, 70, 5, 225, 3, 94
Bickeston T. Winston, 447, 300, 7470, 400, 1365
James R. Estes, -, -, -, -, 23
John T. Perry, 20, 30, 250, 10, 100
Ruben T. Chewning, 100, 120, 1540, 100, 192
Alex. H. Johnson, 500, 172, 6720, 250, 620
John C. Houchins, 60, 40, 400, 25, 80
Martha Johnson, 412, 350, 11410, 300, 640
Wm. W. Pettus, 200, 15, 3225, 110, 574
John W. Walker, 12, 100, 980, 50, 170
Jaqueline D. Gillians, 150, 188, 2530, 40, 291
George Walter, 10, -, 620, 20, 130

Wm. G. Turner, 150, 155, 1525, 50, 210
Mordecai Thomasson, 40, 20, 300, 8, 16
Wm. W. Beadles, 170, 75, 1470, 30, 107
A. W. Talley, -, -, -, 30, 55
Ruben Ruffner, 335, 128, 2500, 15, 208
Thomas Walter, -, 10, 30, -, 17
William Walter, 339, 344, 5454, 80, 324
Robert M. Kent, 10, 73, 219, 25, 150
John Todd Quarles, 1, -, 4000, 15, 190
Nathan Talley (S.R.), 321, 300, 3105, 30, 148
Geo. W. Hackett, -, -, -, 15, 112
Fendol Chiles, 275, 200, 3808, 250, 536
Lucian Minor (Minos), 33, 47, 1200, 75, 95
Caleb Seay, -, -, -, -, 30
Wyate Thomasson, 175, 75, 1250, -, 10
Edwin Boyd, 214, 100, 2826, 200, 585
Ro. T. Jennings, -, -, -, 1125, 600
Wm. A. Robinson, 7, 8, 390, 60, 56
Edwin L. Smith, 41, 175, 2080, 100, 177

John A. Roberts, 25, 22, 235, 25, 106
Jane Hiter (Hites), 305, 75, 4560, 20, 296
Wm. Y. Hiter, 270, 130, 2000, 100, 256
Mrs. Elizabeth Hines, 75, 25, 800, 20, 164
William Goodwin, 800, 425, 11850, 400, 1212
Peter M. Daniel, 460, 461, 14736, 300, 805
Stephen P. Daniel, -, -, -, -, 15
Hugh G. Hiter, 210, 100, 2590, 50, 346
Polly P. Goodwin, 200, 400, 3000, 300, 278
Richard F. Biggers, 185, 185, 3145, 150, 542
Wm. T. Lipscomb, 175, 150, 6500, 350, 410
Henry Haris, 590, 450, 10888, 450, 1165
Wm. Carpenter, 125, 60, 3312, 50, 501
Lewis M. Haris, 400, 100, 9000, 200, 930
Henry T. Holladay, 280, 120, 8000, 500, 1500
Lucy Lipscomb, 536, 600, 11400, 400, 1161
Jno. L. Burruss, 230, 190, 8400, 250, 1610
Howard B. Edwards, 56, 80, 680, -, 65
Younger Y. Gooch, -, -, -, -, 35
John Steward, 42, 20, 620, 20, 120
Francis Arnett, 271, 50, 2568, 30, 182
Archd. D. Arnett, 242, 220, 2573, 50, 405
Edward Cosby, 66, 30, 575, 50, 120
George Kennon, 20, 10, 88, 15, 60
Wm. J. Winston, 347, 90, 4870, 100, 480
Benj. Waldrope, 120, 195, 2105, 150, 418

Wm. A. Gillispie, 150, 55, 4500, 350, 500
John N. Hughson, 140, 200, 5820, 150, 260
Wm. B. Porter, 207, 230, 4409, 100, 600
Bath. Whitlock, 50, 150, 700, 75, 186
Robert Dalton, 200, 95, 885, 50, 281
Wm. Crawford, 470, 200, 4020, 75, 440
Burwell G. Bunch, 164, 84, 8408, 300, 934
Wm. L. Melton, 242, 250, 2380, 100, 370
William Stout, 146, 180, 2000, -, 275
Watson C. Gentry, -, -, -, -, 36
James B. Daniel, 300, 76, 4000, 75, 283
Wm. Grinstead, 280, 150, 4300, 50, 326
Mrs. W. Pendleton, 800, 600, 9800, 250, 1171
P. B. Pendleton, 600, 196, 7000, 300, 400
Saml. Lawrence, 75, 25, 600, 150, 225
Mathew A. Hope, 200, 142, 2730, 50, 776
Garland Sims, 120, 59, 1160, 30, 265
Andrew Jackson, -, -, -, -, 120
James Farrar, 100, 70, 1560, 25, 240
David Isbell, 75, 130, 1690, 50, 190
Joseph Smith, 100, -, 500, 40, 200
Robert T. White, 50, 50, 600, 50, 90
James M. Duggins, 250, 43, 2500, 125, 410
Lipscomb, Thomasson, 120, 30, 450, 50, 240
Austin Gentry, 5, 25, 270, 100, 200
Wm. C. Thomas, 300, 100, 1800, 75, 410
Thomas J. Sharp, 40, 5, 180, -, 20
Richard C. Bowles, 259, 150, 2650, 75, 300
Nathl. Tally, 100, 20, 600, -, 120

James Burnley, 430, 50, 3840, 200, 590
Andrew Dickinson, 75, 25, 100, 40, 130
George C. Strong, 84, 25, 1000, 50, 160
John S. Walker, 200, 88, 1728, 50, 265
Edmund Swift, 300, 103, 4578, 200, 390
Wm. Jackson, 50, -, 300, 25, 120
John Gentry, 300, 75, 1900, 50, 135
Patrick Hinchey, 245, 15, 1300, 25, 240
Robert H. Isbell, 75, 120, 2328, 70, 200
Alpheus Parsons, 50, 30, 400, -, 55
Jabez Massie, 300, 118, 3270, 100, 350
William Gentry, 40, 10, 350, 25, 75
Osmus Jones, 9, 10, -, 65, -,
Thomas A. Hope, 900, 300, 7200, 250, 700
Lindsay Richardson, 60, 20, 400, 25, 85
Elizabeth Sharpe, 260, 40, 1930, 250, 250
William Bagby, 23, 120, 1422, 40, 150
Edwin Turner, 70, 150, 1760, 50, 230
James T. Hall, 10, 10, 160, 40, 300
Jefferson Duggins, 85, 40, 80, 40, 90
Thomas Teller, 60, 20, 350, -, 50
Overton Sharpe, 100, 15, 460, -, 60
Pettus Sims, 37, 3, 200, 30, 90
Davis Sims, 16, 43, 350, 5, 75
Mrs. Louisa Sims, 80, 34, 798, 50, 168
John T. Chick, 150, 57, 1700, 50, 180
John T. Smith, 300, 163, 3243, 150, 350
William Cookes, 50, 25, 375, 35, 100
John Grubbs, 40, 30, 172, 10, 20

John Swift, 370, 150, 4160, 200, 630
James M. Bagby, 210, 150, 3060, 100, 465
Woodson Parson, 450, 263, 4000, 50, 730
Henry Lassiter, 58, 80, 759, 10, 80
Nathan G. Tate, 80, 57, 800, -, 110
Nancy Ward, 35, 15, 200, -, 40
Spotswood Lefaver, 15, 25, 160, -, 30
Albert G. Hinchey, 54, 20, 295, 20, 100
Lumsford Duke, 318, 200, 2915, 150, 510
Thompson Tate, 90, 30, 480, 10, 800
Mrs. Eliza Duke, 46, 26, 290, -, 90
Rice Swift, 100, -, 600, 25, 260
Thomas Duke, 490, 490, 7840, 50, 500
William Duke, 5, -, 1400, -, 185
John H. Strong, 30, 26, 300, 20, 100
John W. Terrell, 246, 150, 1980, 50, 230
Edmund C. Pate, 6, -, 26, -, -
Simeon Hall, 17, -, 93, -, -
David Swift, 400, 84, 2420, 150, 180
Wm. E. Longan, 10, 98, 584, 50, 400
Thos. A. Longan, 100, 25, 595, 30, 275
Mrs. R. Hawkins, 300, 200, 4000, 30, 150
James F. Durvin, 121, 100, 1105, 25, 180
John Durvin, 30, 13, 215, -, -
Jesse Harper, 25, 25, 150, -, 45
John Campbell, 50, -, 200, 50, 200
Elisha Sims, 40, 24, 340, 90, 40
Martha Smith, 100, 400, 9100, 400, 740
Garland Duke, 600, 400, 5500, 150, 775
Elizabeth Lumsden, 10, -, 50, -, -
John Luck, 45, 10, 220, 10, 110
Henry A. Sims, 60, 31, 400, 15, 98
John T. Bumpuss, 20, 40, 480, -, 120
Mrs. Sallie Allen, 50, 41, 364, -, -

Mrs. Bumpuss, 50, 60, 550, 50, 220
Henry Bumpuss, 56, 100, 780, -, -
Thomas T. Davis, 30, 5, 200, 25, 130
Larkin Luck, 44, 20, 320, -, -
William Sims (M), 40, 10, 200, -, 55
John B. Coates, 145, 75, 1320, 30, 215
Henrietta Tulloh, 200, 150, 1575, 30, 200
John M. Tulloh, 120, 50, 850, 25, 180
William Butler, 80, 20, 500, 30, -
Elliott Butler, 60, 40, 500, 40, 190
Mrs. M. White, 250, 50, 1500, 30, 210
Mrs. Pettus, 300, 85, 1920, 100, 760
Bently Fleming, 65, 6, 455, 10, 61
Tho. H. Spicer, 24, 20, 220, 20, 55
Ro. Wilkinson, 400, 140, 4500, 250, 1300
Baldwin Buckner, 172, 100, 900, 300, -
John Gunnel, 20, 2, 132, 10, 50
George Harris, 200, 50, 1500, 30, 200
Joseph Sims, 125, 40, 1162, 10, 120
Chas. Q. Goodwin, 800, 260, 7710, 140, 50
Nathl. W. Harris, 900, 1465, 14495, 00, 1970
Frederick Harris, 5, -, 250, 50, 100
James M. Vest, 300, 356, 10500, 200, 1100
B. M. Francisco, 850, 150, 8000, 500, 1000
Tho. C. Tally, 136, 100, 1400, 50, 300
Parsons Barrett, 110, 46, 790, 70, 250
Ruben Tate, 20, 26, 300, 20, 55
John L. Trice, 260, 120, 1900, 30, 190
Ro. N. Trice, 300, 100, 3000, 150, 400
John Waldrope, 70, 50, 600, 30, 140

Tho. Waldrope, 150, 50, 1000, 50, 180
Anderson Tally, 175, 50, 1125, 40, 200
Mary Whitlock, 140, 100, 800, 60, 100
John Thacker, 30, 13, 170, 30, 10
Wm. Thompson, 50, 63, 450, 40, 140
Edmund Nuckolds, 300, 190, 1960, 50, 350
Mrs. _. Butler, 100, 142, 1200, 60, 185
James L. Gunter, 200, 200, 2800, 150, 400
Mrs. E. Gooch, 220, 110, 1920, 50, 350
Hardin Perkins, 200, 180, 1900, 180, 214
James B. Walter, 70, 100, 850, 50, 235
Richard Kennon, 300, 300, 2400, 60, 350
John Goodwin, 250, 250, 4250, 150, 680
A. M. Rice, 8, -, 500, 10, 40
Jos. K Pendleton, 700, 536, 9270, 1400, 1630
Chas. Timberlake, 150, 51, 3000, 200, 150
Mrs. Perkins, 170, 23, 1158, 50, 350
Daniel Hasler, 130, 58, 1250, 40, 250
Charles Leake, 40, 11, 153, 10, 70
Ruben Gilbert, 100, 133, 887, 40, 140
Chas. Barrett, 180, 73, 1518, 70, 340
Wm. H. Harris, 150, 100, 1250, 50, 300
Geo. J. Gardner, 400, 300, 6000, 300, 750
Thos. B. Harris, 468, 100, 2840, 180, 473
Elias Harris, 200, 70, 1485, 40, 210
Garrard Atkins, 60, 250, 1395, 50, 50
R. Reynolds, 100, 100, 800, 150, 300

G. Reynolds, 50, 10, 300, 25, 180
G. C. McGehee, 200, 211, 1850, 100, 340
H. Bickly, 100, 65, 1055, 150, 220
Agnes Bickly, 150, 50, 1600, 25, 85
Tho. Branaugh, 200, 50, 2100, 100, 580
Julian Keen, 400, 91, 4419, 200, 50
Benjamin Henson, 220, 72, 4916, 100, 425
Mrs. Bunch, 175, 50, 1125, 40, 270
Dabney Locker, 100, 44, 576, 30, 190
Jos. A. Ballman, 10, 19, 800, 30, 120
A. G. Bowles, 300, 250, 5500, 230, 500
Chapman White, 200, 27, 1125, 10, 35
Thos. Cockran, -, -, -, -, 70
Ann Bullock, 500, 100, 4500, 200, 600
Mrs. Thompson, 85, 5, 675, 20, 120
Enoc T. Gunter, 75, 225, 2250, -, -
A. G. Goodwin, 300, 309, 2734, 50, 330
Geo. A. Payne, 130, 23, 450, 30, 215
Jesse C. Whitlock, 150, 50, 1000, 25, 175
Chapman Maupin, 100, 120, 1000, 30, 190
Saml. Poindexter, 50, 40, 720, 40, 100
Jno. T. Seargeant, 100, 35, 675, 30, 75
Jas. Woolfolk, 5, -, 650, 10, 110
Jno. P. Smith, 375, 300, 4050, 75, 580
C. C. Jennings, 146, 100, 1230, 95, 310
Tho. P. Smith, 130, 50, 1800, 150, 350
Jno. Butler (R) 50, 10, 240, 20,100
A. J. Johnson, -, -, -, -, 110
Mrs. L. Johnson, 50, 50, 500,-, 260
Tho. N. Trice, -, -, -, -, 160
Tho. Freeman, 50, 50, 250, 10, 75

G. Bullock, 350, 153, 5922, 300, 1130
John Hancock, 500, 280, 5460, 100, 860
Ro. M. Bowden, 300, 172, 3300, -, 75
Edmund Eaton, 10, 14, 100, 10, 100
Mary Smith, 13, 10, 90, -, 70
Geo. T. Hester, 70, 30, 600, 40, 350
James Foster, 26, 16, 150, -, -
John Carter, 300, 145, 2100, 50, 280
Kesiah Hancock, 100, -, 400, -, -
Austin Hancock, 200, 200, 2000, 100, 430
Joseph Coats, 250, 200, 2700, 110, 450
Charles Pottie, 127, 75, 240, 50, 210
Garland Trainham, 22, 40,186, -, -
Lewis Arnold, 3, -, 100, 5,500
Abner Pleasants, 500, 300, 4900, 300, 1120
Nath. Terrell, 400, 80, 2200, 50, 260
John Hall, 200, 125, 2500, 40, 150
John L. Collins, 269, 100, 3690, 50, 420
John O. Harris, 140, 60, 1500, 50, 225
William Cooke, 240, 30, 2800, 200, 350
Richard Pierce, -, -, -, -, 80
Overton Burness(Burress), 700, 430, 9000, 35, 300
Robert F. Moss, 140, 40, 900, 60, 200
Mrs. Moss, 300, 120, 3360, 50, 800
James Coats, 200, 62, 1834, 30, 90
Jos. C. Dejarnatt, 340, 32, 4464, 100, 870
Thos. T. Goodwin, 200, 136, 3360, 120, 360
James Carpenter, 270, 150, 2940, 120, 565
Ashton Garrett, 250, 125, 4188, 250, 400
Wm. Kimbrough, 230, 121, 2800, 100, 390

Geo. J. Garrett, 40, 21, 427, 30, 135
Claudius Dickinson, 250, 258, 6096, 250, 815
Wm. A. Keeper, 200, 116, 3160, 100, 600
John Carpenter, 450, 50, 4000, 150, 570
Thos. Harris, 200, 237, 3596, 200, 485
Mrs. Ann Johnson, 200, 62, 2000, 100, 250
Miss Garland, 200, 75, 1160, 100, 600
James Nelson, 134, 200, 1170, 50, 220
Andrew Hart, 75, 25, 1000, 75, 350
Ruben Reynolds, 600, 200, 550, 200, 700
Andrew Nelson, 100, 119, 1700, 50, 325
Wm. V. M. Hamilton, 130, 60, 2100, 30, 245
Saml. C. Harris, 200, 40, 1200, 100, 275
John Tally, 100, 92, 1150, 30, 265
Richard Tally, 147, 100, 1480, 20, 230
Samuel Talley, 100, -, 500, 75, 245
Alex. F. Hall, 14, 100, 600, -, -
Geo. W. Payne, 150, 50, 2000, 50, 390
Mrs. M. Shelton, 300, 200, 4500, 100, 380
Azgad Cosby, 200, 200, 2800, 30, 195
George Thomas, 200, 290, 2500, 175, 300
Robert Perkins, 75, 1250, 1000, 45, 143
Wm. H. Riddle, 40, 60, 400, 10, 70
Lancelot Foster, 40, 80, 500, 5, -
Elizabeth Perkins, 250, 50, 2400, -, 150
Augustus Bowles, 190, 112, 2400, 50, 460

Richd. K. Bowles, 70, 12, 3000, 80, 25
Geo. K. Bowles, 150, 39, 1500, 40, 285
Benj. Crutchfield, 60, 24, 500, 30, 130
Thomas Brown, 50, 27, 850, 70, 145
John Atkinson, 60, 10, 350, 10, 63
Wm. C. Lindsay, 500, 230, 8700, 300, 1363
S. L. Atkinson, 200, 87, 1800, 200, 510
John W. Loyall, 65, 5, 2000, 200, 670
B. S. Dandridge, 100, 10, 800, 20, 452
Richd. Murphy, 2, 12, 30, 4, -
Wm. P. Crowder, 200, 143, 2744, 225, 510
Geo. B. Talley, 60, 36, 1000, 30, 146
Robert Michie, 50, 40, 400, 40, 96
Anthony Bell, 40, 47, 1000, 5, 55
Archd T. Goodwin, 340, 70, 4000, 70, 278
Saml. Desper, 112, 125, 1500, 35, 257
Dickinson Wash, 290, 40, 1150, 100, 430
Saml. H. Parrott, 80, 43, 1000, 25, 171
Edna Bibb, 800, 169, 6500, 370, 853
Robert Beadles, 200, 81, 1500, 35, 110
Josephus Wash, 400, 150, 4000, -, -
Wm. D. Mansfield, 400, 189, 4900, 432, 2459
Leticia Wharton, 150, 28, 550, 40, 86
Ro. H. Andrews, 70 79, 745, 100, 156
Mrs. R. Morrison, 50, 24, 370, 20, 70
James D. Smith, 200, 43, 3402, 50, 385
James Hiten, 70, 37, 800, 50, 205
George Davis, 60, 40, 400, -, 15

Geo. Thomasson, 250, 150, 1500, 120, 517

Wm. Armstrong, 500, 150, 4000, 50, 412

John Dunn, 86, 50, 600, 20, 166

Drury Wood, 378, 140, 2000, 220, 393

James D. Nuckolds, 250, 650, 5000, 160, 496

Clayton Mathews, 346, 100, 2000, 40, 360

Thomas Ogg, 350, 400, 3000, 50, 408

Walter S. Beadles, 130, 72, 1000, 10, -

Step. Durrington, 140, 141, 1500, 150, 415

Samuel Ogg, 90, 44, 800, 120, 203

Wm. C. Barrett, 300, 215, 5000, 150, 610

Saml. D. Purrington, 60, 140, 1000, 100, 181

Henry Wilkinson, 20, 25, 300, 20, 180

Peggy Wilkinson, 35, 5, 200, 5, 47

Leander Baughan, 70, 40, 900, 190, 290

Joseph Powell, 170, 175, 3000, 123, 2119

John Hunter, 300, 2213, 12000, 100, 398

Mrs. F. Thompson, 250, 367, 3000, 100, 323

Nathl. D. Hooper, 30, 42, 4160, -, 38

Jesse Bibb, 100, 34, 70, 25, 220

Joseph Freeman, 12, 10, 150, 10, 45

Chas. G. Trevilian, 435, 200, 2500, 15, 225

Joseph Dodd, 30, 40, 200, 15, 145

Mrs. M. Hundley, 60, 40, 300, -, 55

Hardin Chambers, 40, 210, 700, 10, 60

William Smith, 270, 77, 1700, 100, 222

Dd. S. Gillispie, 70, 68, 700, 50, 295

Wm. E. Woolfolk, 5, -, 600, -, 157

Lewis D. Robinson, 163, 100,700, 10, 18

George Vest, 810, 340, 16560, 350, 942

Ira S. Gilliam, 180, 20, 1600, 75, 300

Mrs. Unity Edwards, 60, 15, 750, 5, 25

Wm. D. Johnson, 800, 400, 9000, 300, 710

Wm. H. Walton, 30, 14, 350, 30, 176

Mrs. Mary Walton, 130, 56, 1000, 10, 130

John H. Wood, 500, 300, 3000, 155, 446

Josiah C. Sanner, 20, 50, 1000, 20, -

Elijah Jones, 150, 20, 800, 22, 65

Robert H. Gentry, 200, 50, 1500, 110, 155

Elijah Bibb, 220, 60, 1600, 50, 450

Richard Byrd, 150, 20, 800, 15, 65

Oliver H. Humphry, 40, 17, 200, 10, 35

Wm. F. Johnson, 310, 100, 4000, 183, 577

Wm. R. Hackett, 500, 100, 6000, 440, 620

Nathan Talley, 200, 200, 6000, 320, 822

Daniel E. Hickman, 71, 41, 5000, 150, 653

John S. Buck, 593, 400, 5000, 180, 764

Richd. Hutchinson, 120, 67, 800, 25, 104

R. D. Williams, 170, 230, 1500, 180, 298

Robert Bibb, 44, 140, 1000, 15, 135

Joel Estes, 300, 88, 5000, 200, 388

John Smith, 31, 60, 1200, -, 25

Edwin Smith, 60, 21, 1600, -, 75

Elisha A. Sharpe, 15, 95, 500, 15, -

Geo. Hunter, 517, 125, 3500, 200, 630

Andrew J. Perkins, 150, 46, 1500, 100, 373

Dd. Eastham, 140, 64, 4000, 130, 260
Saml. Hughson, 29, 10, 3000, 20, 77
Richd. G. Cottom, 390, 145, 2500, 75, 595
Mrs. M. Butler, 20, 20, 300, 10, 115
Bartlett A. Henson, 150, 100, 1900, 150, 477
Chas. Dickinson, 260, 40, 3300, 50, 285
Mrs. Loyall, 20, 19, 200, -, 15
Pallison(Pollison) Boxley, 400, 250, 5000, 220, 876
Andrew Mills, 145, 100, 2000, 250, 490
Chas. B. Cosby, 80, 65, 1000, 30, 40
Elizabeth Smith, 17, -, 200, 30, 100
Ralph Q. Powell, 20, 30, 300, -, 76
Madison Meade, 100, 100, 1200, 15, 290
Dd. Thomasson, 40, 2, 250, 90, 117
Jesse Perkins, 300, 180, 4700, 150, 700
Wm. M. McGehee, 300, 195, 2500, 200, 410
Ralph Dickinson, 600, 300, 9000, 300, 920
Muscoe Boulware, 20, 4, 150, -, 30
Nancy Dickinson, 97, 5, 612, 20, 70
Chas. M. Dickinson, 58, 10, 225, 30, 146
James Fleshman, 300, 144, 2500, 200, 473
Fras. Waldrope, 100, 203, 3250, 30, 192
Ed. Waldrope, 137, 65, 800, 25, 240
Mrs. Mary Ryan, 90, 10, 500, 20, 196
James L. Harris, 290, 151, 3500, 50, 452
Albert G. Davis, 40, 60, 400, 40, 85
Madison Pendleton, 600, 360, 9600, 400, 1432
Alf. M. Goodwin, 950, 100, 6500, 400, 920

Nelson Walton, 600, 134, 3680, 250, 535
Joseph Coates Jr., 111, 50, 1227, 40, 244
Leighton Nuckolds, 600, 125, 3500, 250, 555
William Spicer, 60, 45, 600, 30, 145
Miss Tempe Sharpe, 21, 5, 200, -, 70
William Nelson, 900, 320, 6920, 335, 1584
Wm. W. Harris, 40, 4, 275, 25, 80
William Seddons, 5, -, 50, -, -
Mrs. Sarah Harris, 30, -, 180, -, 30
Theo. Dickinson, 3, -, 30, -, 35
Wingfield Cosby, 700, 158, 5487, 100, 660
Addison Gentry, 300, 56, 1500, 20, 255
Mrs. Louisa Thomas, 150, 46, 1000, 10, 120
Patsey Snelson, 40, 10, 200, -, 40
Dd. Richardson, 600, 250, 5100, 100, 400
Jere Deals, 130, 45, 875, 15, 270
Eli Hall, 24, 9, 165, 70, 145
Lydal B. Parsons, 134, 60, 1200, 30, 110
William Sharpe, 230, 219, 22250, 100, 218
Salina Sharpe, 3, -, 30, -, -
Dd. Hamilton, 75, 45, 700, 20, 60
Benjamin Cocke, 220, 80, 2000, 150, 480
Walter Holladay, 418, 100, 5375, 100, 592
Jas. T. Dickinson, 300, 184, 5500, 300, 578
Andrew Cooke, 180, 25, 1000, 50, 277
Mrs. Martha Baker, 230, 40, 2730, 10, 250
Martin Baker, 400, 300, 4200, 350, 706
Mrs. Wm. Mills, 360, 90, 3000, 100, 715

Jos. O. Claybrook, 1000, 525, 10500, 400, 1475
James M. Trice, 455, 75, 3710, 100, 1375
Garland T. Waddy, 670, 130, 64000, 300, 1778
Nathl. W. Diggs, 146, 100, 1000, 100, 265
Saml. W. Jones, 100, 13, 1400, 160, 200
Joseph C. Boxley, 250, 250, 3700, 300, 964
Mrs. D. Boxley, 300, 700, 7500, 75, 407
John Hart, 300, 500, 5500, 500, 665
Mordecai Knighton, 4, 29, 80, 10, 45
William Harris, 442, 400, 5000, 100, 510
John Hester, 220, 80, 2400, 50, 341
Chas. Christmas, 130, 42, 600, 25, 130
Ann Christmas, 170, 138, 1250, 30, 343
Nathl. Hughson, 83, 70, 612, 20, 243
Mrs. Ann Morris, 100, 50, 400, 100, 222
John L. Morris, 27, 10, 92, -, 125
Jno. B. Poindexter, 130, 47, 500, 30, 55
Richd. C. Carpenter, 38, 55, 1350, 100, 135
Lewis W. Landrum, 20, 80, 250, 45, 55
Saml. Shaddock, 117, 200, 1000, 30, 387
Elisha Butler, 250, 89, 1150, 25, 110
Charles Groom, 200, 75, 1100, 100, 190
James Timberlake, 172, 240, 3168, 300, 588
Alf. M. Baker, 240, 22, 2620, 100, 368
Nathl. M. McGehee, 500, 166, 2718, 150, 385
Ro. A. Duncan, 220, 75, 4280, 265, 650
George Gibson, 30, 14, 130, 20, 210
Stephen Farrar, 220, 136, 2350, 150, 700
Nathl. Holland, 350, 75, 2550, 50, 223
Geo. W. S. Harper, 200, 77, 1100, 30, 327
Geo. W. Parrish, 160, 24, 550, 15, 75
Nath. Gibson, 30, 14, 200, 20, 55
Thos. C. Anderson, 616, 300, 7713, 430, 785
John Bibb, 250, 350, 2000, 20, 360
Thomas Loyall, 250, 75, 2268, 65, 460
Wm. Q. Thompson, 525, 175, 7000, 400, 880
Lewis Harris, 250, 30, 2800, 150, 412
Mrs. Sarah Shisler, 100, 105, 1500, 35, 187
Willis Chambers, 10, 30, 150, 5, 25
Geo. McGehee, 490, 90, 5000, 250, 624
James H. Bibb, 50, 57, 300, 5, 90
Wm. J. Kennon, 1, -, 100, -, 30
Goodrich Terrell, 2, -, 500, -, 15
Mrs. Martha Johnson, 187, 83, 3000, 150, 504
John S. May, 600, 600, 7000, 200, 660
Wm. S. Fowler, 275, 100, 5000, 200, 889
Mrs. Eliz. Gooch, 80, 32, 850, 56, 331
Thomas P. Gooch, 262, 32, 1750, -, 180
Wm. Beadles Jr., 170, 18, 2250, 50, 240
Jas. M. Campbell, 120, 120, 1200, 25, 325
Richd. A. Thompson, 200, 282, 2500, 60, 436
Crewdson, M. White, 75, 25, 350, 10, 128
Mrs. Mary Winston, 143, 70, 1465, 50, 247

James Porter, 200, 180, 1500, 120, 520
Miss Polly Terry, 20, 10, 200, 5, 25
Pleasant Hackett, 300, 343, 5000, 200, 620
Ro. P. Bibb, 60, 100, 700, 25, 160
Hiram Saunders, 140, 10, 1200, 20, 605
Thos. Chewning, 100, 40, 700, 10, 165
Tandy Chewning, 139, 40, 1600, 40, 256
John Carroll, 220, 70, 2600, 275, 610
John Vest, 650, 350, 5000, 320, 970
James A. Davis, 100, 60, 5000, 100, 371
Wm. Perkins, 817, 800, 8000, 50, 656
Geo. W. Christman 85, 150, 2000, 70, 200
Wm. T. Wright, 100, 33, 8000, 30, 200
Dd. Humphrey, 75, 25, 600, 40, 185
Granville Wright, 100, 24, 600, 40, 250
Horatio Johnson, 10, 5, 150, 10, 65
Joseph Wright, 30, 22, 260, 10, 90
James Wright, 200, 50, 1750, 50, 362
Wm. P. Watkins, 129, 20, 400, 10, 137
Cornelius Gooch, 100, 42, 850, 15, 176
Mrs. Eliza Watkins, 135, 25, 350, 10, 96
John Perkins, 400, 283, 3400, 50, 436
Dd. W. Perkins, 230, 156, 1700, 40, 365
Sarah P. Nelson, 140, 100, 1080, 10, 95
Mrs. A. M. Brown, 200, 200, 1200, 15, 314
Tho. Johnson, 15, 45, 300, 5, 85
John Mitchell, 400, 50, 2250, 40, 430

Merewether S. Sims, 130, 32, 900, 25, 170
Miss Sarah Thompson, 200, 23, 3000, 100, 370
Mrs. Henrietta Sims, 240, 123, 2900, 150, 287
Richd. Harlow, 70, 41, 350, 15, 95
Mrs. Susan Goodwin, 420, 140, 4480, 100, 392
James F. Lea, 46, 46, 368, 10, 58
Mrs. Sarah Lea, 70, 37, 450, 5, 116
Nancy Byrd, 75, 25, 30, -, 26
Mrs. Lucy Jennings, 82, 82, 820, 15, 140
Richd. Mason, 6, -, 600, 125, 110
Mrs. Polly Hope, 90, 13, 500, 25, 295
Robert Fleming, 170, 124, 1475, 40, 182
Agnes H. Foster, 6, 28, 300, 10, 80
Gabriel Jones, 383, 192, 4600, 300, 764
Philip H. Jones, 5, 280, 1500, -, 100
Dd. B. Bullock, 46, 24, 490, 50, 60
Dd. Anderson Jr., 300, 575, 10000, 400, 1470
A. B. Armstrong, 73, 40, 700, 90, 155
Wm. L. Carnal, 5, 6, 110, 50, 50
Jos. W. Pendleton, 400, 162, 5000, 300, 560
Lancelot Foster, 625, 225, 7600, 150, 1020
Saml. P. Hackett, 600, 327, 9270, 450, 1008
Fred Perkins, 930, 600, 13589, 310, 1144
John Nunn, 430, 139, 5552, 250, 490
Bushrod Baker, 200, 64, 2000, 40, 300
William Baker, 900, 500, 16500, 200, 1822
Robert Estes, 100, 26, 756, 80, 180
Henry Singers, 130, 60, 570, 80, 240
Sarah Tally, 150, 11, 500, 70, 210
Lewis Ballard, 50, 19, 200, 25, 170

Mrs. M. B. Mansfield, 330, 122, 3167, 200, 700
Ro. Hester Sr., 200, 38, 1000, 30, 130
Joseph Grady, 550, 150, 1900, 87, 520
Melissa Grady, 80, 200, 840, 5, 65
Joseph Bond, 117, 60, 1108, 30, 243
Dd. Branaugh, 334, 50, 7420, 100, 475
Alex. McGehee, 252, 250, 2700, 200, 507
Mrs. Eliz. Trice, 262, 60, 1560, 100, 620
Joseph Boxley, 800, 600, 9100, 465, 1120
Jos. B. Parrish, 26, 30, 2600, 50, 160
Lafayette Riodon, 150, 50, 1200, 100, 260
Anderson Trice, 620, 154, 5418, 250, 635
Silas Boxley, 275, 150, 295, 50, 322
Semple Goodwin, 580, 60, 5120, 315, 445
Ro. W. Goodwin, 925, 275, 9000, 200, 1020
James J. Trice, 190, 20, 1680, 15, 115
Thos. Nelson, 400, 200, 3600, 120, 610
Mrs. Lucy Byrd, 170, 30, 600, 75, 175
Mrs. Barbara Johnson, 100, 43, 427, 10, 35
Murwood Estes, 120, 121, 700, 20, 140
Edwin J. Baker, 750, 100, 5970, 250, 805
John Harper, 725, 100, 5775, 10, 260
Wm. Crawford D. D., 500, 537, 6162, 250, 915
Alex. F. Butler, 266, 75, 4000, 115, 635
Tho. J. Barrett, 366, 300, 5328, 150, 1137
Tho. Murphy, 20, 6, 78, 20, 50
Sarah K. Jones, 200, 147, 2500, 250, 488
Tho. Morris, 100, 98, 3584, 450, 440
Starke W. Morris, 430, 310, 9000, 300, 750
Mildred Ellis, 142, 18, 1920, 20, 505
B. B. Davidson, 172, 36, 2500, 140, 460
Richd. G. Bibb, 557, 70, 3698, 260, 868
Henry Chewning, 45, 55, 400, 30, 145
William Gibson, 27, 10, 111, 10, 95
Chas. W. Lewis, 20, 7, 81, 90, 95
Jesse Anderson, 120, 51, 513, 75, 300
Wm. S. Carter, 100, 400, 1750, 85, 630
Cliveas Baker, 600, 340, 10000, 300, 1010
Patrick Michie, 250, 250, 3750, 125, 660
Wm. W. Ragland, 700, 600, 13000, 445, 1990
C. R. Boulware, 130, 100, 1800, 15, 140
Ewel Boulware, 100, 60, 640, 25, 390
Hugh Davis, 60, 145, 1230, 130, 337
Jos. D. Wheeler, 100, 160, 156, 40, 193
Jas. F. Michie, 22, 120, 330, 15, 90
Albert G. Watkins, 171, 100, 2000, 80, 385
James Lindsay, 200, 263, 5556, 500, 2510
Wm. Bellamy, 70, 20, 490, 40, 126
Chas. G. Woodman, 224, 220, 2664, 100, 480
Jas. Fielding, 130, 200, 1650, 45, 248
John Meeks, 20, 60, 320, 100, 137
Joney Kinney, 75, 100, 500, 75, 255
Cary Talley, 150, 50, 1200, 50, 290
Nathaniel Mills, 600, 220, 8000, 350, 1040
Nath. J. Mills, 90, 135, 2000, -, -

Lavinia Newman, 110, 1150, 1300, 65, 400
Ann Satterwhite, 100, 100, 1000, 5, 40
Mrs. M. Kimbrough, 694, 200, 12500, 340, 1150
Mrs. Lucy Rawlings, 49, 50, 1000, 10, -
Andrew G. Walton, 150, 50, 1000, 50, 325
Mrs. R. Winston, 379, 30, 9716, 330, 1085
Wm. M. Ambler, 884, 450, 18676, 705, 1955
Fras. E. Brooke, 700, 700, 16300, 700, 3025
Tho. G. Noel, 150, 80, 1050, 50, 325
John W. Waddy, 200, 169, 1800, 75, 547
Nelson Lipscomb, 48, 10, 300, 10, 85
Miss Louisa Cosby, 220, 80, 2000, 50, 300
Saml. Malloy, 171, 50, 1500, 40, 400
Ro. S. Cosby, 200, 65, 1700, 50, 410
Alex. M. Barrett, 45, 5, 300, 30, 146
Ruben Davis, 42, 73, 600, 150, 435
James R. Long, 40, 40, 300, 10, 30
Richd. Bellamy, 100, 63, 650, 50, 180
Garland Sims, 40, 60, 350, 25, 160
Jesse Hawkins, 65, 65, 400, 30, 245
Ann Robertson, 80, 76, 500, 30, 200
Archilles Robertson, 400, 197, 3300, 60, 350
Jeremiah A. Roberts, 100, 50, 750, 50, 270
Wm. J. Pendleton, 500, 365, 7500, 300, 3050
Thomas Jones, 120, 130, 1000, 50, 90
Maria Tisdale, 130, 15, 600, 70, 35
Joseph Morris, 600, 322, 25515, 500, 1900
Wyatt Seay, 50, 38, 440, 10, -
William Waddy, 550, 159, 5000, 200, 935
Nelson Burriss, 430, 200, 5040, 150, 830
John Philips, 360, 400, 4500, 50, 450
Nathan A Ware, 550, 250, 4000, 50, 300
Wm. Edwards, 40, 10, 200, 20, 95
Robert Collins, 160, 80, 1200, 20, 90
Beverly R. Fox, 320, 154, 4700, 200, 1180
Tandy G. Morris, 400, 139, 3700, 175, 865
George Morris, 100, 40, 1400, 25, 258
John R. Quarles, 300, 730, 790, 350, 565
Hugh Goodwin, 1200, 788, 17526, 380, 2030
Wm. Goodwin Jr., 500, 248, 7850, 50, 480
Ann Houchins, 130, 40, 680, 40, 245
Wm. Harlow, 40, 10, 300, 5, 116
Wm. M. Strong, 40, 19, 300, 25, 170
Geo. W. Trice, 370, 130, 8030, 300, 1215
Wm. M. Massie, 640, 190, 7300, -, -
James H. Melton, 800, 116, 1200, 150, 900
Elisha Melton, 396, 300, 7000, 535, 1764
Jesse W. Melton, 400, 64, 23356, 20, -
Chas. M. Poindexter, 400, 300, 2500, 60, 230
David Butler, 100, 95, 585, 40, 140
Samuel Dixon, 200, 10, 2000, 1000, 3000
Wm. J. Perkins, 30, 40, 280, 50, 195
Tho. Walker, 75, 75, 600, 60, 365
Wm. Walker, 175, 125, 1200, 125, 385
Samuel O. Bunch, 30, 25, 400, 40, 275
Fountaine Bunch, 65, 60, 600, 50, 245

William Michie, 726, 500, 19000, 425, 1880
Wm. F. Leake, 600, 60, 26446, 250, 1225
Jos. F. Williams, 1037, 250, 30000, 460, 1975
Louisa Chewning, 150, 40, 3800, 300, 450
James Turner, 245, 120, 1825, 150, 380
Chap. Seargeant, 249, 200, 7130, 140, 315
Thomas Nelson, 320, 100, 9240, 175, 1274
Jas. Poindexter, 40, 20, 160, 10, 35
Elijah Butler, 100, 100, 2000, 80, 315
Dr. Geo. Watson, 866, 400, 56970, 700, 3897
James Morris, 605, 400, 28140, 625, 2675
William Walker, 800, 418, 35110, 650, 2400
Louden Bruce, 100, 333, 1950, 65, 135
Richd. O. Morris, 1000, 627, 32457, 675, 1950
Ed. Poindexter, 400, 180, 10220, 250, 1245
Sarah Bragg, 40, 20, 274, 15, 80
William Overton, 550, 250, 9600, 400, 1645
Tho. S. Watson, 440, 470, 19488, 400, 1970
Wm. Lowry, 83, 200, 1072, 20, 130
Nathl. Seargent, 900, 387, 33300, 650, 2034
Jno. D. Fielding, 80, 80, 720, 50, 215
Ambrose Bellamy, 100, 43, 715, 45, 405
Philip M. Powers, 32, 10, 800, 400, 325
Mrs. S. Branham, 400, 375, 9516, 375, 1176
Ro. B. Watkins, 352, 80, 17280, 150, 836

Mrs. Susan Watson, 760, 500, 54000, 700, 3035
Geo. W. Moss, 50, 27, 300, 20, 55
Wm. H. Bell, 100, 57, 885, 50, 260
Chas. B. Hopkins, 350, 550, 3270, 500, 1480
David Locker, 90, 100, 960, 50, 235
Seymore Johnson, 49, 169, 830, 40,110
Tho. H. Scruggs, 82, 140, 1110, 35, 185
Ruben Bellamy, 15, 85, 500, 5, 70
Geo. G. Wheeler, 250, 150, 2800, 150, 530
Thos. Corr, 50, 87, 600, 150, 200
Richard Snow, 70, 20, 300, 50, 225
John Locker, 55, 70, 500, 10, 55
Mary Aylette, 150, 150, 1800, 30, 290
Caroline Langford, 130, 80, 1050, 100, 365
Jno. B. Lasly, 130, 80, 1050, 70, 370
Tho. Darnall, 180, 83, 1450, 40, 410
A. B. Langford, 22, 130, 600, 50, 175
Mary Farish, 50, 150, 800, 40, 55
John H. Wheeler, 704, 500, 7264, 200, 685
Benjamin Bibb, 100, 40, 700, 100, 255
John Bowles, 100, 100, 600 30, 120
John Haden, 88, 100, 840, 60, 240
John Anderson, 152, 300, 1582, 130, 445
Thomas Harlow, 50, 50, 300, 40, 120
Hazekiah Harlow, 90, 30, 300, 35, 110
Fleming Tyler, 40, 10, 200, 20, 135
Wm. Burgess, 80, 20, 300, 30, 140
Richd. Morris, 60, 40, 300, 20, 90
Cyrus Wilkinson, 100, 56, 800, 70, 205
Edward Wilkinson, 20, 20, 200, 10, 95
Jefferson Bickley, 25, 15, 150, 15, 100

David Jones, 150, 269, 2265, 60, 360
Rosanna Jones, 50, 7, 285, 15, 24
James Williams, 50, 150, 800, 80, 310
Elizabeth P. Diggs, 100, 87, 1500, 70, 465
Robert L. Brown, 10, 10, 100, 20, 75
Elizabeth Diggs, 70, 10, 250, 10, 50
John B. Diggs, 80, 39, 476, 30, 80
Wm. Seargeant, 120, 30, 750, 40, 75
Judith J. Hopkins, 130, 20, 630, 50, 200
Stephen Watkins, 90, 10, 400, 3, 100
Monroe Diggs, 60, 60, 480, 35, 120
Richard Gilbert, 40, 23, 250, 20, 70
Lucy Henson, 80, 30, 600, 20, 120
Wm. Reynolds, 45, 30, 300, 30, 265
Willis R. Parrish, 60, 40, 900, 60, 550
Wm. C. Carson, 140, 260, 2060, 150, 80
Simeon Kesear, 60, 64, 748, 50, 175
Martha Dunn, 100, 90, 800, 100, 200
Tho. Hargrave, 30, 50, 450, 25, 50
Nancy Turner, 225, 25, 1500, 25, -
Archd Shiflet, 130, 140, 810, 45, 200
Sarah Bradly, 40, 65, 500, 10, 110
John H. Winston, 300, 240, 5400, 125, 800
Ann Campbell, 275, 25, 3000, 70, 670
Lancelot Minor, 350, 80, 3440, 300, 780
Chas. Nuckolds, 750, 250, 7000, 315, 785
Thomas Shelton, 100, 50, 2250, 100, 530
Chas. Dickinson, 500, 200, 6000, 315, 1200
Wm. Johnson, 600, 332, 9000, 370, 855
Chas. J. Thompson, 500, 140, 6400, 185, 1160
Powhatan Perkins, 410, 159, 5000, 160, 670

Ann M. Thompson, 50, 24, 600, 40, 55
Jonathan Payne, 275, 260, 3210, 50, 520
James Parrish, 75, 25, 500, 40, 175
Joel Parrish, 500, 100, 3600, 150, 650
Abner N. Harris, 655, 200, 12850, 800, 2380
Lancelot W. Hill, 85, 26, 666, 175, 245
Samuel Harris, 50, 32, 656, 20, 180
Stephen Lacy, 70, 27, 1000, 30, 160
Leroy Parrish, 70, 25, 425, 25, 125
Harwood Goodwin, 446, 200, 6000, 140, 800
Dd. Armstrong, 130, 22, 1520, 130, 310
Sarah Wright, 50, 27, 416, 125, 240
John Richardson, 150, 45, 2360, 50, 430
Archd. Thomas, 755, 200, 9550, 500, 1370
Jesse H. Malloy, 200, 175, 1875, 200, 830
Tho. C. Turner, 150, 66, 460, 60, 325
Jeremiah C. Harris, 50, 113, 4500, 175, 665
Mrs. Mary Sims, 80, 15, 950, 50, 235
Charles B. Diggs, 40, 10, 400, 45, 110
Zachariah W. Perkins, 750, 450, 9600, 200, 1110
Richd. O. Clough, 45, 80, 900, 10, 65
Elihu Parrish, 30, 20, 400, 10, 60
John A. Parrish, 100, 30, 650, 10, 125
James Sims, 120, 78, 1788, 50, 600
Susan Sanderson, 5, 5, 200, 10, 70
Nelson Anderson, 200, 96, 1776, 45, 350
Micajah Parrish, 140, 75, 1075, 30, 175

Garland Anderson, 400, 52, 3164, 200, 645
Dd. C. Saunders, 149, 80, 1800, 20, 200
Elizabeth Bowles, 50, 20, 560, 30, 120
Jos. W. Saunders, 15, 10, 300, 50, 180
Catharine Saunders, 50, 30, 650, 65, 185
Chapman Gordon, 30, 20, 400, 20, 120
Mary Timberlake, 200, 133, 2331, 45, 525
John B. Shelton, 400, 830, 2100, 500, 1655
Jams Adams, 420, 180, 6000, 100, 875
David R. Shelton, 350, 1500, 4750, 200, 725
Ann Dabney, 40, 55, 600, 100, 360
Albert N. Duke 200, 217, 3300, 250, 585
Richd. J. Atkinson, 10, 36, 1000, 40, 325
Robert Meredith, 275, 40, 2205, 100, 515
Elkanah Brookes, 600, 100, 6000, 140, 515
Saml. C. Hill, 300, 100, 2500, 60, 465
Jno. M. Hollins, 200, 61, 1500, 45, 360
Dudley Gibson, 100, 33, 500, 40, 190
Benj. G. Higgason, 200, 15, 1700, 50, 240
Samuel W. Mason, 38, 20, 1160, 20, 170
James D. Porter, 213, 200, 3200, 100, 300
George J. Waldrope, 300, 375, 6750, 70, 390
James M. Morris, 200, 72, 2000, 45, 435
Meriwether S. Hoggad, 180, 181, 1500, 70, 390
Jos. R. Goodwin, 600, 130, 5688, 240, 1135
Daniel H. Grubbs, 100, 33, 500, 40, 195
Wm. Kinney, 50, 56, 600, 45, 185
Isaac A. Foster, 80, 30, 600, 60, 200
Samuel Bunch, 100, 97, 1100, 80, 285
Robert K. Smith, 27, 50, 300, 10, 90
John Long, 50, 27, 230, 20, 165
Lucy B. Graves, 500, 336, 688, 250, 1235
Daniel A. Saunders, 20, -, 25, 10, 125
Jane H. Crank, 200, 100, 1800, 40, 200
Ellis G. Hughson, 130, 48, 1000, 50, 448
James Hughson, 180, 27, 1035, 50, 270
Clarke Crews, 230, 233, 1700, 40, 250
John Crews, 20, -, 100, 5, 65
Wm. Crews, 53, 250, 900, 10, 100
Isaac Bishop, 90, 10, 400, 55, 265
Wm. A. Turner, 140, 60, 1000, 30, 235
Wm. Humphrey, 180, 10, 570, 25, 150
James Parrish, 200, 174, 1800, 50, 330
James Webb, 130, 100, 1150, 25, 320
Ryals Cocke, 50, 50, 500, 10, 120
Elisha Harris, 10, 10, 125, 10, 40
Timothy T. Swift, 380, 45, 2125, 115, 540
Charles Brookes, 30, -, 150, 10, 65
Frances Anthony, 90, 10, 400, 35, 90
John Gentry, 270, 62, 1300, 50, 120
Peter King, 50, 12, 300, 10, 85
Robert Foster, 120, 36, 900, 20, 100
Sarah Foster, 60, 10, 280, 10, 60
Jane Foster, 30, 5, 140, 10, 65

Nancy White, 100, 100, 1000, 30, 110
Wm. Armstrong, 90, 20, 300, 5, 50
Robert Armstrong, 29, 20, 275, 35, 120
Caroline Bowles, 150, 50, 100, 40, 155
Robert Duggins, 100, 77, 1000, 90, 275
Jas. H. Henderson, 120, 115, 1175, 30, 200
Frances Hope, 300, 300, 3600, 135, 520
Sarah Cocke, 200, 100, 2400, 60, 620
James Brookes Jr., 150, 50, 1500, 50, 40
Nathl. H. Turner, 430, 150, 4600, 250, 1175
Mary Anderson, 270, 71, 2728, 245, 768
Archd. Anderson, 725, 400, 10000, 310, 1760
Kesiah Johnson, 450, 150, 6400, 50, 305
Jas. M. Hickinson, 10, -, 100, 5, 75
Sarah Wilkinson, 10, -, 100, 5, 30
Jno. M. Calahan, 18, -, 150, 35, 70
Wm. A. Gammon, 200, 19, 1000, 60, 190
Wm. Gammon Jr., 80, 10, 300, 5, 15
Wm. Gammon Sr., 60, 20, 320, 30, 110
Dolly Pearson, 300, 20, 1920, 70, 415
John Loyd, 100, 30, 1100, 40, 110
Eliza Anderson, 150, 30, 1440, 30, 421
Martha Loyd, 280, 60, 1700, 40, 370
James Haleman, 300, 96, 3000, 50, 320
Thomas H. Loyd, 80, 10, 300, 30, 160
Robert H. Harris, 20, 5, 100, 45, 75
George P. Shelton, 400, 51, 3600, 10, 140
Catharine Jackson, 300, 79, 2274, 70, 250
Claborn W. Gentry, 200, 25, 2500, 200, 380
Saml. Meredith, 200, 75, 3288, 280, 945
Jno. C. Meredith, 100, 15, 400, 40, 235
Samuel O. Clough, 300, 100, 4000, 120, 645
John Walter Jr., 300, 100, 4000, 140, 675
Elijah M. Gates, 100, 85, 1000, 50, 230
Eliz. Meredith, 370, 50, 4000, 75, 775
Oswald L. Parsons, 150, 50, 1000, 40, 150
Wm. Meredith, 330, 330, 5000, 330, 675
Alex. H. Jackson, 400, 155, 4000, 70, 870
David M. Foster, 140, 60, 1000, 150, 240
Albert G. Armstrong, 160, 40, 1600, 90, 505
Wm. G. Walton, 150, 17, 900, 40, 185
Joel L. Walton, 130, 43, 1200, 85, 368
Atwood Wash, 210, 25, 2350, 75, 380
Louisa A. Sharpe, 750, 23, 2730, 135, 410
William O. Harris, 437, 200, 6200, 490, 1540
Wm. Jackson Sr., 200, 50, 2000, 285, 485
Wilson Herring, 300, 66, 3660, 200, 460
Newel Baker, 264, 50, 3140, 150, 690
Charles Harris, 100, 3, 1000, 50, 275
Clayton G. Coleman, 1121, 1100, 20000, 900, 2220

Charles Young, 873, 300, 16500, 500, 3021
Woodson Seay, 50, -, 500, 30, 140
Garland Harris, 100, 90, 900, 40, 230
Watson C. Hall, 50, 50, 400, 10, 90
John Fletcher, 50, 30, 400, 50, 130
Jonathan T. Cowherd, 250, 136, 2700, 180, 700
Ro. G. Downer, 200, 40, 1200, 50, 235
Nicey Boxley, 400, 375, 7750, 260, 1020
Wm. S. Walton, 500, 250, 4125, 175, 540
Mo. M. Timberlake, 200, 100, 1500, 60, 210
Jas. & S. Dickinson, 62, 130, 3100, 70, 370
Joel W. Smith, 50, 150, 3400, 100, 220
Sarah Gentry, 30, -, 150, 50, 90

Lunenburg County, Virginia Part I
1850 Agricultural Census

The University of North Carolina at Chapel Hill filmed the 1850 agricultural census for Lunenburg County from originals at the Library of Virginia under a grant from the National Science Foundation in 1963.

Columns 1, 2, 3, 4, 5, and 13 represent the following information on the census:
1. Name of Owner, Agent or Manager of Farm
2. Acres of Improved Land
3. Acres of Unimproved Land
4. Cash Value of the Farm
5. Value of Farming Implements and Machinery
13. Value of Livestock

John A. Bishop, 170, 207, 5500, 100, 418
Charles A. Dupriest, 120, 65, 800, 30, 240
John A. Johns, 596, 299, 2686, 200, 600
Wm. P. Epes, 700, 600, 7000, 150, 1066
Josephus Carter, 500, 233, 3500, 100, 1476
Susan R. Stokes, 600, 600, 3600, 80, 818
Alpheus M. Jones, 200, 173, 1865, 100, 615
David R. Stokes, 350, 501, 3300, 75, 600
Wm. H. Hatchell, 1500, 1216, 10000, 200, 912
Jesse D. Abernathy, 700, 400, 5500, 61 677
Francis Tisdale, 170, 151, 1200, 30, 422
Alfred N. Johns, 200, 200, 800, 15, 346
Danul W. Tisdale, 70, 217, 1150, 15, 179
Mary S. Bagley, 173, 173, 1500, 25, 403
Henry May, 400, 387, 4000, 100, 813

Tschasner Woodson, 400, 400, 5000, 100, 670
Branch O. Meadows (manager), 600, 718, 5000, 162, 593
Elisha B. Jackson 260, 130, 1500, 60, 642
Sarah G. Jones, 200, 200, 3000, 75, 456
Dorothy Jones, 400, 328, 2184, 50, 363
George Craghead, 900, 400, 5500, 250, 852
Walter Taylor, 440, 200, 3000, 150, 685
Samuel W. Bentley, -, -, -, 40, 47
Peter W. Coleman, 70, 100, 1232, 85, 305
Francis Stone, 35, 30, 102, 10, 62
Wm. Thompson, 50, 210, 1200, 35, 220
Wm. C. White, 200, 312, 624, 10, 139
John C. Epes, 400, 700, 2500, 120, 1204
Bass F. Winn, -, -, -, 6, 80
Sally a. Winn, 292, 10, 600, 22, 193
Wm. Sneed, 125, 102, 568, 30, 165
John Rash, 250, 450, 1400, 25, 217
Joel Blackwell Sr., 700, 600, 6000, 100, 1508

F. N. Robertson (m for Cralles), 400, 600, 4000, 90, 415
Francis T. Hatchet, 400, 352, 6790, 100, 915
Branch A. Hatchet, 175, 175, 1856, 15, 320
John R. Hatchett, 175, 175, 1856, 15, 290
Hale T. Gallion 100, 229, 458, 30, 105
John C. Redd, 300, 750, 9500, 150, 882
Richd. Wilks, 30, 70, 321, 20, 100
Mathew Buckner, -, -, -, 3, 26
Malachi Dupriest (manager), 200, 200, 1700, 35, 340
George N. Seay, 580, 350, 4500, 125, 461
Mary E. J. Hatchett, 100, 250, 1750, 25, 265
Aaron J. J. Brown, 250, 157, 3000, 50, 564
D. D. Mage (at Cralles), 300, 577, 7940, 227, 1135
Catharine Hardy, 137, 50, 1400, 75, 357
Mathias Boyd, 30, 370, 1600, 14, 230
Henry Hardy, 250, 790, 3900, 100,766
Vincent Hardy, 300, 300, 2400, 30, 573
Wm. H. Hardy, 120, 80, 1000, 100, 350
Edwd. C. Craig, 70, 70, 1200, 30, 125
John R. Jones, 10, 210, 700, 10, 108
Washington Maddux, 300, 849, 4745, 236, 533
Jesse Brown, 473, 300, 2950, 100, 602
Richd. J. Hatchett, 187, 187, 2000, 50, 590
Anderson Bradshaw, 100, 196, 900, 10, 236

Garner Webb, 250, 350, 3000, 50,426
Robert E. Bacon, 150, 140, 1100, 35, 253
Robert Rash, 300, 238, 4000, 125, 935
Thos. Justis, 110, 65, 750, 30, 154
Wm. Irby, 500, 950, 10156, 235, 725
Richard Gregory, 250, 200, 3400, 50, 439
Wm. M. White, 200, 100, 1000, 20, 138
Lewis L. Rogers, 115, 115, 1000, 300, 691
Ro. Hawkins manager for Bagly, 300, 269, 1138, 100, 716
Saml. M. Peace, 50, 150, 800, 10, 154
Wm. C. Hamlin, 80, 160, 700, 30, 198
Hugh Hammack, 400, 200, 3000, 5, 45
Elizabeth Hammack, 200, 100, 700, 20, 349
John Hammack, 50, 50, 260, 15, 123
David Mayton, 10, -, 50, 4, 48
Saml. Maddux, 700, 774, 4692, 50, 632
Joel Parish, 87, 88, 500, 15, 98
Judy Parish, 180, 80, 400, 15, 99
Jane Peace, 20, 20, 120, 3, 50
Elizabeth Peace, 29, 58, 218, 20, 150
Anderson P. Moore, 40, 20, 186, 25, 78
Robert Reese, 50, 250, 600, 15, 95
Wm. Harriss, 30, 40, 250, 12, 181
A. Pouton (Ponton)(manager), 500, 564, 5322, 100, 598
John McGehee, 30, 75, 225, 40, 200
Geo. M. St. Jno(John) (manager), 1000, 65, 10000, 275, 1200
Wm. Wood, 600, 300, 5000, 125, 738
Asa G. Barnes, 200, 44, 1200, 30, 248

Robert G. Chatham, 75, 75, 900, 100, 187
Wm. D. Floyd, 110, 390, 1250, 20, 169
Anderson Stewart, 25, 104, 527, 80, 145
James C. Love, 200, 79, 1039, 30, 249
Coral P. Garner, 200, 222, 2000, 100, 469
Rascal Russell, 250, 130, 1900, 20, 193
Wm. H. Estes (tenant), 50, 446, 882, 85, 73
Randolph Thompson, 150, 53, 367, 15, 75
Susan R. Stokes, 100, 335, 1885, 100, 473
Tazewell Bryant, 60, 66, 1000, 60, 249
Wm. R. Smithson, 200, 316, 1290, 30, 64
John D. Tisdale, 292, 293, 2340, 50, 326
Thos. R. Tisdale, 300, 160, 1020, 100, 402
John D. Bell, 10, 340, 1200, 50, 446
Susan James, 130, 111, 652, 20, 141
John Garrett, 150, 127, 693, 25, 30
John Garland, 375, 373, 3367, 315, 1272
Henry Freeman, 30, 186, 972, 12, 220
Hezekiah R. Freeman, 20, 80, 350, 6, 184
Hamlin Freeman, 250, 199, 1123, 50, 300
Alexr. Oliver, -, -, -, 12, 44
Green W. Crowder, 200, 252, 1582, 210, 217
Olive Smith, 50, 50, 300, 20, 117
Jane Pearce, 60, 60, 350, 25, 158
Peter Rainey, 60, 45, 500, 50, 166
Jordan R. Hardy, 100, 15, 1290, 35, 227
Charles Gee, 200, 224, 1272, 40, 315

Balaaen Hicks, 200, 247, 1564, 30, 145
Harrison J. Elder, 200, 187, 1696, 30, 392
Dorothy J. Petty, 150, 162, 1406, 30, 285
Henry G. Hardy, 375, 370, 2607, 30, 345
Charles May, 50, 400, 1350, 25, 207
O. M. Smith, 200, 368, 2500, 100, 499
Joel M. Ragsdale, 300, 444, 2668, 100, 495
Jeremiah Gee, 200, 200, 1000, 150, 492
Francis E. Rainey, 73, 73, 292 25, 225
Griffin Beyer (manager), 30, -, 120, 4, 298
Wm. M. Bagley, 25, 40, 1000, 200, 255
James Marable, 150, 195, 1400, 35, 171
Mathew Rainey, 50, 30, 332, 15, 164
Jno. W. Overby (tenant), 30, 270, 4000, 12, 54
Jos. Hawthorn (tenant), 40, 200, 300, 20, 295
Jas. E. Hazlewood, 200, 339, 3000, 50, 383
Wm. Hawthorn, 150, 650, 2000, 50, 525
Peter Rainey Sr., 400, 140, 1600, 50, 477
Parks Tucker, 60, 40, 400, 10, 120
Charles Ogburn, 120, 300, 900, 20, 245
Mary A. Gill, 100, 49, 600, 15, 245
George Andrews, 30, 170, 600, 6, 112
Lampton Andrews, 80, 53, 200, 60, 273
Elisha Andrews, -, -, -, 7,167
W. A. Harriss, 300, 280, 3000, 100, 489

Wilson & Wm. Harriss, 500, 250, 4000, 50, 340
Leroy Andrews, 50, 10, 500, 5, 155
James T. Smith, 50, 70, 610, 8, 117
Isabella Nelson, 252, 273, 4632, 275, 695
John A. Harriss, 250, 136, 1158, 125, 426
Sarah Philips, 100, 122, 889, 30, 217
Bridgett N. Gee, 100, 110, 630, 18, 312
Dennis Gee, 73, 73, 438, 20, 199
Nancy Gee, 150, 112, 1048, 30, 118
Charles Lewis, 15, 47, 114, 25, 90
John B. Philips, 300, 283, 2232, 65, 322
Phoebe Bagley, 300, 233, 1982, 100, 440
Wm. H. Blunt, 100, 160, 1250, 100, 770
Seaborn J. Cralle, 60, 60, 500, 20, 210
Vincent Inge (manager), 150, 350, 1000, 20, 233
Richd. C. Gregory Sr., 150, 200, 1432, 30, 215
Thomas N. Gee, 100, 114, 919, 20, 316
Nathan Gee Jr., 60, 72, 297, 15, 306
James Lambert, 50, 46, 200, 12, 83
Creed T. Scruggs, 200, 304, 1500, 70, 317
Elizabeth Fowlkes, 144, 30, 398, 20, 160
Wm. V. Jordan, 240, 240, 2634, 40, 344
Ro. H. Allen, 350, 398, 2417, 200, 1052
Benj. E. Smith, 250, 412, 3000, 100, 765
Wm. C. Davis, 90, 40, 399, 20, 187
Anderson Gee, 200, 140, 1000, 30, 506
Thos. B. Tomlinson, (renter), 200, 158, 1432, 15, 168
John Bishop, 200, 458, 17871, 50, 426
Philip H. Bowers, 100, 48, 295, 10, 169
Mary Bishop, 100, 123, 538, 15, 280
Edmund Bishop, 50, 10, 250, 25, 88
Henderson Lee, 400, 407, 5245, 200, 1010
Henderson Lee (quarter plantation), 500, 712, 8484, 75, 608
Saml. H. Ingram, 100, 225, 2000, 20, 210
Mary Overby (tenant), 300, 210, 1295, 10, 58
Alice Ingram, 300, 500, 3200, 75, 510
Elizabeth Stewart, 20, 15, 105, 10, 106
Wm. J. Neblett, 300, 527, 6616, 150, 1144
Sterling L. Crow, 30, 78, 432, 20, 155
Asa B. Cabaniss, 50, 55, 210, 15, 115
Sarah Cabaniss, 200, 204, 1347, 25, 345
Ann P. Paterson, 300, 208, 3300, 25, 528
Roger B. Atkinson, 300, 230, 3500, 215, 2079
Roger B. Atkinson (quarter plantation), 371, 150, 3577, 30, -
Robert A. Atkinson, 350, 470, 5800, 250, 1450
Richard Taylor, 200, 412, 2142, 25, 309
Davis S. Garland, 700, 285, 3696, 325, 1022
James C. Mitchell, 70, 135, 2500, 52, 471
Nicholas E. Davis, 300, 592, 4017, 100, 1078
Elizabeth Goodwyn, 35, 53, 167, 10, 65
Thos. Tomlinson, 40, 75, 450, 50, 102

Joel M. Parish, 100, 60, 900, 60, 400
Joseph H. Snead, 500, 516, 3050, 70, 535
Jno. Orgain, 300, 660, 5000, 200, 930
James P. Strat, 30, 524, 3735, 50, 571
Peter W. Strat, 300, 614, 3199, 150, 885
Jas. A. Smithson, 180, 760, 3734, 50, 526
Edward A. Cralle, 225, 197, 3000, 80, 553
Wm. B. Wotchall, 100, 125, 885, 60, 168
Thos. E. Locke, 100, 97, 1477, 75, 386
Thos. Adams, 300, 715, 3686, 100, 738
Elizabeth C. Robertson, 50, 87, 343, 10, 700
Alg. S. Williams, 49, 200, 749, 12, 78
Peter B. Jones, 130, 156, 1001, 20, 247
Geo. W. Gee, 50, 166, 649, 20, 287
Jeremiah Burnett, 100, 150, 500, 30, 200
Littlebery Hammonds, 30, 98, 200, 8, 55
Jno. Hilton, 100, 38, 50, 12, 228
Jno. Hilton, 100, 48, 700, 12, 15
James Turner, 60, 60, 1000, 15, 242
Thos. Johnson, 50, 79, 290, 50, 435
Ann Featherston, 200, 125, 875, 25, 422
Richard Adams, 300, 750, 3000, 125, 827
Robert Blackwell, 250, 385, 2500, 125, 761
Robert H. Cralle, 75, 125, 1000, 100, 515
James Johnson, 200, 356, 1531, 50, 444
Edmund W. Jackson, 40, 20, 120, 15, 111

Miles Taylor, 60, 90, 850, 18, 256
Wm. Matthews, 150, 196, 1139, 30, 640
Bowling Hawthorne, 75, 45, 500, 60, 390
Peter W. Hawthorne, 200, 44, 2253, 100, 760
David W. Perkins, 200, 200, 1200, 75, 750
Sterling Cordle, 30, 25, 80, 10, 119
Ro. C. Garland, 30, 50, 250, 10, 90
George L. Bagly, 300, 200, 1500, 200, 1265
Susan H. Manson, 300, 100, 2200, 100, 478
Jno. L. Morgan, 100, 133, 690, 25, 350
Wm. A. Reese, 80, 145, 1000, 25, 154
Mary Reese, 15, 5, 100, 5, 65
Jno. L. Cralle, 500, 805, 4407, 100, 1105
Wm. W. Brown, 150, 87, 711, 15, 85
David B. Bragg, 20, 60, 500, 10, 110
Lazarus Parish, 40, 67, 107, 6, 128
Daniel Laffoon, 40, 91, 400, 12, 180
George Inge, 10, 126, 700, 30, 285
James Inge, 75, 171, 650, 34, 315
Jno. J. Inge, 70, 182, 504, 25, 273
Jno. J. Pearce, 158, 227, 1860, 50, 212
Hugh Hammock, 150, 20, 844, 100, 407
Lewis Hammack, 100, 200, 1050, 25, 144
Parks Laffoon, 40, 40, 115, 20, 239
Wm. Laffoon, 150, 159, 739, 60, 182
John Hawthorn, 70, 144, 643, 30, 330
Jesse Morgan, 100, 108, 558, 15, 181
Lazarus S. Burnett, 100, 150, 800, 25, 330
Samuel A. Peace (Pead), 121, 121, 1210, 25, 355
Nancy Kelley, 30, 50, 160, 5, 51

Allen L. Williams, 200, 255, 1400, 30, 375
Sarah Williams, 125, 40, 900, 30, 316
Robert W. Bragg (Pla), 350, 400, 4000, 300, 1961
Thomas Bridgforth, 300, 669, 3876, 275, 780
Edward Bagley, 400, 464, 3025, 450, 1395
Joel Blackwell, 400, 162, 1967, 200, 797
James G. Blackwell, 500, 200, 1500, 60, 599
Sniding C. Jones, 400, 460, 4500, 150, 695
Edward Ragsdale, 150, 50, 400, 5, 55
Ann R. Marshall, 400, 680, 7560, 80, 742
Jno. Marshall, 500, 217, 2449, 150, 936
Sterling Nublett, 750, 851, 5490, 240, 860
James S. Hite, 200, 547, 2975, 25, 658
Wm. Wilkinson, 400, 269, 2343, 200, 770
Dabney Hardy, 150, 222, 2250, 110, 734
Mary A. Blackwell, 160, 166, 2771, 115, 761
Thos. N. Gee, 195, 20, 1075, 30, 223
Julius Hite, 700, 44, 4546, 100, 635
Brooken Elder, 300, 460, 3800, 175, 952
Wm. E. Walker, 60, 20, 200, 25, 215
James F. Callis, 200, 277, 1500, 100, 282
Jacob Rash, 30, 174, 856, 6, 150
Peter Thompson, 150, 225, 1593, 75, 379
Siloid Thompson, 40, 104, 816, 75, 336
Richd. W. Turner, 35, 94, 504, 12, 225
Mary Turner, 35, 94, 504, 15, 117
Warmoth Turner, 40, 5, 135, 5, 96
Elizabeth Turner, 50, 90, 420, 5, 64
Thos. S. Hines, 150, 80, 100, 4, 125
Wm. A. Hines, 140, 84, 600, 30, 155
Nancy S. Hines, 160, 590, 3725, 30, 440
Jiddy S. Bowen, 44, 42, 500, 18, 107
Gray Thompson, 70, 171, 843, 20, 310
Robert Davis, 40, 68, 500, 15, 244
Thos. Jefferson, 200, 450, 3900, 150, 922
Jno. M. Marshall, 160, 23, 600, 50, 446
Jas. L. Scoggin, 50, 25, 600, 150, 522
Wm. Edmunds, 40, 20, 140, 10, 125
Anderson Overby, 40, 20, 120, 3, 34
Thos. Parrish, 150, 125, 900, 75, 482
James Laffoon, 50, 160, 648, 150, 70
Jeremiah Laffoon, 97, 3, 200, 5, 139
Laban Edmonds, 39, 11, 150, 3, 87
Mason Moore, 60, 230, 290, 20, 138
Thos. G. Moore, 30, 64, 188, 8, 91
Martha Dixon, 90, 104, 387, 15, 140
Wm. Laffoon, 100, 209, 739, 35, 189
Thomas Laffoon, 50, 30, 120, 5, 94
Wm. B. Moore, 38, 2, 60, 20, 153
Spencer M. Peace, 200, 194, 1164, 100, 458
Edwd. G. Gee, 300, 200, 2000, 50, 595
Robert M. Williams, 82, 246, 1090, 50, 1425
Ashley Skinner, 125, 35, 400, 25, 206
Wm. C. Snead, 200, 240, 1250, 50, 445
Robert Burnett, 400, 500, 2250, 100, 635
Edmd. P. Winn, 400, 700, 2200, 50, 470
Robert Laffoon, 50, 60, 400, 15, 142
Mary Peace, 150, 88, 595, 25, 88

Wm. A. Bohannon, 50, 24, 580, 10, 72
George Tucker, 40, 40, 200, 30, 184
James Winn, 80, 3, 100, 12, 157
David G. Williams, 1151, 741, 20000, 687, 4683
Thos. J. Redman, 400, 545, 3150, 150, 500
Wm. Foster Est., 200, 499, 2097, 50, 327
Edwd. C. Scott, 300, 438, 3500, 100, 1190
Charles Smith, 257, 300, 3286, 200, 993
Wm H. Perry, 200, 565, 3600, 100, 792
Robert B. Chumney, 150, 300, 2500, 50, 342
Jno. T. Ryland (manager), 200, 340, 2500, 320, 220
Joseph Jennings, 100, 246, 1200, 35, 487
James J. Jordan, 200, 302, 2045, 200, 591
Wm. M. White Jr., 75, 156, 1500, 35, 234
Robert Bowling, 75, 115, 856, 15, 240
Jno. Arvin, 500, 137, 9000, 100, 590
Jno. W. Bowling, 300, 340, 2500, 135, 911
LBerry Tunstill, 30, 41, 350, 20, 162
Wm. Williamson, 100, 107, 1000, 25, 292
Mary C. Jeffreys, 250, 306, 1656, 50, 370
Anderson Pool, 30, -, 300, 20, 242
Tarlton W. Knight, 300, 300, 8000, 600, 935
Philip H. Bohannon, 100, 254, 1320, 60, 241
David Pulley, 125, 157, 1138, 50, 333
Jno. B. Gaulden, 150, 298, 2240, 50, 521

Charles R. Stern, 75, 125, 1000, 25, 150
Henry A. Vaughan, 200, 466, 3000, 100, 454
Mary Jeffreys, 200, 217, 1459, 30, 253
Jno. H. Knight, 300, 300, 4800, 30, 369
Thos. H.Staples Plantation, 100, 100, 800, 10, 102
J. J. Stokes, 100, 127, 800, 120, 599
Collin Stokes, 400, 812, 4000, 350, 1810
Susan R. Stokes Sr., 450, 976, 4300, 200, 1058
Mary Street, 300, 797, 4936, 100, 554
Waddie Street, 200, 500, 3000, 50, 637
John T. Dowdy, 140, 200, 1000, 200, 306
Wm. Homes, 50, 72, 350, 10, 105
Thos. Gee Sr., 200, 445, 1585, 20, 460
Richard Crowder, 100, 105, 00, 50, 211
Matthew L. Spencer, 200, 385, 2000, 200, 517
Richard J. Jeffreys, 400, 400, 5000, 100, 472
Drury E. Gauldin, 100, 300, 1000, 30, 241
Elisha J. Harding, 50, 30, 300, 40, 119
Jno. N. Poultney, 200, 503, 2463, 200, 448
Asa Moore, 50, 80, 382, 100, 93
Paul Wilson, 200, 343, 3000, 50, 586
Upton Edmindson, 150, 50, 800, 30, 448
Henry W. Tisdale, 150, 251, 1223, 20, 471
James Satifield, 50, 50, 150, 10, 193
Daniel A. Crafton (Crofton), 150, 150, 900, 15, 214

Lemuel Ceymes, 100, 66, 300, 150, 707
Janette Ceymes, 300, 452, 2000, 50, 459
Paul A. Farley, 150, 150, 1200, 20, 191
Geo. S. Smith, 100, 258, 1253, 200, 298
John Ceymes, 200, 214, 1600, 40, 443
Nathan Gee Jr., 150, 284, 1657, 30, 508
Drury Smith, 200, 578, 3890, 150, 483
Henry Day, 100, 85, 1800, 30, 359
Eliza Coleman, 100, 99, 398, 25, 153
Joshua Coleman, 20, 130, 780, 30, 79
Ro. Ceymes, 200, 114, 1004, 120, 317
Leonard Davis, 50, 15, 310, 15, 163
Wm. Davis, 50, 15, 310, 15, 239
Fred Lester, 300, 238, 3000, 100, 580
Gill W. Watts, 150, 285, 1400, 50, 330
Wm. L. Wilson, 250, 210, 1600, 60, 719
John M. Yates, 160, 100, 1040, 10, 160
Wm. T. Couch, 572, 286, 3273, 110, 1033
Edwin R. Smithson, 70, 142, 530, 30, 338
Josephus Gregory, 356, 400, 3780, 50, 842
Saml. A. Bruce (Brace), 291, 291, 1482, 50, 612
Jas. F. Ellis, 114, 72, 1212, 50, 515
Ro. Saunders Sr., 500, 150, 3332, 135, 1080
Hyde Saunders, 226, 226, 3616, 40, 368
Ro. Saunders Jr., 75, 25, 500, 30, 323
Ann Lipscomb, 210, 70, 560, 30, 286

Mary Burns, 80, 80, 320, 30, 146
Hilary Weatherford, 100, 200, 1246, 40, 350
Allen Duffer, 25, 25, 100, 30, 90
Hilary Hudson, -, -, -, 25, 117
Charles Hudson, 66, 44, 205, 40, 150
Clement J. Thompson, 150, 174, 648, 34, 335
Allen A. Burwell, 198, 198, 93, 65, 460
Anderson Rutledge, 40, 40, 140, 25, 160
Mary J. Newcum, 46, 46, 140, 20, 60
Mary Thompson, 150, 50, 400, 30, 175
Jno. Thompson, 200, 214, 528, 20, 175
Francis Knight, 100, 19, 557, 20, 187
John T. Wooton, 150, 50, 400, 40, 80
Edwd. S. Pollard, 100, 56, 312, 75, 295
Francis Thomspon, 236, 118, 709, 30, 200
Wm. Eubank, 200, 300, 2300, 150, 830
Wm. S. Dupree, 400, 175, 2300, 200, 761
Jno. Eubank Sr., 80, 229, 4118, 200, 1505
Clarissa Williams, 535, 210, 2235, 100, 325
John H. Jeter, 100, 100, 300, 56, 181
Joseph Watkins, 200, 100, 2000, 300, 605
Wm. G. Bailey, 145, 70, 645, 20, 250
Is. G. Richardson, 279, 200, 2300, 20, 365
Susan Ashworth, 40, -, 100, 10, 55
Wm. Hudson, 40, 20, 195, 5, 45
Jesse Watson, 258, 250, 1548, 60, 300
Ro. H. Williams, 30, 120, 300, 40, 340
Josiah Cole Jr., 150, 50, 500, 30, 135
John Williams, 46, 94, 630, 40, 360

George C. Ellis, 212, 100, 1404, 40, 336
John R. B. Tisdale, 150, 160, 2500, 75, 512
Wm. Mcalister, 207, -, 414, 15, 113
Wm. T. Jennings, 60, 70, 455, 50, 178
Hartwell Marable, 294, 146, 830, 30, 212
Ellison W. Ellis, 100, 100, 1100, 15, 150
Jas. T. Price, 100, 20, 900, 35, 340
Wm. E. Fowlkes, 90, 15, 500, 100, 380
Wm. Marshall, 210, 236, 1200, 40, 300
John Spain, 20, 25, 90, 5 42
Mary R. Walker, 100, 30, 300, 10, 130
Wm. J. Harding, 120, 120, 720, 35, 205
Joseph Townsend, 100, 20, 350, 25, 120
Jones D. Crow, 50, 90, 900, 15, 128
Danl. Townsend, 100, 100, 700, 35, 142
Archibald Townsend, 95, 200, 730, 10, 105
Jas. McAlister, 150, 56, 630, 25, 370
Anderson Wallace, 66, 33, 300, 10, 113
Jos. E. Davis, 250, 150, 1350, 30, 342
Thos. Shelburn for SS, 400, 600, 3000, 150, 600
Henry H. Love, 410, 215, 3000, 100, 838
Martha Harding, 190, 200, 1200, 10, 22
Wm. Pearson (tenant), -, -, -, 13, 155
Jno. E. Clark (tenant), -, -, -, 5, 80
Frances Coach, 250, 160, 1250, 35, 392
Susan Wrenn, 50, 20, 210, 15, 55
Thos. W. Cox, 45, 67, 300, 10, 90

Hinchey M. Tisdale, 231, 77, 775, 20, 160
Wm. Keeton, 500, 500, 4000, 100, 500
Joseph Jeter, 100, 100, 800, 100, 218
John W. Keeton, 150, 150, 900, 35, 240
Mary Fowlkes, 500, 500, 4000, 36, 560
Chr. Anderson, 300, 159, 1200, 10, 270
John Smith, 50, 30, 200, 8, 100
Thos. Arvin, 1029, 300, 6076, 200, 700
Mildred Wood, 261, 261, 1777, 20, 420
Wm. E. Robertson, 395, 100, 1200, 30, 232
Langston Arvin, 267, 250, 2000, 50, 362
Green A. Woods, 344, 200, 2500, 30, 570
Wm. A. Ward, 180, 55, 600, 30, 158
Bryant P. Franklin, 100, 40, 600, 10, 116
George L. Bayer, 800, 300, 8000, 180, 1250
Jno. T. Eubank, 300, 116, 1477, 100, 450
Drury Townsend, 100, 90, 480, 30, 300
Anthony Roab (McCerune), 150, 500, 3900, 25, 460
Branch Cheatham, 349, 349, 5584, 40, 550
Richard L. Smithson, 780, 260, 4000, 80, 350
Wm. C. Smithson (tenant), -, -, -, 10, 100
Elizabeth Smithson, 233, 100, 998, 140, 335
Thos. L. Russell, 62, 60, 350, 21, 110
Alfred A. Hurt, 290, 160, 875, 65, 410
Henry Hailey, 70, 9, 160, 10, 60

Hatcher Clark, 300, 149, 1122, 63, 229

Nathaniel Purington, 56, 56, 336, 25, 250

James E. Jeter, 66, 35, 367, 15, 75

Edmund C. Winn, 345, 345, 4174, 100,960

Alexr. Watson, 217, 217, 1955, 25, 368

Wm. A. Stone, 500, 295, 4095, 150, 800

Nancy Throgmorton, 50, 50, 450, 10, 115

Samuel E. Lee, 150, 150, 1500, 50, 370

Joseph S. Hawkins, 182, 182, 1820, 50, 468

John R. Pettus, 200, 115, 1560, 10, 600

Phillip T. Jeter, 50, 230, 1000, 10, 190

Samuel G. Jefferson, 650, 80, 5379, 150, 880

Ellen Boswell, 345, 345, 4174, 120, 160

Josiah B. Wilson, 1055, 125, 3966, 250, 800

Hannah Wilson, 400, 107, 1781, 160, 435

Anthony W. Smith, 500, 440, 3900, 170, 1200

Whitehead M. Coleman, 261, 261, 3654, 100, 420

John L. Coleman, 136, 292, 3544, 50, 350

Ro. C. Hardy, 220, 230, 1390, 95, 670

Matthew Dance, 305, 175, 1920, 25, 346

Lucius T. Wooton, 150, 185, 905, 75, 496

Henry Stokes, 150, 295, 1780, 100, 647

Joshua Smith, 330, 100, 1200, 40, 400

Saml. Pettus, 396, 132, 2942, 30, 367

Jas. A. Winn, 150, 200, 500, 20, 270

Wm. Jerge (tenant), 100, 400, 1000, 50, 130

Thos. Keeton, 300, 1088, 5000, 156, 545

Eleanor Hepburn, 1054, 1054, 12020, 200, 1430

Danl. E. Gunn, 100, 100, 800, 15, 150

Madison County, Virginia Part I
1850 Agricultural Census

The University of North Carolina at Chapel Hill filmed the 1850 agricultural census for Madison County from originals at the Library of Virginia under a grant from the National Science Foundation in 1963.

Columns 1, 2, 3, 4, 5, and 13 represent the following information on the census:
1. Name of Owner, Agent or Manager of Farm
2. Acres of Improved Land
3. Acres of Unimproved Land
4. Cash Value of the Farm
5. Value of Farming Implements and Machinery
13. Value of Livestock

Hiram Carver, 1,-, 700, 40, 220
Howard Bledsoe, 1, -, 400, 2, 30
John T. Bledsoe, 1, -, 400, 2, 20
Wesley Fry, 325, 100, 6000, 200, 1000
Henry Fry, 150, 173, 2000, 150, 300
James Herndon, 500, 150, 8000, 200, 1000
William Walker, 300, 166, 5000, 300, 1000
Matilda Stockdell, 120, 30, 1000, 35, 125
Burwell Malone, 120, 49, 1700, 150, 380
Richard Eaheart, 90, 40, 1000, 40, 250
Larkin Watson, 9, 85, 1000, 55, 288
Benjamin R. Whitelow, 250, 279, 2000, 100, 660
Simeon A. Weaver, -, -, -, 10, 100
Elizabeth Gibbs, 387, 193, 3000, 200, 600
Ann Barnett, 200, 209, 2500, 50, 334
William Garth, 150, 639, 5000, 50, 680
James Walker Sr., 300, 481, 4000, 200, 500
Robert Long, 75, 125, 1000, 25,160
Moses S. Weaver, 80, 82, 1100, 75, 384
Willis Clayton, 50, 25, 1000, 4, 100

Tillithy Carpenter, 1, -, 1000, 2, 20
William Clore, 225, 75, 4000, 333, 656
David S. Jones, 1, -, 800, 2, 120
Aaron A. Carpenter, 700, 225, 10050, 200, 640
Thomas Aylor Sr., 69, 60, 300, 50, 100
Fountain Murry, 80, 50, 1000, 50, 220
Stewart Yowell, -, -, -, 5, 70
Francis M. Henshaw, 120, 30, 1500, 50, 250
John Henshaw, 50, 30, 600, -, 25
Robert Henshaw, 89, 40, 600, -, -
Fayette Henshaw, 50, 30, 600, -, 100
Edwin Henshaw, 60, 15, 600,-, -
John Mitchell, 60, 40, 700, 100, 162
James N. Henshaw, 334, 128, 2926, 100, 480
Colemon Brown, 131, 62, 1500, 50, 240
Henry Smith Sr., 68, 50, 500, 100, 140
Armistead Brown, 55, 10, 520, 20, 100
Thomas Brace, 140, 60, 1500, 75, 311
Robert J. Snyder, 5, 8, 275, 200, 240
Vale Minor,-, -, -, 10, 80

James T. Cropp, 260, 80, 2000, 125, 165

Lunenburg County, Virginia Part II
1850 Agricultural Census

The University of North Carolina at Chapel Hill filmed the 1850 agricultural census for Lunenburg County from originals at the Library of Virginia under a grant from the National Science Foundation in 1963.

Columns 1, 2, 3, 4, 5, and 13 represent the following information on the census:
1. Name of Owner, Agent or Manager of Farm
2. Acres of Improved Land
3. Acres of Unimproved Land
4. Cash Value of the Farm
5. Value of Farming Implements and Machinery
13. Value of Livestock

John J. Rucks, 450, 350, 3500, 50, 396
Horan Atwell, 40, 260, 350, 50, 187
Mary Cox, 100, 300, 1200, 50, 465
Robert A. Watson, 50, 440, 1320, 50, 429
Thos. Mohan(Mahan) (Plantation), 100, 300, 800, 25, 145
Jane Overton, 50, 100, 50, 12, 138
John E. Overton, 100, 150, 750, 20, 225
Josephus Crafton (Crofton), 100, 150, 800, 25, 215
Fred Crafton, 100, 150, 800, 40, 250
Mastin Barnes, 130, 142, 1000, 65, 230
Pleasant Barnes, 250, 128, 1500, 75, 344
John S. Shelton, 100, 135, 700, 100, 292
Field Clark, 200, 569, 3460, 35, 428
John Wood, 200, 265, 1400, 60, 350
Elizabeth W. M. Clark, 150, 200, 1500, 50, 301
Josiah Cole, 150, 458, 2000, 100, 480
Wm. Arvin Sr., 250, 950, 5500, 110, 850
Thos. Shackleton, 700, 400, 3300, 150, 352

Patrick H. Hurt, 400, 472, 5000, 200, 680
Wm. L. Bragg, 60, 240, 600, 35, 89
Hugh Wallace, 45, 45, 250, 40, 160
Paul K. Wood, 150, 200, 1300, 150, 550
Wm. Townsend, 160, 220, 1360, 100, 255
David Williams, 100, 70, 350, 40, 128
Jno. F. Shelton, 90, -, 180, 8, 140
Ira Warner, 250, 125, 1400, 200, 508
Wm. J. Fowlkes, 375, 428, 2409, 150, 840
Brittain Winn (tenant), -, -, -, 10, 125
Thos. C. Averett, 475, 56, 1062, 100, 506
Madison Cheatham, 175, 175, 2575, 22, 334
Thos. Cheatham, 1500, 450, 9970, 100, 682
Saml. Cralle, 200, 70, 1215, 80, 408
Thos. G. Cralle (tenant), -, -, -, 20, 147
John Harding, 150, 380, 2120, 87, 470
Montfort S. Hurt, 982, 164, 380, 200, 902
Susan C. Hurt(tenant), -, -, -, 35, 175

German Y. Bailey, 100, 116, 650, 25, 272
John A. Rutherfort, 250, 159, 1800, 100, 310
Creed L. Hurt, 490, 500, 3600, 130, 515
Geo. W. Hardy, 660, 590, 4340, 40, 350
Wm. Y. Neal, 150, 484, 3170, 24, 392
Reuben A. DeGernette, 400, 600, 3800, 195, 650
Ermin Farmer, 200, 40, 700, 25, 250
LBerry Harding, 169, 20, 667, 16, 226
Wm. Harding, 151, 100, 753, 5, 70
Lucinda G. Rowlett, 250, 125, 1700, 95, 350
Joseph W. Farmer, 200, 300, 2500, 60, 490
Leroy Hudson, 20, 450, 2600, 115, 580
Benj. J. Featherstone (tenant), -, -, -, 5, 56
Joel Johns, 337, 680, 3051, 125, 663
Wm. M. Woodson, 170, 100, 675, 55, 260
Wm. W. Yarbrough, 190, 331, 2084, 40, 155

Richard Crafton, 100, 80, 360, 50, 150
David Moore (tenant), -, -, -, 5, 75
Drury Y. Stokes, 520, 1060, 7900, 114, 680
Francis Carter, 40, 50, 400, 21, 60
Elijah Young, 60, 20, 160, 30, 125
Thos. Williams, 40, 15, 110, 20, 130
David Bates, 113, 250, 444, 35, 88
Nancy N. Crafton, 90, -, 135, 25, 125
Thos. H. Staples, 600, 700, 4400, 140, 890
Charles Cooksey, 180, 140, 640, 30, 320
Thos. Cole, 200, 110, 1250, 50, 375
Richard Crafton Jr., 162, 100, 524, 80, 160
Blanks Rutledge, 100, 40, 280, 40, 180
Elisha M. Watson, 225, 1125, 1050, 80, 320
Robert Harding, 100, 40, 500, 70, 130
Jas. Neal, 500, 1400, 12000, 120, 1070
Wm. H. Fowlkes, 150, 150, 900, 170, 240

Madison County, Virginia Part II
1850 Agricultural Census

The University of North Carolina at Chapel Hill filmed the 1850 agricultural census for Madison County from originals at the Library of Virginia under a grant from the National Science Foundation in 1963.

Columns 1, 2, 3, 4, 5, and 13 represent the following information on the census:
1. Name of Owner, Agent or Manager of Farm
2. Acres of Improved Land
3. Acres of Unimproved Land
4. Cash Value of the Farm
5. Value of Farming Implements and Machinery
13. Value of Livestock

Thomas Taylor, 65, 35, 500, 70, 335
James Kirkerson, 300, 57, 2150, 150, 691
William H. Hill, 230, 52, 1400, 30, 260
Hiram Tanner, -, -, -, 3, 15
Mary B. Henshaw, 139, 50, 2000, 20, 300
Mary N. Early, 171, 52, 2100, 400, 410
Richard Early, 1480, 300, 15000, 400, 1140
Simeon Huffman, -, -, -, 2, 5
Samuel Stevenson, 68, 60, 1500, 100, 85
Bartlett W. Rofson (Rosson), -, -, -, 3, 40
Mary Huffman, 40, 10, 200, 1, 41
William Huffman, 80, 62, 1000, 50, 224
Elias Blankenbeker, 150, 282, 11296, 70, 270
Ezekiel Miller, 105, 10, 1610, 10, 293
Peter Clore, 50, 10, 1500, 150, 262
Joel M. Clore, 100, 32, 2000, 85, 233
Moses Weaver, 231, 106, 1700, 150, 455
Judith Clore, 52, 8, 500, 35, 100
William B. Clore, 75, 32, 1000, -, -

George W. Weaver Sr., 100, 40, 1120, 60, 180
Elizabeth Huffman, 50, 40, 1000, 20, 150
Elizabeth Weaver, 80, 61, 1000, 130, 200
George W. Weaver Jr., -, -, -, 5, 75
Wesley Utz, 170, 100, 2700, 125, 250
Alexander Swan Jr., 7, -, 2000, 100, 250
James W. Clore, 70, 69, 1500, 70, 200
John R. Tucker, 200, 153, 3500, 240, 384
Joseph Hume, 500, 250, 6400, 585, 12020
John Steel, 190, 50, 1500, 100, 220
Eli Cook, 100, 57, 1000, 15, 130
Simeon Carpenter, -, -, -, 10, 290
Andrew Carpenter, 232, 80, 3700, 200, 600
Hannah Rolls, -, -, -, 1, 7
Albert G. Yager, 200, 86, 2288, 210, 335
Mathias Burke, 125, 90, 1800, 130, 470
Alfred Carpenter, 120, 100, 1700, 50, 200
Thomas H. Peragoy, -, -, -, 50, 200

157

Morriss Creel, -, -, -, 20, 110
Jonas Weaver, 200, 22, 2000, 75, 350
James Carpenter, -, -, -, 10, 80
James H. Murry, 80, 28, 600, 50, 75
John M. Blankenbeker, 46, 4, 800, 3, 110
Joseph Sparks, 35, 40, 700, 2, 23
Mary B. Bradford, 40, 30, 600, 10, 107
Clarence A. Cantor, 270, 70, 4000, 40, 270
Lemuel S. Yager, 200, 80, 3500, 125, 400
Julius B. Harlow, 10, -, 1500, 25, 114
Reuben T. Jones, 629, 250, 10000, 555, 935
Cornelius Tanner, -, -, -, 25, 150
James Coatney, 80, 67, 1500, 50, 250
Christopher Crigler, -, -, -, 100, 300
Henry P. Huffman, 50, 50, 800, 200, 170
Gabriel Smith Jr., 20, 220, 480, 25, 165
Thomas Pratt, 223, 80, 5145, 250, 634
David Seal (Scot), 100, 35, 1500, 200, 300
Silas Utz, 200, 94, 2200, 90, 340
Jeremiah Yager, 300, 145, 4000, 270, 750
Ansolum Brock, 1, -, 2400, 5, 120
John Rider, 44, 10, 500, 5, 75
Andrew G. Grinnas(Grimes), 108, 1500, 1000, -, 100
Hiram Yager, 273, 272, 9000, 70, 580
Joseph M. Frey, 300, 400, 8000, 450, 910
Nelson A. Carpenter, 8, 2, 100, 25, 170
Mildred Carpenter, 200, 100, 3000, 150, 250
Elijah Weaver, 150, 150, 1700, 75, 360
Sanford L. Carpenter, -, -, -, 10, 120
Robert C. Foushee, -, -, -, -, 50
William L. Early, 140, 20, 6000, 75, 400
George W. Harrison, 12, 15, 3000, 50, 220
Michael H. Gaar, -, -, -, 80, 420
Abraham Gaar, 1200, 360, 12000, 250, 685
Lemuel Rush, -, -, -, 15, 170
John Harrison, 1250, 400, 15000, 520, 1750
John H. Harrison, -, -, -, 60, 100
George W. Gibbs, 137, 100, 1600, 100, 420
Joel Utz, 240, 300, 4000, 100, 420
George Felps, -, -, -, 10, 25
Joseph Carpenter Sr., 400, 211, 10284, 150, 550
Andrew Carpenter Jr., 235, 70, 4000, 100, 470
Fielding Carpenter, 157, 75, 7000, 250, 650
Adam Huffman, 72, 84, 2770, 100, 220
Abraham Kirtley, 5, 15, 82, 3, 40
Ann Utz, 340, 200, 6500, 200, 715
Susan Gibbs, 240, 240, 2500, 80, 284
William Tippett, 75, 75, 500, 20, 240
Hannah Suthard, -, -, -, 3, 35
John Weaver, 700, 700, 30000, 500, 2260
Alexander B. Hunton, 100, 27, 2000, 75, 40
Burr P. Dulin, -, -, -, 100, 200
Uriah Carpenter, 200, 100, 3000, 200, 595
Adam Wayland, 250, 200, 8000, 320, 1000
Robert Lindsey, 208, 100, 2000, 150, 666
Jamison V. Rouse, 205, 100, 2200, 300, 300

Alpha Rouse, 200, 100, 1600, 200, 285
Elizabeth Kiner, 50, 50, 500, 50, 164
Andrew J. Bicken, -, -, -, -, 15
Elizabeth Lacy, 20, 13, 150, -, 3
John Rowzee, 200, 107, 2000, 25, 300
William H. Price, 149, 100, 2200, 120, 180
Willis H. Carpenter, 170, 32, 2500, 100, 195
Triplett H. Estes, 300, 72, 2500, 100, 270
Abraham Tinsley, 100, 116, 3000, 100, 160
Peter P. Horcke (Honcke), 20, 15, 600, 20, 85
Sarah Jones, 100, 33, 1000, 70, 250
Alfred Utz, 129, 120, 1600, 220, 570
Walter T. Yowell, -, -, -, 10, 45
William G. Berry, 400, 175, 4000, 250, 800
Micaicler Jones, -, -, -, 15, 27
Vardaman Berry, -, -, -, 30, 50
William Burton, -, -, -, 10, 20
William K. Kean, 250, 200, 4000, 150, 625
Mordecai W. Strother, -, -, -, 10, 75
Mary J. Booton, 500, 310, 12000, 300, 720
Urial Smith, 15, 5, 300, 100, 95
Mary Reynolds, 182, 15, 1000, 50, 270
Martin Dean, 89, 20, 1200, 100, 345
Mary Utz, 70, 30, 50, 70, 100
Richard Hill, -, -, -, 5, 50
Erasmus F. Sprinkle, 5, -, 500, 5, 70
Yancy M. Yowell, 60, 53, 1200, 30, 300
Littleton F. Kennedy, -, -, -, 50, 10
Joseph Kennedy, 2, 10, 300, 5, 10
Spencer N. Dulin, -, -, -, 50, 50
William E. Jackson, -, -, -, 20, 300
John Jackson, 320, 100, 5000, 300, 680

Lucretia Jackson, 126, 120, 4000, 120, 420
William Dansold, -, -, -, 2, 20
Thomas Jackson, 464, 225, 4000, 150, 830
James Fletcher, 30, 93, 800, 125, 300
Robert Warren, -, -, -, 5, 30
Erasmus Kennedy, -, -, -, 10, 25
John Skinner, 40, 70, 1200, 30, 240
John Marquiss, 2650, 120, 5000, 75, 260
Joseph Cooper, -, -, -, 5, 30
Eliza Marquiss, 100, 30, 3000, 75, 500
John S. Scott, -, -, -, 100, 730
Joseph D. Hicks, -, -, -, 10, 30
William E. Banks, 80, 33, 1500, 250, 600
Susan A. Willis, 280, 30, 4430, 150, 560
Qunters Barbour, 250, 250, 1000, 200, 845
Edward G. Shipp, 267, 180, 8945, 350, 100
James A. Reid, 300, 29, 8000, 200, 786
John J. Ambler, 1026, 1100, 32900, 150, 1545
George A. Smith, 500, 250, 22500, 300, 1120
Edwin C. Davis, 275, 200, 10450, 260, 1000
John Dodson, -, -, -, 5, 35
Benjamin Scott, 700, 250, 9000, 250, 910
William Burnett, 75, 125, 2500, 70, 520
Reuben Tucker, 65, 15, 250, 50, 85
Margaret George, 9, 1, 200, 3, 60
Robert L. Hutcherson, 200, 140, 1200, 50, 210
Robert H. Loyd, -, -, -, 2, 7
James O. Harris, 100, 36, 1800, 100, 200
Culdon Vernon, 100, 30, 1000, 7, 150

Henry Loyd, -, -, -, 50, 70
Robert Carpenter, 257, 173, 3000, 100, 440
Absalom F. Aylor, 125, 75, 1200, 50, 190
Elizabeth Kligh, 40, 30, 500, 5, 25
Julius Carpenter, 71, 30, 505, 60, 400
Joseph Thompson, -, -, -, 2, 20
Mary H. Carpenter, 70, 50, 700, 10, 50
Johnathan P. Roberts, 50, 50, 1000, 100, 170
Cornelius Talip, -, -, -, 3, 35
John C. Utz, 227, 227, 5000, 210, 622
Elizabeth Powell, 75, 25, 600, 60, 200
Joseph Carpenter Jr., 308, 100, 3500, 100, 470
Absolom Carpenter, 250, 150, 4000, 900, 490
Nancy A. Richards, -, -, -, 3, 40
Johnathan Roberts, 450, 250, 5000, 300, 850
William F. Jones, 171, 25, 1000, 130, 280
William Thompson, -, -, -, 60, 122
Jessee C. Tatum, 126, 20, 2000, 125, 420
Isham Tatum, 450, 150, 5000, 450, 1050
James Loyd, 28, 4, 500, 60, 110
Nathaniel Busic, -, -, -, 3, 15
Solomon H. McIntire, 145, 145, 3500, 70, 236
James W. Troyman, 460, 350, 9000, 450, 1550
Anthony Troyman, 700, 500, 16800, 700, 2100
Isaac S. Troyman, 326, 200, 9000, 200, 1000
William Skinner, -, -, -, -, 20
George M. Racer, 150, 51, 1500, 100, 274

Cyntha Utz, 600, 300, 1200, 200, 100
Ambrose Jones, 100, 200, 5000, 250, 1000
Jane Roberts, -, -, -, 10, 116
Thomas Jones, 200, 150, 4000, 300, 550
John Thompson, 80, 20, 1000, 15, 220
Joseph S. Sparks, 90, 100, 2000, 100, 320
Henry Stonesaffer, 134, 66, 1500, 10, 85
William J. Hutcherson, -, -, -, 3, 113
Benjamin F. Gaar, 169, 85, 4000, 150, 368
Ephraim D. Fray, 130, 100, 2000, 100, 514
William B. Racer, 51, 80, 1000, 100, 284
Susan Brooking, 100, 45, 1000, 100, 265
Pleasant Tinsley, 200, 108, 3000, 25, 400
Franklin K. Tanner, -, -, -, 4, 34
Albert Clatterbush, 52, 8, 700, 30, 209
Adam J. Utz, -, -, -, 10, 40
John Richards, 40, 10, 500, 50, 152
Aaron Huffman, 60, 30, 600, 50, 175
John W. Back, -, -, -, 5, 30
Robert A. Banks, 2500, 2500, 60000, 1500, 4300
Horace W. Grayson, -, -, -, 12, 156
James Hunt, 40, 89, 400, 50, 964
John L. Rider, -, -, -, 100, 120
Elliott Finks, 100, 57, 1500, 100, 285
Jacob Miller, 30, 5, 1000, 75, 156
Jerry Jarrell, 75, 125, 200, 10, 180
John Rodgers, 60, 142, 1500, 10, 150
Lewis Carpenter, 55, 10, 3250, 440, 350
E. G. Chapman, 317, 100, 10000, 400, 1280
Nicholas Blankenbeker, 73, 72, 470, 20, 180

William Weakley, 70, 28, 800, 15, 175
C. C. Nicholson, -, -, -, 10, 116
Thomas C. Cubbage, 10, 12, 200, 10, 70
Benjamin Berrey, 34, 2, 500, 10, 190
William M. Carter, 5, 7, 250, 5, 30
Francis Jenkins, 30, 50, 400, 21, 110
Jacob Rouse, 117, 15, 1500, 35, 290
Jesse Nicholson, 50, 49, 1000, 20, 365
Aaron Nicholson, 40, 36, 3000, 10, 133
Peter Nicholson, 100, 700, 500, 10, 169
Fielding Weakley, 50, 50, 300, 40, 100
Eleanor Jenkins, 2, 14, 200, 10, 50
Robert H. Tanner, 163, 100, 1650, 100, 225
Johnson Weakley, 30, 40, 300, 10, 60
Wesly Weakley, 16, -, 450, 20, 170
Henry Smith Jr., 30, 15, 250, 10, 100
George Schroffe, 1, -, 250, 2, 5
John J. Payne, 2, -, 200, 3, 110
Robert Gooding, 6, -, 500, 5, 50
John R. Gooding, 2, -, 500, 5, 105
Benjamine Carpenter, 60, 20, 1150, 65, 120
George H. Leitch, 2, -, 600, 3, 80
Simeon Murry, 1, -, 500, 10, 95
John W. Laman, 1, -, 1500, 2, 70
Nancy Thomas, 1, -, 500, 2, 85
William Thomas, 200, 267, 7000, 295, 590
William T. Foushee, 174, 70, 4000, 120, 435
William B. Yager, 515, 170, 9000, 500, 1270
George N. Thrift, 543, 1066, 18343, 450, 1075
Allen Utz, 150, 170, 4000, 100, 620
Gatesby T. Aylor, 80, 80, 450, 10, 100
William P. Yowell, -, -, -, 10, 160

John W. Murry, -, -, -, 2, 70
Thompson A. Kilby, -, -, -, 75, 350
Warren T. Clatterbush, -, -, -, 5, 50
Lucy Fry, 250, 60, 7000, 250, 750
William D. Fry, 1, -, 1000, 4, 75
John P. Aylor, 70, 70, 1300, 390, 976
William A. Hill, 300, 200, 10000, 525, 1000
Thomas Collins, 161, 40, 3000, 150, 370
Reuben Garnett, 18, 3, 3000, 25, 215
E. G. Wayland, 107, 45, 2500, 150, 365
Catharine P. Lewis, 1, -, 800, 2, 85
Theophilus Smoot, -, -, -, 200, 400
Gustavus Blankenbecker, 19, -, 800, -, -
Joseph Early, 411, 400, 8000, 200, 1100
William F. Nichols, 300, 330, 7500, 300, 900
Charles McCloud, 50, 50, 700, 30, 80
Margaret Collins, 100, 75, 1500, 100, 360
Nancy M. Clatterbush, -, -, -, 10, 40
Thomas Wayland, 81, 70, 2250, 150, 420
Benj. C. Wayland, 100, 37, 1644, 250, 630
James Collins, 300, 100, 5000, 200, 740
Willis Gaar, 379, 200, 7000, 200, 740
Richard Richards Jr., -, -, -, 10, 80
Richard Richards Sr., 40, 42, 700, 10, 100
Benjamine Burton, 840, 755, 33717, 700, 2360
William Simms, 327, 150, 8000, 250, 970
Ann P. Booton, 500, 200, 12000, 250, 1410
Benj. F. Walker, 233, 150, 8000, 150, 930

Mary C. Buckner, 330, 100, 4000, 150, 570
James Reynolds, 1, -, 150, 2 , 45
Elizabeth Hume, 200, 157, 4000, 250, 600
George H. Allen, 200, 217, 5000, 300, 1100
Jarvis Rucker, 4, 20, 700, 7, 190
Frances Rose, 60, 37, 1000, 20, 160
Agnes Bledsoe, 20, 10, 500, 5, 120
Bluford Burrows, 30, 20, 200, -, -
Elizabeth Simpson, 80, 20, 200, -, -
William T. Simpson, 150, 50, 2400, 200, 400
Catharine Anderson, 129, 70, 2500, 30, 150
Noah Anderson, -, -, -, 10, 105
Benj. Anderson, 15, 32, 1200, 5, 86
James Duff, -, -, -, 5, 20
Obediah Anderson, 40, 30, 1500, 20, 300
Lucresa Jarrell, 350, 350, 7000, 140, 1200
Jefferson Jarrell, 223, 100, 2500, 10, 300
James Jarrell Sr., 300, 75, 3000, 10, 300
James Jarrell Jr., 150, 150, 2000, 10, 300
Zachariah Berrey, -, -, -, 9, 20
Abraham Breeding, 25, 25, 1000, 10, 131
James Taylor, -, -, -, 10, 50
Stewart Marks, -, -, -, 50, 110
Reubon Booton, 110, 217, 2000, 400, 900
Alexander Nicholson, 35, 47, 500, 10, 250
Robert Taylor, 50, 158, 600, 5, 130
Acrey B. Jones, 250, 230, 2000, 275, 500
James May, 100, 100, 600, 20, 380
Noel May, 290, 400, 3000, 280, 670
Thomas S. Grayson, refused to give his property and says congress as no right to inquire

Milton Kirtley, 50, 50, 300, 5, 112
Richard Lancaster, 210, 400, 2000, 100, 650
Newton Kirtley, -, -, -, 5, 15
Willis Austin, -, -, -, 5, 130
John W. Cole, 132, 285, 2700, 50, 330
H. N. Wallace, -, -, -, 50, 330
Michael Wallace, 600, 1830, 17794, 365, 1600
George W. Sprinkle, 20, 6, 800, 40, 94
William N. Rose, 449, 200, 7000, 300, 700
John P. Reser, -, -, -, 25, 98
Simeon Marshall, 3, -, 1000, 2, 120
Samuel W. Nichol, 3, 2, 600, 3, 20
Matilda Call, 1, -, 500, 2, -
Alonzo Miller, 11, 3, 1000, 5, 20
B. F. T. Conway, 203, 100, 8484, 240, 600
William Early, 550, 847, 9000, 350, 1585
William A. Banks, 120, 103, 6000, 300, 935
John H. Graves, 5, -, 1000, 1, 40
Sarah Graves, 300, 297, 6900, 400, 960
Milton Eddins, 229, 250, 3000, 150, 600
Rowland Berrey, 56, 40, 384, 5, 167
Silas Utz, 150, 230, 2000, 100, 540
Arthur McAlister, -, -, -, 5, 15
Robert Daniel, 200, 300, 2000, 150, 405
Benjamine Broyles, -, -, -, 10, 470
Martin Nicholson, -, -, -, 10, 110
John Hunley, -, -, -, 5, 75
David Nicholson, -, -, -, 10, 125
Isaac Morriss, -, -, -, 10, 465
Susanna L. Nicholson, -, -, -, 5, 85
William Jenkins, -, -, -, 5, 1050
Philander Goodall, 300, 500, 4000, 350, 1200
John W. Rush, -, -, -, 5, 400

Banks W. Goodall, -, -, -, 10, 120
Richard P. Kinzy, 400, 700, 6000, 500, 1160
Eliza J. H. Banks, 100, 1700, 18800, 600, 1800
Edwin H. Lewis, 200, 150, 6150, 275, 710
Sarah Lewis, 250, 250, 3000, 81, 300
Mildred P. Graves, 300, 155, 9000, 300, 900
Edwin Nichols, 300, 100, 6000, 150, 718
Benj. G. Withers, 9, 1, 1000, 100, 93
John F. Conway, 400, 130, 11300, 400, 577
William Carpenter, 1000, 300, 15600, 450, 1400
Edmond Clore, 100, 14, 850, 50, 290
Joseph R. Hunton, 50, 10, 300, 10, 40
Aaron Clore, 264, 62, 10000, 320, 1610
Lewis Miller, 80, 30, 2200, 100, 175
Elizabeth Garriott, 4, -, 500, 5, 40
Smith Withers, -, -, -, 200, 760
Nathaniel S. Wayland, 275, 400, 6000, 200, 650
Moses Hoffman, 60, 36, 2125, 120, 390
Frances E. Finks, 200, 37, 8000, 300, 1060
Ann Hoffman, 150, 46, 2000, 20, 235
William Clatterbuck (Clatterbush), 450, 250, 7000, 200, 850
Mary A. Hoffman, -, -, -, 150, 270
Elliott Bankenbeker, 579, 400, 24350, 700, 1590
Isaac Hoffman, 180, 60, 2400, 130, 270
Elizabeth Hoffman, -, -, -, 10, 100
Samuel Hoffman, 183, 90, 2000, 100, 240
John L. Carpenter, 218, 139, 10000, 250, 726
Monticue Hawkins, -, -, -, 20, 200

Thos. P. Aylor, -, -, -, 3, 20
James S. Rosson, , , -, 10, 45
Benjamine Jenkins, -, -, -, 5, 50
James Henshaw, 131, 100, 1200, 50, 250
Lewis Aylor, 220, 100, 1500, 200, 360
Robert B. Henshaw, 22, 30, 350, 10, 130
John Smith (Bar), -, -, -, 10, 75
American W. Yowell, 200, 127, 3500, 150, 350
Henry Batton, 55, 55, 500, 40, 200
Elizabeth Henderson, 200, 47, 2000, 100, 150
Levi Henderson, 12, 13, 250, 10, 35
Elizabeth Mitchell, 100, 60, 400, 10, 350
Michael Tanner, 44, 22, 500, 40, 100
Delila Newman, 20, 7, 100, 2, 2
Joel Batton, 4, 20, 120, 5, 40
Ann Batton, 116, 50, 1000, 2, 20
James Taylor, 18, 38, 350, 100, 125
Daniel A. Yowell, 185, 50, 2000, 20, 530
Elizabeth Rosser, 19, 19, 120, 2, 28
Alfred Tanner, 100, 65, 1000, 100, 240
Susannah Houlsclagh, 50, 150, 1000, 5, 27
Emily Arrington, 5, 25, 200, -, 15
Frances Broyles, 25, 45, 400, 2, 12
Joshua Yowell, -, -, -, 10, 30
Albert Huffman, -, -, -, 60, 235
Ephraim Carpenter, 500, 200, 10500, 700, 1665
Allen Carpenter, 155, 100, 3000, 300, 620
Margaret Carpenter, 80, 80, 1000, 30, 120
Simson Blankenbaker, 200, 61, 10600, 460, 960
Nelly Crisler, 643, 513, 7640, 1450, 960
Abraham Blankenbaker, 175, 80, 2500, 200, 530

Charlotte Blankenbaker, 33, 17, 400, 10, 40
Ann Blankenbaker, 57, 70, 800, 10, 90
George W. Renalds, 50, 27, 500, 10, 180
George A. Utz, 175, 120, 1500, 150, 350
Edward Hood, -, -, -, 10, 150
Allen May, -, -, -, 10, 70
Julius Utz, 170, 170, 1800, 200, 270
James W. Gaar, 100, 120, 3500, 250, 350
Henry Aylor, 53, 50, 1000, 40, 140
Gabriel Aylor, 138, 15, 2500, 200, 190
Judy Tanner, 1, -, 100, 2, 10
John M. Smith, 138, 60, 3000, 200, 620
George M. Tanner, 47, 47, 400, 10, 127
George N. Rosser, 20, 30, 200, 10, 134
John K. Rosser, 29, 29, 400, 4, 70
Acrey Berrey, 200, 125, 3000, 180, 970
William C. Aylor, 50, 27, 800, 10, 103
Roda Smith, 150, 128, 2000, 150, 570
James W. Lindsay, 119, 119, 2000, 80, 810
Julia Gillahugh, 125, 125, 750, 40, 175
James H. Reynolds, 57, 56, 1000, 50, 180
John Lindsay Jr., 250, 160, 4500, 350, 1070
Garrett K. Broyles, 8, -, 500, 5, 100
David Story, 55, 10, 280, 70, 480
Catharine Yowell, 120, 20, 760, 40, 230
Aaron Jenkins, -, -, -, 25, 290
Thomas Clore, 600, 794, 16000, 350, 2660
George M. Bohannon, 500, 783, 10000, 250, 1355
James Lillard, -, -, -, 10, 130
James J. Rush Jr., -, -, -, 3, 12
James Rush Sr., -, -, -, 5, 180
Reuben Gains, -, -, -, 20, 235
Silas Carpenter, -, -, -, 10, 160
James M. Sparks, 150, 280, 1000, 40, 680
James O. Kilby, -, -, -, 20, 230
James H. Thomas, -, -, -, 6, 150
Simeon Hurt, -, -, -, 2, 150
William Hurt, 10, 22, 150, 5, 75
Gabriel Smith Sr., 35, 35, 150, 5, 50
John H. Thomas, 5, 52, 290, 10, 230
Henry F. Weakley, -, -, -, 5, 3
Isaac Southard, -, -, -, 5, 50
William Weakley Sr., -, -, -, 20, 90
Thomas Sisk Jr., -, -, -, 10, 100
Elijah Gallahugh, 81, 82, 326, 10, 190
Elizabeth Chapman, 679, 800, 6800, 350, 1215
John Berry, 10, 40, 100, 2, 25
Abner Berry, 100, 66, 1500, 150, 515
Joshua Miller, 500, 316, 12240, 500, 2050
Daniel Utz, 273, 312, 6200, 20, 445
Nancy Renalds, -, -, -, 3, 15
William H. Wetherall, 70, 50, 1500, 150, 145
Thomas Smith Sr., 62, 50, 1000, 150, 217
James Fincham, -, -, -, 15, 10
William H. Carpenter, 135, 50, 2000, 200, 568
Lewis Finks, 360, 119, 3832, 250, 1270
Jane Wilhoit, 165, 90, 4000, 250, 870
Thomas P. Simms, 150, 52, 4000, 100, 370
M. C. Strickler, 3, -, 3000, 30, 350
Milton Arrington, -, -, -, 2, 80

William H. Weaver, 150, 50, 2400, 100, 785
John Fishback, 165, 48, 2500, 330, 462
Charles W. Swan, 114, 50, 5000, 10, 572
Fielding Crigler, 400, 270, 10000, 200, 1390
Margaret Fleshman, -, -, -, 3, 40
Alfred N. Hoffman, 15, 36, 500, 12, 120
Isham Tatum Sr., 100, 100, 1000, 40, 145
Abraham L. Hoffman, -, -, -, 15, 115
James Broyles, 90, 90, 1080, 100, 300
Elizabeth Hoffman, 20, 3, 250, 3, 50
William Kemper, 1000, 474, 10000, 300, 1400
Sandford Pope, -, -, -, 3, 60
William A. Hill, 20, 7, 200, 5, 151
John P. Hill, 142, 60, 1800, 150, 350
Alijah T. Brown, -, -, -, 12, 200
Nathaniel Tatum, 550, 150, 8000, 450, 1135
Isaac Tatum, 138, 80, 1744, 2, 90
John O. Garnett, 165, 82, 3200, 150, 640
John Harlow for Massy's Est., 150, 250, 7000, 200, 1650
Hassy Harlow, -, -, -, 10, 260
Carter B. Ford, 20, 15, 240, 5, 40
James W. Harlow (Harlon), -, -, -, 2, 20
Rosannah Ford, 4, -, 100, 5, 50
John T. Tucker, 20, 20, 200, 10, 400
Charles Hume, 300, 180, 7680, 300, 1050
Daniel J. Smoot, 600, 300, 9000, 30, 1095
Ann E. Carpenter, 600, 231, 9000, 350, 100
Jasper Sparks, 52, 53, 1000, 115, 120
Sarah Sparks, 25, 11, 500, 15, 120
Reuben S. Thomas, 25, 116, 500, 1, 140

Ephraim Dulany, -, -, -, 3, 35
Israel Hurt, 100, 120, 1200, 150, 275
Larkin Deal, 100, 50, 1050, 62, 254
Fountain Deal, 100, 50, 1050, 62, 254
Ansel K. Waymer (Wayman), 12, 30, 40, 5, 50
Jefferson Hurt, 60, 200, 500, 75, 300
Thomas N. Harrison, 200, 200, 8000, 140, 947
Morris D. Newman, 130, 70, 1600, 40, 236
Robert N. Rose, -, -, -, 20, 300
F. H. Hill, 319, 300, 5000, 200, 910
St. Clair Graves, -, -, -, 5, 120
Thomas Carpenter, 326, 326, 20500, 200, 1482
William B. Wayland, -, -, -, 5, 430
Henry Carpenter, 337, 200, 3500, 300, 770
Alexander Reed, 200, 240, 6600, 305, 1056
George Booton, -, 40, 160, 250, 1580
Benjamine L. Harrison, 600, 529, 7655, 200, 2110
Thomas A. Gordon, 1, -, 2000, 3, -
Robert T. Troyman, 580, 300, 13000, 500, 2000
James W. Walker Sr., 1089, 544, 20000, 425, 1720
Frances Walker, 200, 105, 3000, 150, 550
Richard C. Booton, 970, 667, 17000, 460, 1433
Thompson Shepherd, 300, 100, 12000, 200, 480
John S. Walker, 438, 266, 10000, 500, 2530
Alexander S. Taliaferro, 320, 100, 12000, 300, 1130
John H. Lee, 525, 140, 17000, 150, 1100
William P. Eliason, 78, 550, 20000, 325, 650
Ambrose Madison, 734, 366, 21000, 400, 1230

Isaac Watters (Walters), 130, 70, 6000, 200, 775
Catlett M. Madison, -, -, -, -, 70
Richard H. Bradford, 135, 140, 8000, -, -
Nancy Madison, 135, 65, 4000, 180, 460
Thomas T. Slaughter, 420, 300, 11000, 350, 1890
William T. Utz, 143, 72, 6500, 150, 660
John M. Prost, 73, 100, 1500, 2, 60
John M. Dulany, -, -, -, 3, 35
Jefferson Smith, -, -, -, 3, 30
William Henshaw Jr., 57, 50, 750, 12, 225
William Henshaw Sr., 398, 200, 4000, 250, 550
Allen Yowell, 100, 58, 500, 20, 200
Nancy Crow, -, -, -, 5, 90
Mary A. Utz, 100, 100, 500, 5, 175
Morgan Jenkins, -, -, -, 50, 115
Joseph Story, 113, 27, 3000, 320, 625
Thomas Smith, 30, 47, 250, 130, 250
Augustus Hawkins, -, -, -, 3, 30
Henry H. Story, -, -, -, -, 50
Rebecca Story, 479, 400, 18000, 500, 1630
Joel Hurt, 85, 10, 770, 10, 305
Lucy Lillard, -, -, -, 20, 350
John Hoffman, 83, 7, 1200, 10, 270
Fielding Jenkins, -, -, -, 5, 42
F. M. Perry, 116, 566, 16000, 400, 1690
Rowland Yowell, -, -, -, 3, 160
William R. Robson, 300, 900, 2500, 100, 980
Howard Lillard, 95, 10, 1000, 20, 208
Benj. F. Smith, 75, 10, 150, 5, 75
William C. Nicholson, 30, 8, 300, 5, 150
Lindsay Jenkins, -, -, -, 5, 100
James A. Dodson, -, -, -, 5, 60
Miller Dodson, -, -, -, 5, 30
George Woodard, -, -, -, 5, 30
William A. Dodson, -, -, -, 5, 35
Augustine Cubbage, -, -, -, 5, 170
Simpson Burke, -, -, -, 5, 60
Benj. Nicholson, -, -, -, 5, 20
John Nicholson, 60, 20, 250, 10, 140
Stother Corbin, -, -, -, 5, 25
George Jenkins, -, -, -, 5, 50
George Haines, -, -, -, 5, 30
Benj. Nicholson Jr., 35, 10, 180, 15, 100
Stanton Nicholson, 50, 50, 300, 3, 80
Edmond Nicholson, 144, 6, 150, 4, 30
Benj. Nicholson Sr., -, -, - , 3, 70
Francis Weakley, 20, 20, 160, 5, 100
Moses Nicholson, 40, 10, 200, 5, 30
Garrett Nicholson, -, -, -, 4, 30
John Nicholson, -, -, -, 3, 25
Shady Nicholson, -, -, -, 3, 25
William Nicholson, -, -, -, 4, 30
Coleman Jenkins, 10, 25, 200, 5, 70
Joseph A. Weakley, -, -, -, 3, 30
Willis Bradley, 16, 52, 400, 150, 185
James Nicholson, -, -, -, 5, 115
Thomas Nicholson, -, -, -, 5, 50
Anderson Nicholson, -, -, -, 4, 60
Harrison Nicholson, -, -, -, 3, 45
John Seal (Scot), 26, 52, 500, 10, 200
William R. Jenkins, 10, 86, 250, 60, 120
William Weakley Sr., -, -, -, 5, 45
Manuel Weakley, 15, 83, 250, 8, 120
Simeon Ransbotton, -, -, -, 5, 50
John Corbin, 40, 30, 350, 10, 170
Adam Jenkins, -, -, -, 5, 140
Jefferson Jenkins, -, -, -, 4, 145
William H. Bradley, 25, 25, 200, 5, 40
William Berrey, 70, 280, 1000, 20, 220
Fielding Smith Sr., 360, 310, 5500, 200, 367
James M. Smith, -, -, -, 5, 20
Ellen Yowell, 90, 10, 1000, -, 210

Howard Yowell, 54, 27, 350, 200, 270
Gabriel Smith, -, -, -, 10, 100
Robert Thornhill, 40, 110, 600, 100, 280
Nimrod Jenkins, 107, 200, 1500, 10, 140
Edmond Rosson, 55, 5, 1200, 50, 170
Alexander H. Simms, 232, 262, 5171, 150, 518
Mary Fletcher, 320, 100, 8400, 300, 726
John Thomas, 85, 86, 1400, 50, 480
Jamima Smith, 434, 434, 10500, 550, 1360
Nancy Rush, -, -, -, 5, 100
James McAlister, 35, 5, 100, 2, 100
Wesly A. Yowell, 100, 50, 900, 100, 175
James Dulany, 100, 50, 1500, 60, 50
Elizabeth Dulany, -, -, -, 5, 130
Charlotte McAlister, 75, 75, 400, 5, 150
Reuben Yowell, -, -, -, 75, 100
William Jenkins Jr., -, -, -, 5, 110
Moses Smith, 363, 364, 750, 10, 190
Elijah Yowell, 150, 50, 1000, 50, 230
Thomas B. Jackson, 20, 19, 300, 10, 15
George Lillard, 101, 30, 650, 50, 170
Austin Lillard, 100, 60, 1000, 40, 175
Augustine Utz, 200, 76, 1650, 50, 200
James P. McAlister, -, -, -, 5, 100
Abraham Yowell Sr., 102, 50, 2000, 100, 350
Nathaniel Colvin, 50, 45, 300, 10, 200
Joseph Leathers, 50, 50, 200, 5, 80
Thomas Aylor Jr., -, -, -, 2, 300
Joseph A. Early, 245, 43, 1400, 100, 170
William Gilmer, 40, 22, 400, 5, 80
Wesly Simpson, -, -, -, 10, 200
William Terry, 80, 50, 1300, 20, 140
Sarah Burnett, 150, 150, 2500, 100, 490
Thomas J. Early, 181, 182, 6000, 200, 1200
Thomas J. Allen, 400, 300, 8000, 400, 1355
William R. Berrey, 183, 260, 4430, 700, 747
Elizabeth C. Stover, 60, 13, 2000, 20, 270
Simon Bates, 200, 160, 4540, 275, 1075
Fielding Jenkins, -, -, -, 40, 40
James Yowell, 363, 364, 3700, 100, 330
James P. McAlister, -, -, -, 10, 60
Jams Fincham, 163, 200, 800, 85, 180
Lewis Fincham, -, -, -, 5, 170
Thomas Fincham, -, -, -, 4, 140
John Smith Jr., 50, 225, 500, 10, 180
George Souttice, 41, 41, 300, 3, 20
Robert Garnett, 338, 339, 8000, 400, 980
Strother Lillard, 50, 50, 600, 10, 100
J. Y. Shotwell, 100, 100, 1200, 75, 200
William Shotwell, 100, 100, 1500, 100, 320
Henry Grimsley, -, -, -, 80, 320
Albert McAlister, -, -, -, 20, 160
Mary Hutcherson, 200, 191, 4000, 250, 730
Henry St. J. Oneille, 20, 20, 1800, 7, 150
Andrew Gaar, 270, 100, 3700, 400, 710
Abraham J. Utz, 86, 86, 1462, 65, 270
Presley Williams, 32, 12, 300, 10, 47
Rebecca Racer, 70, 35, 700, 15, 130
Aaron W. Lacy, 19, 5, 1200, 70, 120
Thomas Sparkes, 300, 263, 6756, 400, 940

Harriet Collins, 100, 100, 3750, 50, 400
Francis T. Fry, 361, 361, 7000, 280, 1060
George W. Cark, 812, 500, 17000, 700, 2120
William Brown, 207, 70, 2740, 250, 710
John Terrell, 580, 150, 10000, 450, 1300
John W. Hudson, 300, 75, 5595, 200, 920
Henry Sparks, 117, 50, 2000, 150, 324
James Turner, -, -, -, 5, 80
Merry Aylor, 1179, 450, 12500, 1000, 2320
R. E. Lightfoot, 300, 124, 13000, 400, 900
Nancy Smith, 500, 260, 24500, 400, 1700
Travis J. Troyman, 100, 30, 6000, 200, 900
Martha E. Clark, 235, 20, 3840, 150, 340
Edwin F. Hill, 240, 150, 12000, 550, 1625
Ellen Lovel, 600, 400, 20000, 600, 1700
Thomas A. Boulware, 150, 50, 2400, 100, 380
Nathaniel J. Welch, 487, 200, 14000, 600, 1790
James W. Walker Jr., 425, 575, 18200, 700, 2300
Freeman H. Harrison, -, -, -, 60, 130
Alonzo P. Luddon, -, -, -, 100, 230
David S. Gwin, 1, -, 2000, 5, 250
Zachariah Hoffman, 100, 50, 1200, 100, 250
Jonas Hoffman, -, -, -, 10, 170
Rubin Thomas, 511, 266, 18000, 400, 910
Joseph Gord, 300, 140, 4400, 275, 700
Hilton Kirtley, 286, 95, 5000, 150, 335
William T. Banks, 445, 300, 11699, 250, 1500
Ann Green, 1, -, 50, 2, -
Jarrett Gaar, 116, 25, 1200, 100, 325
Hela_ M. Haine (Hume), 4, -, 2000, 60, 120
A. R. Blakely, 100, 78, 3100, 60, 150
George W. Deans, 1, -, 600, 5, 100
Belfield Cave (Cove), 113, 100, 6000, 100, 250
William H. Troyman, 566, 320, 27000, 450, 1800
William C. Lipscomb, 584, 276, 8600, 300, 1200
Elisha Sercy, 141, 50, 1000, 60, 200
John Collins, 150, 50, 600, 50, 175
Thos. Shirley's (Adminx), 13000, 35823, -, -, -

Mathews County, Virginia
1850 Agricultural Census

The University of North Carolina at Chapel Hill filmed the 1850 agricultural census for Mathews County from originals at the Library of Virginia under a grant from the National Science Foundation in 1963.

Columns 1, 2, 3, 4, 5, and 13 represent the following information on the census:
1. Name of Owner, Agent or Manager of Farm
2. Acres of Improved Land
3. Acres of Unimproved Land
4. Cash Value of the Farm
5. Value of Farming Implements and Machinery
13. Value of Livestock

Joanna Brownley, 24, 8, 500, 20, 140
William M. Brownley, 100, 20, 1500, 20, 190
Mary Hudgins, 80, 23, 1500, 30, 240
Archibald Hudgins, 60, 30, 900, 25, 140
Edward J. Thomas, 30, 7, 600, 15, 230
Joice Minter, 23, 5, 1000, 6, 70
George Diggs, 20, 20, 500, 20, 120
Joseph D. Brooks, 20, 60, 600, 10, 130
William D. Hudgins, 30, 8, 300, 15, 75
John Diggs, 40, 32, 1000, 25, 275
William Diggs Jr., 6, 3, 500, 10, 175
Susan Brooks, 16, 13, 250, 10, 75
George Brooks, 30, 35, 500, 15, 185
James Brooks, 25, 4, 300, 5, 65
Bathsheba Brooks, 20, 10, 500, 15, 60
Augustine Brooks, 50, 50, 500, 13, 190
George Brooks, Tho., 80, 95, 1500, 60, 360
Thomas R. Hudgins, 20, 5, 300, 15, 140
Baily Diggs, Baily, 25, 5, 500, 15, 125
Archibald Hudgins, 76, 12, 1300, 20, 175

Armistead Stewart, 16, 5, 600, 6, 80
Sevoy Owens, 17, 8, 500, 12, 85
Joseph D. White, 23, 16, 600, 12, 92
Francis M. Hudgins, 30, 22, 600, 20, 95
William K. White, 20, 27, 600, 20, 80
Alpheus _. White, 20, 4, 400, 30, 140
James Brownley, 8.15, -, 400, 6, 60
Nancy Thomas, 25, 10, 700, 10, 65
William S. Hudgins, 50, 31, 1200, 30, 175
William Brooks, 40, 60, 1500, 20, 200
Philip Armistead, 10, 23, 600, 6, 30
John G. Westin, 62, 30, 1300, 15, 125
Hunley Hudgins, 40, 11, 400, 15, 75
Mary P. Peligh, 9, 4, 300, 12, 50
William Masoh (Mashi), 30, 25, 500, 500, 120
Thomas Brooks, 12, 5, 300, 25, 112
William H. Hudgins, 24, 25, 700, 30, 280
William J. Winder, 25, 15, 1000, 15, 80
George H. Forest, 12, -, 200, 15, 60
James Diggs 2nd, 12, 12, 400, 10, 60
John P. Hudgins, 70, 34, 2000, 30, 250

James Thomas, 60, 25, 850, 20, 260
Thomas D. Jones, 50, 50, 2000, 30, 200
Rabph D. Davis, 80, 14, 1300, 20, 240
Barzilla Kinan, 40, 40, 1200, 40, 400
George W. Kinan, 40, 20, 1800, 40, 140
John E. Kinan, 60, 50, 1500, 10, 140
Catharine Kirsted, 150, 222, 3000, 50, 200
William Ropley, 10, 15, 300, 10, 70
Elizabeth Diggs, 40, 5, 500, 10, 25
George K. Brooks, 38, 18, 2000, 25, 300
Thomas Minor, 220, 148, 5000, 140, 540
Samuel Hudgins, 30, 30, 700, 10, 140
Bathsheba Hudgins, 12, 18, 500, 10, 70
John Owen, 9, 1, 150, 10, 50
Edward B. Thomas, 50, 8, 1000, 15, 60
Miles B. Hudgins, 16, 18, 500, 20, 64
John H. Armistead, 100, 36, 1000, 20, 160
Benjamin Diggs, 10, 13, 1000, 20, 60
John A. Brownley, 120, 80, 2000, 30, 250
William Armistead, 30, 10, 500, 10, 70
John D. Thomas, 60, 30, 1500, 20, 140
Robert Miller, 25, -, 500, 10, 6
Thomas Singleton, 20, 20, 500, 10, 100
William Turner, 40, 20, 700, 20, 80
Thomas Armistead, 7, 4, 1000, 20, 125
Ziphains Foster, 16, 1, 250, 6, 40
Martha Thomas, 30, 30, 800, 10, 60
Thomas Lewis, 26, 23, 500, 10, 60
John S. Hudgins, 12, 14, 200, 10, 60
Joseph Diggs, 17, 8, 500, 10, 40
John Machem (Meacham), 90, 43, 700, 50, 300
William R. Williams, 25, 5, 500, 15, 170
James B. White, 60, 10, 2000, 200, 260
Henry Foust (Forrest), 67, 153, 3000, 30, 160
Boker M. Miller, 133, 25, 1500, 60, 125
Josiah D. Forrest, 38, 34, 1500, 20, 85
Wickham Dixon, 40, 20, 1000, 15, 45
John W. Diggs, 45, 35, 1200, 40, 140
John Banks, 20, 38, 1000, 25, 185
George H. Moughan, 130, 70, 3000, 100, 2110
William H. Eaten, 15, 6, 500, 25, 80
William Bohannon, 170, 75, 4000, 60, 400
John H. Saunders, 16, 9, 500, 20, 150
Elzy R. Hudgins, 30, 10, 1500, 60, 20
William A. Ransone, 25, 25, 800, 20, 250
Robert L. Sibley, 160, 80, 4500, 80, 1000
Fountain Green, 50, 35, 1200, 50, 150
John R. Billups, 150, 145, 4000, 50, 560
William A. Billups, 60, 70, 3000, 60, 700
John D. Darvis, 350, 200, 6000, 200, 800
Lucinda Hodges, 20, 29, 1500, 15, 120
William Shirtlicea, 500, 300, 13000, 500, 800
Sterling Brown (Boman), 70, 28, 3000, 60, 250
Laticia Miler, 20, 15, 150, 15, 140

John E. Miller, 125, 75, 3000, 60, 425
Larkin Miller, 110, 50, 3000, 60, 300
Albert Diggs, 200, 200, 4500, 60, 425
Joseph Foster, 75, 35, 1200, 50, 300
Richard Foster, 300, 200, 12000, 150, 600
Robert F. Diggs, 10, 8, 300, 30, 200
Armistead Davis, 13, 11, 1000, 25, 200
Robert K. Hudgins, 26, 25, 1500, 30, 150
George P. Evans, 70, 34, 1000, 50, 300
Elizabeth Armistead, 50, 37, 1500, 15, 60
Absolom White, 25, 16, 750, 40, 150
Robert B. White, 20, 15, 1000, 25, 160
George R. Armistead 150, 70, 2000, 100, 695
Martha Minter, 60, 40, 2500, 25, 240
Richard B. Brownley, 100, 25, 2500, 40, 360
James Brownley, 60, 55, 1000, 30, 160
Joshua Gayle, 277, 110, 4500, 160, 600
John H. White, 25, 36, 1000, 40, 300
William Diggs, 224, 54, 4000, 100, 360
Thomas Diggs, 160, 60, 3000, 100, 345
John F. Gayle, 60, 13, 1000, 15, 135
William Deal, 100, 40, 2000, 125, 300
Thomas R. Pool, 80, 50, 1500, 50, 235
Mary T. Diggs, 370, -, 10000, 175, 550
Robert Billups, 370, -, 10000, 160, 700
Gabriel F. Miller, 142, 110, 3000, 200, 500

Edmond Jones, 100, 237, 6000, 50, 700
William R. Smart, 500, 788, 12000, 500, 2000
William H. Roy, 820, 501, 27000, 500, 3500
Henry W. Tabb, 550, 975, 30000, 300, 3000
Elizabeth Fleet, 90, 220, 3500, 30, 420
Richard Bassette, 50, 59, 1200, 60, 370
Henry Fleet, 50, 206, 2000, 50, 475
John M. Sadler, 90, 50, 600, 30, 200
Leonard Richardson, 240, 150, 3000, 85, 550
Johnson Gray, 350, 250, 4000, 50, 500
Ann Howbette, 130, 10, 3000, 40, 450
William J. Minter, 50, 103, 2000, 50, 225
Holder Hudgins, 294, 200, 4000, 100, 875
Philip Adams, 70, 20, 1500, 30, 225
James Mathews, 100, 96, 1600, 60, 250
George Simmons, 212, 222, 2300, 70
William H. Bassette, 60, 27, 3700, 25, 175
Henry Pratte, 125, 25, 1000, 30, 250
Andrew Hudgins, 300, 700, 10000, 40, 350
Thomas J. Hudgins, 200, 90, 2500, 50, 370
James T. Carter, 27, 27, 400, 25, 100
Edward A. Sadler, 100, 96, 1500, 40, 250
Paulina Gayle, 25, 25, 600, 30, 75
Joel Thomas, -, 20, 200, 20, 120
John Boman (Brown) Sr., 36, 10, 600, 30, 60
Milton S. Hodgess, 40, 35, 600, 30, 340
Alexander James, 30, 36, 1200, 50, 60

George Bohannon, 9, 15, 300, 25, 70
William Brown, 42, 10, 1500, 30, 180
William R. Brownley, 70, 12, 1100, 25, 200
John W. Brown, 60, 36, 2000, 35, 216
James B. Brooks, 180, 105, 2000, 30, 400
Oswell S. Jones, 62, 30, 1000, 20, 120
John Spiners, 45, 56, 1000, 20, 200
Frances O. Guynn, 40, 10, 1000, 15, 120
Berry W. Bramhall, 150, 130, 4000, 50, 100
William H. Callis, 40, 10, 500, 20, 100
John White, 20, 70, 500, 20, 80
Argnel Hudgins, 16, 9, 200, 30, 100
Thomas S. Forest, 25, 25, 800, 15, 100
Josiah Diggs, 30, 25, 600, 20, 175
Thomas Hall, 20, 16, 500, 15, 85
Robert P. Simmons, 12, 13, 500, 20, 150
Dudley Respass, 14, 4, 150, 10, 50
Catharine W. Lumpkin, 350, 350, 6000, 40, 500
John Mathews, 90, 110, 2500, 30, 300
Frances Dunlavy, 23, 8, 600, 15, 295
Braxton Morgan, 70, 4, 450, 15, 100
James Foster, 20, 5, 250, 10, 44
Kesiah Hughes, 12, 4, 100, 10, 40
John J. Marchant, 20, 20, 600, 25, 90
Edmond Winder, 20, 9, 250, 10, 30
Henry Atherton, 77, 75, 1500, 50, 125
Thomas J. Morris, 12, 2, 200, 10, 800
Parker B. Richardson, 11, 11, 300, 15, 100
William F. Pugh, 5, 9, 1200, 20, 130
Thomas J. Banks, 30, 50, 1000, 40, 200
Thomas Williams, 15, 15, 1500, 40, 100
Thomas Edwards, 225, 150, 5000, 100, 300
John Bohannon, 72, 52, 2500, 30, 200
James H. Garnett, 66, 44, 2500, 100, 200
John W. Jarvis, 40, 18, 2000, 100, 300
William Williams, 150, 80, 2000, 120, 300
James Brooks, 130, 66, 1800, 25, 250
William Blake, 165, 70, 2000, 20, 225
Kilby L. Davis, 50, 30, 1500, 30, 120
Alexander W. Fleet, 60, 30, 2000, 40, 200
Robert G. Hunley, 130, 90, 3000, 40, 250
William R. Hawkins, 20, 20, 300, 10, 60
Carter B. Hudgins, 27, 28, 1500, 40, 125
James D. Marchant, 14, 13, 1200, 40, 50
Richard H. Respass, 80, 50, 1500, 30, 140
Mary T. Hudgins, 200, 200, 4500, 60, 330
Humphry H. Keeble, 120, 140, 2600, 50, 275
William Lewis, 120, 60, 1500, 20, 130
Sidney Lane, 180, 30, 3500, 25, 200
John Forrest, 18, 2, 300, 10, 50
William Lane, 100, 175, 5000, 100, 450
Seth Love, 10, 305, 1500, -, 200
John P. Steakes, 200, 60, 4000, 100, 500
Richard W. Marchant, 100, 150, 4000, 60, 340
Thomas G. Weston, 65, 10, 2500, 40, 300

John Weston (of Jno.), 40, 20, 1000, 20, 125
Richard Callis, 30, 10, 50, 15, 115
John H. Dunlavy, 60, 10, 1000, 40, 360
James Callis, 60, 25, 1000, 20, 70
John B. Owen, 20, 10, 1100, 20, 50
William Williams, 60, 30, 2500, 20, 150
William Jones, 30, 20, 500, 15, 125
Matthias J. Davis, 165, 156, 3800, 60, 450
Lewis Hudgins, 250, 350, 6000, 100, 500
Augustus Hicks, 130, 70, 2000, 15, 100
Thomas T. Merchant, 50, 30, 2000, 20, 100
Alexander K. Shepard, 270, 180, 12000, 340, 1650
James Smith, 20, 9, 5000, 30, 100
Edmond W. Bohannon, 60, 30, 1800, 60, 225
John J. Callis, 60, 31, 800, 25, 150
William L. Smith, 150, 113, 4000, 130, 350
Lucy A. Diggs, 40, 16, 1300, 30, 280
Anthony Diggs, 40, 50, 1000, 25, 200
Isaac M. Diggs, 10, 2, 500, 10, 60
Thomas F. Morgan, 8, 12, 200, 10, 10
John Forrest, 150, 200, 6000, 100, 680
Augustine Diggs, 25, 5, 500, 20, 270
John Diggs, 40, 15, 1000, 20, 200
Jesse Diggs, 28, 14, 1000, 20, 80
James White, 10, 8, 600, 20, 100
Elizabeth Brooks, 50, 100, 1000, 30, 150
Anthony Hudgins, 60, 40, 1000, 20, 70
John D. Williams, 40, 26, 2000, 10, 200
John A. Williams, 50, 30, 2000, 30, 300
Mary Minter, 30, 35, 1000, 20, 160
John N. Armistead, 22, 10, 2000, 70, 156
John Thomas, 160, 20, 2500, 100, 200
Elijah Barnum, 150, 150, 6000, 150, 400
Joseph Bohannon, 45, 15, 2500, 75, 200
Ebenezer Bohannon, 56, -, 2000, 40, 150
Thomas M. Hunley, 75, 60, 2500, 50, 280
William Hurst, 50, 46, 2500, 60, 160
John B. Davis, 80, 50, 2000, 50, 100
Susan E. Parrott, 192, 96, 3000, 20, 125
John B. Burke, 600, 600, 12000, 300, 1000
Henry W. Dangerfield, 70, 25, 1000, 50, 400
George E. Tabb, 400, 230, 10000, 200, 600
Jesse Hudgins, 200, 50, 3000, 80, 450
Josiah Hudgins, 10, -, 200, 20, 160
George Brooks, 104, 25, 1000, 60, 25
John Foster, 120, 120, 4000, 160, 375
Walter G. Lane, 50, 70, 4500, 160, 375
Washington Brownley, 40, 22 800, 25, 85
James Williams, 20, 25, 1000, 20, 100
Osborn B. Pratt, 50, 30, 800, 30, 250
Robert Reese (Keese), 12, 18, 300, 15, 100
Oswell S. Jones, 62, 30, 1000, 20, 240
Elizabeth Miller, 25, 6, 450, 20, 100
John K. Diggs, 45, 17, 1200, 60, 260
Isaac Foster, 110, 120, 3300, 160, 375

Johnson Hudgins, 45, 15, 900, 20, 140
William S. Hudgins, 12, 2, 120, 6, 40
Matthew Gayle, 40, 100, 1000, 60, 400
James W. Blake, 210, 77, 3000, 40, 300
Baldwin Foster, 20, -, 1100, 20, 85
Edmond Borum, 120, 130, 2000, 50, 460
Thomas Billups, 100, 109, 2000, 30, 250
Stephen Adams, 125, 45, 2500, 50, 500
Benjamin T. R. Wyatt, 20, 12, 400, 20, 85
Thomas Smith, 456, 120, 8000, 203, 900
James Pead, 80, 80, 2000, 15, 100
Isaac S. Armistead, 80, 48, 2000, 45, 260
Richard Lilly, 40, 16, 1000, 20, 228
Peter Evans, 20, 20, 500, 6, 70
Henry Forrest, 67, 153, 2200, 30, 170
William H. White, 30, 20, 1200, 20, 75
Elizabeth White, 7, 33, 1500, 25, 160
William T. Hodges, 70, 40, 1200, 20, 75

Ann Morgan, 30, 10, 500, 10, 25
Francis Armistead, 27, 20, 1000, 25, 125
Sanos (Sands) Smith, 334, 75, 5000, 175, 1000
John Smith, 15, -, 300, 20, 100
Elizabeth Diggs, 10, 1, 300, 15, 100
Margaret Diggs, 15, 10, 400, 15, 40
Elijah Hudgins, 60, -, 600, 25, 150
William Diggs (Hill), 60, -, 1000, 50, 300
Henry Bell, 115, 35, 1600, 50, 300
Philip H. Terrier, 65, 40, 1600, 40, 250
Wade Mosby, 100, 34, 3500, 200, 600
Edward Hughes, 7, 8, 300, 25, 75
Richard W. Foster, 80, 30, 1500, 40, 300
Yancey Sleet(Fleet), 150, 63, 2700, 40, 300
Shepard G. Miller, 240, 450, 9000, 100, 1200
Dee Miller, 18, -, 350, 40, 100
John H. Tabb, 750, 140, 16000, 400, 1500
Robert C. Braxton, 200, 150, 3000, 40, 300

Index

Abells, 121
Abernathy, 143
Able, 119
Abraham, 78, 80
Ache, 9
Acnce, 78
Acne, 84
Acree, 10, 65, 78, 84
Acres, 75
Adams, 10-11, 28, 55, 58-59, 65, 82, 84, 100, 106, 110, 112, 24, 140, 147, 171, 174
Addison, 47
Aidey, 125
Aikin, 20
Akers, 111
Albright, 62, 70
Alders, 117
Aleace, 104
Aleargee, 107
Alen, 83
Alenter, 67
Alexander, 11, 61, 73, 80-81, 122
Alford, 86
Alfred, 86
Allair, 105
Allan, 60
Allans, 105
Allder, 105
Allders, 117
Allen, 12, 16, 19-20, 22, 57, 81, 83, 91, 93, 100, 104, 109, 111, 128, 146, 162, 167
Allensworth, 73
Alley, 13, 15, 23
Allison, 12
Allmand, 47, 51
Allmond, 49
Allnutt, 122
Almand, 84
Alnutt, 122
Alt, 123
Ambler, 120, 137, 159
Ammons, 20

Ancarro, 83
Anderson, 1, 5-6, 8-10, 3, 22, 27, 63, 65, 67, 70, 75, 88-89, 93, 101-102, 117, 134-136, 138-141, 151, 162
Andrew, 8
Andrews, 43, 131, 145-146
Anglin, 31-32
Ankers, 120-21
Anthony, 140
Arbogast, 38-40
Archer, 9, 50, 68
Arcker, 50
Arindell, 122
Armistead, 169-171, 173-174
Armstrong, 7, 40-41, 83-84, 88, 132, 135, 139, 141
Arner, 145
Arnett, 127
Arnold, 5, 71, 74-75, 101, 104, 115, 130
Arnton, 31
Arrington, 163-164
Arvin, 149, 151, 155
Ash, 44-45, 50
Ashbourn, 89
Ashton, 75-76
Ashworth, 150
Athe, 31
Atherton, 172
Atkins, 4, 46, 49, 53, 65, 69, 83-84, 129
Atkinson, 6, 11, 55, 83-84, 131, 140, 146
Atkisson, 8
Atlee, 19
Atwell, 155
Austin, 10, 12, 16, 22, 25, 162
Averett, 155
Axline, 115
Ayler, 54
Aylett, 83
Aylette, 138
Aylor, 153, 160-161, 163-164, 167-168

Ayre, 103
Ayres, 111
Babb, 44, 46, 52, 93
Back, 160
Bacon, 57, 144
Bagby, 61, 66-67, 69-70, 128
Bager, 117
Bagley, 143, 145-146, 148
Bagly, 144, 147
Bagnall, 43
Bailey, 11, 22, 56, 72, 90, 112, 150-151, 156
Baily, 62, 94-95, 111
Bain, 49
Bainbridge, 75
Baines, 54
Baker, 4, 7, 10, 21, 30-31, 37, 73-75, 117-118, 133-136, 141
Baldwin, 99, 103
Baler, 72, 99
Bales, 99-100
Ball, 20, 23, 67, 78, 85, 88, 92, 98-99, 111, 120
Ballad, 75
Ballard, 51-52, 75, 135
Ballman, 130
Bankenbeker, 163
Banks, 47, 159-160, 162-163, 168, 170, 172
Baradell, 44
Barber, 25, 29
Barberry, 72
Barbour, 159
Barefoot, 67
Barker, 11, 18-19, 25, 29-30, 92, 95
Barlow, 47-49
Barnes, 55, 144, 155
Barnett, 48, 72, 87, 153
Barnum, 173
Barrett, 49, 129, 132, 136-137
Barrick, 11
Barron, 94
Barrow, 25-26
Bartlett, 115, 117, 122
Bartly, 99
Basher, 82

Basket, 67
Baskett, 69
Bassett, 10, 30, 33
Bassette, 171
Bassore, 104
Bateman, 30, 32
Bates, 3, 69, 156, 167
Bath, 41
Baton, 46
Batten, 45, 47, 50
Batton, 163
Bauckman, 122
Baughan, 7, 14, 132
Baugher, 4
Baughman, 115
Baumgardner, 96
Baxter, 73
Bayer, 151
Bayes, 21
Baylor, 64
Bayly, 46-48, 56
Bayne, 117
Be__ss, 10
Beadles, 83, 126, 131-132, 134
Beak, 27
Beal, 46, 50-52
Beale, 10, 27, 32
Beane, 85-88, 90, 113-114
Beans, 105-106
Beard, 110, 120
Beath, 41
Beaty, 98, 100, 112, 117
Beaumont, 110
Beavers, 102, 104, 120, 122
Beavns, 104
Beazley, 78
Beck, 27
Bee, 90
Belcher, 16, 19, 93
Bell, 16, 45, 48, 107, 120, 131, 138, 145, 174
Bellamy, 136-138
Belt, 123, 125
Bennett, 58, 109, 118, 120
Benson, 37-38, 41, 54, 71
Bentley, 15, 143

Bently, 119
Berck, 46
Berkeley, 2
Berkely, 6
Bernard, 23
Berrey, 161-162, 164, 166-167
Berrick, 86-87, 90
Berry, 72, 159, 164
Bertson, 5
Best, 105, 114, 117
Bethel, 21
Bets, 49
Betts, 48
Beverage, 36-39
Beverly, 125
Bew, 61, 66, 79
Beyer, 145
Bibb, 131-132, 134-136, 138
Bicenhenbrough, 8
Bicken, 159
Bickley, 138
Bickly, 130
Biggers, 127
Billups, 170-171, 174
Binford, 10, 21, 48
Birch, 102, 121
Bird, 28, 34-36, 41, 61
Birdsale, 106
Birdsall, 106, 113-114
Birk, 35
Birkley, 110
Bish, 113
Bishop, 41, 55, 92, 94-96, 101, 112, 140, 143, 146
Bitser, 112, 123
Blackburn, 11, 14, 22-23, 31
Blackmore, 100
Blackwell, 45, 86, 143, 147-148
Blagg, 40
Blair, 23
Blake, 9, 49, 69, 77, 84, 172, 174
Blakely, 90, 105, 168
Blakeman, 87
Blakemore, 101
Blakey, 18
Blakly, 103

Bland, 51, 53, 63-66, 70
Blankenbaker, 163-164
Blankenbecker, 161
Blankenbeker, 157-158, 160
Blankenship, 97
Blanshard, 50
Blanton, 94
Bledsoe, 93, 153, 162
Blincoe, 121, 123
Blow, 56
Bloxon, 87
Bluford, 62
Blunden, 122
Blunt, 6, 9, 146
Bocock, 26
Bodeker, 19
Bodine, 111, 120
Bodkin, 35, 40
Bogard, 71
Boger, 116-117
Boggs, 93, 101
Bohannon, 149, 164, 170, 172-173
Boland, 117
Bolds, 106
Bolin, 106, 108
Bolton, 14
Boman, 170-171
Bond, 79, 136
Booth, 45
Booton, 159, 161-162, 165
Borum, 174
Borve, 8
Bosher, 12, 81-82
Boswell, 19, 55, 152
Botts, 21
Bouie, 75
Bouldin, 32-33
Boulivare, 60
Boulware, 68-70, 133, 136, 168
Bourne, 61
Bowden, 63, 130
Bowder, 53
Bowe, 9, 23
Bowels, 127, 140
Bowen, 148
Bowers, 146

Bowles, 6, 8, 12, 24, 130-131, 138, 141
Bowlin, 95
Bowling, 149
Bowls, 26, 28
Bowman, 103
Bowser, 54
Boxley, 133-134, 136, 142
Boyd, 63, 83, 86, 126, 144
Boyer, 11
Boykin, 46, 51
Brace, 150, 153
Bracken, 46
Bracker, 46
Brackett, 21
Bracy, 48-49, 52
Bradbery, 82
Bradbury, 28
Braden, 118-119
Bradford, 158, 166
Bradley, 20, 69, 166
Bradly, 20, 139
Bradshaw, 41, 51-52, 72, 120, 144
Bragg, 138, 147-148, 155
Bramhall, 172
Bramham, 90
Branakin, 72
Branaugh, 111, 130, 136
Brandkin, 72
Branham, 138
Brasford, 87
Brasshier, 91
Braston, 65
Braxton, 10, 22, 79, 174
Bray, 26
Breeding, 100, 162
Brent, 85-86, 89, 98
Brewer, 93, 100
Briant, 21
Bridger, 46, 48, 94
Bridges, 121
Bridgewater, 18, 23
Bridgforth, 48
Briel, 18
Briggs, 44
Bright, 59

Bring, 63
Brinkley, 43-44
Brisby, 82
Brisco, 36
Britt, 43, 53
Britten, 48-49
Brittin, 98
Broach, 67-68
Brock, 9, 13, 45-46, 48, 50, 158
Brocke, 64
Broocke, 71
Brooke, 137
Brookes, 140-141
Brooking, 160
Brooks, 4, 61, 63, 70, 78-79, 160-170, 172-173
Broom, 22
Broure, 124
Brown, 1-2, 4, 10, 14, 34-35, 37, 51, 58, 63, 65-66, 68, 71-72, 75, 79, 85, 89, 98-99, 102, 104-105, 107-109, 114, 119, 131, 135, 139, 144, 147, 153, 165, 168, 170-172
Browne, 59
Browning, 23
Brownley, 169-173
Broyles, 162, 164-165
Bruce, 73, 75, 138, 150
Bruding, 100
Brury, 60
Brushwood, 64
Bryant, 30, 73, 145
Buck, 55, 132
Buckhanon, 99
Buckner, 110, 129, 144, 162
Buffin, 20
Bugard, 121
Buller, 6
Bullock, 130, 135
Bulman, 62-63
Bumpass, 2, 8
Bumpuss, 128-129
Bun, 120
Bunch, 127, 130, 137
Bundurant, 31
Bur, 66

Burch, 25, 61, 80
Burchard, 86
Burchell, 71, 73
Burchett, 101
Burgan, 97-98
Burgess, 32, 138
Burk, 92
Burke, 77, 92, 96, 157, 166, 173
Burness, 130
Burnet, 11
Burnett, 9-11, 59, 147-148, 167
Burnley, 128
Burns, 150
Burress, 130
Burriss, 82, 137
Burrows, 162
Burrus, 83
Burruss, 127
Burton, 13, 21-22, 62, 102, 159, 161
Burtrett, 97
Burwell, 150
Bush, 58, 86, 88, 90
Busic, 160
Butcher, 98, 104
Butler, 1, 7, 44-46, 51-55, 67, 111, 121, 129-130, 133-134, 136-138
Butts, 113
Bynne, 109
Byrd, 132, 135-136
Byrne, 109
Cabaniss, 146
Cable, 94
Cahall, 30
Cahill, 29
Calahan, 34, 141
Call, 162
Callahan, 85-86, 88
Callcots, 49
Callis, 148, 172-173
Calloway, 31
Cambel, 42
Cambell, 36, 38
Camble, 34
Campbell, 2, 5, 23, 30, 83, 99, 101, 108, 123, 128, 134, 139
Canady, 55

Canthrone, 7
Cantor, 158
Cardwell, 58, 60-62, 64, 81, 114
Careo, 72
Carer, 103, 143
Cariss, 113
Cark, 168
Carlisle, 105
Carlton, 60-63
Carlyle, 41-42
Carmack, 98
Carn, 108
Carnal, 135
Carnes, 91
Carpenter, 2, 37, 75, 103, 127, 130-131, 134, 153, 157-161, 163-165
Carr, 46, 50-54, 78, 102, 104, 107 109, 120
Carreo, 72
Carrer, 72, 76
Carrett, 77
Carrol, 41
Carroll, 45, 47, 49, 55, 92, 97, 135
Carson, 51, 139
Carstonphen, 49
Carter, 6-9, 11, 14-15, 18-20, 22, 24, 74, 87-89, 102-104, 109-110, 114, 130, 156, 161, 171
Cartlon, 66
Cartwright, 121
Caruthes, 108
Carver, 6-7, 153
Casey, 44-45
Cason, 1
Cassiday, 118
Cast, 109
Castlon, 67
Catlin, 18
Cauthorn, 14, 60-61, 65
Cave, 168
Cawthorne, 7
Caylor, 121
Cayton, 32
Cecil, 94
Cehatham, 155
Ceymes, 150

Chadwell, 98-99
Chamberlayne, 22-23
Chambers, 134
Chambes, 132
Chance, 98
Chandler, 91
Channell, 44, 46, 49
Chapell, 112
Chapman, 46-48, 50, 53-54, 160, 164
Charles, 55
Chase, 88
Chatham, 145
Chealy, 16
Cheatham, 31, 151
Cheek, 96
Cheshire, 25, 31
Chesnut, 35
Chesterman, 8
Chew, 39-40
Chewning, 126, 135-136, 138
Chick, 7, 124, 128
Childress, 3, 6, 12
Childrey, 19
Chiles, 7, 126
Chilton, 88-90
Chisholme, 7
Chism, 109
Chowning, 86, 90
Chrisman, 92, 96
Christian, 18, 64
Christman, 135
Christmas, 134
Christopher, 86
Chumney, 149
Church, 35
Claggett, 109
Claiborne, 22
Clanahan, 110
Clanton, 21, 27
Clark, 29, 47, 73, 101, 151-152, 155, 168
Clarke, 11-12, 21, 27, 29, 58, 67, 71, 81, 86, 108
Clarkston, 68, 95
Clatterbuck, 163
Clatterbush, 160-161, 163

Claw, 39
Claybrook, 134
Clayton, 5, 70, 153
Cleavely, 65
Clegg, 70
Clements, 49, 82-83
Clemins, 111
Clendening, 113-114
Clift, 16, 73-75
Clifton, 98
Clinger, 95
Clingler, 94
Clinton, 23
Clopton, 67
Clore, 157, 163-164
Cloud, 98
Clough, 2, 8, 139, 141
Coach, 151
Coakley, 72-73
Coakly, 71
Coalter, 81
Coates, 129, 133
Coatney, 158
Coats, 75, 130
Cobb, 50
Cobler, 27
Cocke, 80-81, 133, 140-141
Cockran, 130
Cockrel, 120
Cockrell, 88
Cockrill, 109, 111, 122
Cockson, 123
Coe, 108, 114
Cofer, 44, 47-48
Cofield, 46
Coggins, 48
Coke, 55, 58
Colaw, 39-40
Cole, 16, 29, 33, 99, 150, 155-156, 162
Coleman, 7, 29, 61, 65, 120, 123, 141, 143, 150, 152
Colier, 56
Colins, 137
Collie, 60
Collier, 63, 93-94, 96

Collins, 62-64, 66, 82, 99, 130, 161, 168
Collinsworth, 75, 95
Colman, 28
Colston, 98
Colvin, 167
Comphon, 115
Comphor, 113, 115-118
Conden, 122
Connolly, 90
Conrad, 116
Conrod, 116, 119, 124
Conway, 15, 162-163
Cook, 48, 64, 66-68, 79, 157
Cooke, 5, 130, 133
Cookes, 128
Cookley, 74
Cooksey, 118, 156
Coomer, 93, 96
Coomes, 74
Cooper, 11, 116-117, 159
Copeland, 106, 113
Copland, 13, 113
Corbell, 43, 54
Corbett, 52
Corbin, 10, 166
Corbitt, 46
Cordle, 147
Corey, 97
Corker, 6
Cornelius, 87, 89
Cornell, 111
Corr, 63-64, 78, 138
Corran, 44
Cosby, 9, 58, 113, 127, 131, 133, 137
Cost, 109
Cottom, 133
Cotton, 75
Cottrell, 13-14, 22-23
Couch, 150
Coudin, 122
Coulton, 70
Council, 51
Councill, 46, 51-52
Courtney, 14, 24, 63, 66, 70

Cove, 168
Covey, 97
Cowdin, 122
Cowey, 90
Cowherd, 142
Cowles, 58
Cowlin, 23
Cowper, 43
Cox, 20-21, 46, 63, 67, 74, 87, 90, 95, 97, 151, 155
Cozatt, 78
Crabtree, 95-96, 98
Crafton, 149, 155-156
Craghead, 143
Craig, 31, 109, 144
Cralle, 146-147, 155
Cralles, 144
Crane, 102
Crank, 140
Craven, 106, 123, 125
Crawford, 114, 127, 136
Crawley, 55
Creech, 92-94
Creel, 158
Crenshaw, 2, 7-9, 22-23
Crews, 140
Crigler, 158, 165
Crim, 114, 116
Crinn, 116
Crisler, 163
Crismand, 73
Crismond, 73
Crittenden, 62, 65, 86
Crocker, 44, 47, 49
Crockett, 101
Crofton, 13-14, 149, 155
Crook, 115
Cropp, 154
Cross, 5 7, 15, 51, 75, 110-111
Crouch, 18, 63, 82
Crow, 21, 84, 146, 151, 166
Crowder, 131, 145, 149
Crowshorn, 36
Croxtin, 80
Crumit, 35
Crumly, 93

Crump, 18
Crumpler, 46, 49-50, 52, 54
Cruson, 118
Crutchfield, 83, 131
Cubbage, 161, 166
Cullingsworth, 18
Cundiff, 87, 89
Cunie, 19
Cunningham, 73, 110
Curl, 58
Currell, 89-90
Curric, 85
Currie, 85, 88
Curry, 36, 40-41, 118
Curtis, 1, 10
Custerlow, 78
Custiss, 75
Cutchins, 50
Cyple, 40
Dabney, 3, 22, 80-81, 83, 140
Dade, 72
Daily, 122
Daisey, 124
Dalton, 127
Dance, 152
Dandridge, 30, 131
Dandrige, 4
Dane, 120
Dangerfield, 173
Daniel, 21, 44, 108, 127, 162
Dansold, 159
Danson, 87, 90
Darden, 47, 51-54
Darnall, 138
Darnel, 66
Darrell, 124
Darvis, 170
Dashel, 52
Daughtry, 50-51
Davenport, 22, 66, 81, 88-90
David, 43, 45
Davidson, 11, 95, 36
Davis, 2-3, 5, 13, 22-23, 25-30, 32, 32, 37-38, 46-47, 51, 55, 60, 62, 64-65, 67, 71, 78-79, 81, 84, 87, 90, 92, 94, 108, 110-111, 115, 121-122, 129, 131, 133, 135-137, 146, 148, 150-151, 159, 170-173
Dawson, 88, 124
Day, 8, 55, 101, 150
Dea, 33
Deal, 46, 171
Deals, 7, 133
Dean, 159
Deans, 168
DeGernette, 156
Degges, 85
Deitrick, 14-15
Dejarnatt, 130
Del, 165
Delk, 44, 47-48
Delph, 93
Demer, 115
Demery, 118
Dengre, 84
Denhana, 112
Dennis, 111
Denny, 88
Denson, 53
Denton, 14
Depriest, 21
Derracott, 5
Derry, 118
Deshazo, 28, 64-65, 80
Desper, 131
Dever, 37
Deverix, 37, 41
Dew, 69-70
Dews, 49
Dick, 49
Dickens, 24
Dickerson, 61
Dickinson, 5-6, 16, 67, 72-74, 91, 96, 101, 128, 131, 133, 139, 142
Dickman, 15
Dickson, 54
Didlake, 61, 63, 66
Didrick, 122
Dietrick, 5
Diggs, 62, 134, 139, 169-174
Digs, 173
Dill, 23

Dillan, 106
Dillard, 26-27, 31, 33, 62, 64, 79
Dillion, 28, 30, 33
Dillon, 75
Dinkins, 92
Dishman, 71-72, 103, 112
Disngy, 66
Divine, 30, 114
Dix, 66
Dixon, 137, 148, 170
Dlaney, 165
Dobyn, 86
Dod, 114
Dodd, 71, 75, 112, 132
Dodson, 83, 159, 166
Doggett, 85, 87, 89-90
Doil, 34, 37
Dolton, 95
Donaho, 107
Donahoe, 123
Donnell, 7
Doswell, 1, 3, 8-9
Dougherty, 92, 96, 98
Douglas, 80, 87, 125
Douglass, 37
Dove, 121
Dover, 35
Dowdy, 149
Dowell, 114, 121
Dowles, 4
Downer, 142
Downing, 85
Downs, 122-123
Doyle, 27, 32, 34
Drake, 92
Draper, 28-29, 37
Drewry, 13, 77
Drinker, 19
Driver, 43-44
Dryer, 28
Duck, 50-53
Dudley, 63, 81
Duff, 162
Duff, 91
Duffer, 150
Dugar, 61

Duggins, 6, 127-128, 141
Duke, 1-2, 14, 128, 140
Dulan, 123
Dulany, 102, 166-167
Dulin, 158-159
Duling, 69
Dunaway, 85, 87-88, 90
Duncan, 13, 97
Dunlap, 74
Dunlavy, 172-173
Dunn, 32, 63, 99, 132, 139
Dunnavant, 27
Dupree, 150
Dupriest, 143-144
Durfey, 56
Durrington, 132
Durston, 85, 87
Durvin, 128
Duval, 14-15, 78
Duvall, 14, 66
Dyer, 29
Dyke, 64
Eaches, 102
Eacho, 18
Eagle, 41
Eaheart, 153
Early, 157-158, 161-162, 167
Earnest, 10
East, 30-31
Eastham, 133
Eaten, 170
Eaton, 108, 130
Edderton, 5
Eddins, 162
Eddleston, 5
Edds, 99
Edmindson, 149
Edmond, 37, 40
Edmonds, 85, 90, 148
Edmunds, 148
Edsall, 92
Eduards, 73-74
Edwards, 6, 19, 24, 28, 44-45, 48, 50-51, 53, 63, 72, 77-81, 83, 86, 88-89, 101, 121, 124, 127, 132, 137, 172
Eggleton, 25-26, 28-29

Elder, 145, 148
Eliason, 165
Elie, 52
Elkins, 72, 93-94
Ellerson, 11
Ellett, 2, 9-10, 15, 78, 80, 82
Ellgin, 119-120
Elliot, 10
Ellis, 9, 14-15, 19, 45, 47, 136, 150-151
Elliss, 73
Ellmore, 120, 122
Ellsey, 123
Ely, 46, 49-51, 43-54, 95-97, 99-101
Emerughty, 18
Enders, 18
England, 8
English, 46
Enos, 58
Enroughty, 20
Epes, 143
Epps, 12
Ervine, 34-36
Estes, 126, 132, 135-136, 145, 159
Etcher, 123
Eubank, 14, 60-61, 68, 80-81, 84-86, 150-151
Eubanks, 83
Evans, 11, 27, 32, 64, 113, 116, 171, 174
Everhart, 115-117, 124
Everitt, 54
Ewell, 86
Ewes, 104
Ewing, 92, 97, 99
Exoll, 14
Fag, 31
Faimholt, 63
Fairfax, 74
Fairson, 47
Fanly, 124
Fannon, 92
Fant, 83
Faris, 27
Farish, 138
Farler, 101

Farley, 150
Farmer, 1, 156
Farrar, 19-20, 127, 134
Farris, 97
Farthing, 58
Faulkner, 68
Faulkoner, 70
Fauntleroy, 64, 67, 69, 80
Feagle, 28
Feaster, 121
Featherston, 147
Featherstone, 156
Febler, 119
Felps, 158
Fenton, 107
Ferguson, 91
Ferrell, 1-2, 75
Fielding, 136, 138
Figg, 80
Figgins, 118
Filler, 124
Fincham, 164, 167
Findlea, 87
Finks, 160, 163-164
Finks, 163
Fishback, 165
Fisher, 18, 21, 84
Fitts, 101
Fitzhugh, 71-74, 76, 103, 112
Flake, 45, 49
Flanagan, 32
Flanery, 95
Fleet, 62, 67-69, 78, 171-172
Fleisher, 38-39
Fleming, 2, 73, 112, 129, 135
Flemming, 39
Fleshman, 133, 165
Fletcher, 91, 100, 112, 126, 142, 159, 167
Fling, 121-122
Flippo, 88
Flood, 26
Flowers, 87
Floyd, 81, 83, 145
Floyed, 32
Fogg, 68, 70

Foley, 110
Folley, 117
Fontain, 30, 32
Fontaine, 1-2, 9, 77
Ford, 3-4, 13-15, 23-24, 88-89, 165
Forest, 169, 172
Forester, 86, 88
Forrest, 170, 172-174
Foster, 80, 130-131, 135, 140-141, 149, 170, 172-174
Fouch, 122
Foushee, 158, 161
Foust, 170
Fouthy, 124
Fowke, 74
Fowler, 46, 52, 75, 134
Fowlkes, 146, 151, 155 156
Fox, 9, 15, 36-38, 72-73, 80-81, 114, 119-120, 137
Frame, 114
Francis, 5, 14, 95, 103
Francisco, 129
Franklin, 13, 32, 151
Frasier, 103
Fray, 160
Frayser, 19
Frea, 104, 112
Fred, 104
Freeman, 46, 120, 122, 130, 132, 145
French, 120, 122
Fretwell, 30
Frey, 112, 114-117, 158
Friel, 41
Fry, 32, 153, 161, 168
Fugate, 99
Fukerman, 98
Fukerson, 98
Fulcher, 7, 21
Fulgham, 49, 53
Fulkerson, 99-100
Fuller, 33, 61
Fulton, 105, 123
Furgerson, 75, 91
Furgeson, 111
Furgusion, 61
Furr, 102-104

Fussell, 20
Gaar, 158, 160-161, 164, 167
Gaddin, 15
Gainer, 89
Gaines, 11, 62-63
Gains, 164
Galaher, 119
Gale, 44, 46, 53, 55
Gallaher, 104, 112
Gallahugh, 164
Gallion, 144
Gally, 84
Gamden, 44
Gammon, 141
Gardner, 34, 36, 50, 65-66, 81, 129
Garey, 78
Garland, 131, 145-147
Garlick, 66, 79
Garner, 49, 121, 145
Garnett, 19, 68-69, 80, 83, 161, 165, 167, 172
Garrett, 27, 55, 57, 61-62, 64, 77-78, 80, 96, 100, 104, 109-110, 130-131, 145
Garriott, 163
Garrison, 43, 49, 91, 93, 96
Garth, 153
Garton, 90
Gaskins, 51, 88-89
Gates, 57, 141
Gatewood, 20, 58, 68
Gathard, 25
Gathright, 20
Gaulden, 149
Gay, 20, 36, 40, 45, 48, 51-52, 54
Gayle, 171, 174
Gee, 145-150
Gentry, 1, 8, 11, 13, 127-128, 132-133, 140-142,
George, 7, 15, 79, 85-90, 114, 116, 159
Getrige, 61
Gevin, 34
Gibbs, 44-45, 75, 153, 158
Gibson, 9, 11, 18, 55, 60, 62, 89, 98-99, 102, 104, 112, 134, 136, 140

Gilbert, 25, 95-96, 129, 139
Gill, 103, 145
Gillahugh, 164
Gillatt, 124
Giller, 93
Gilley, 93
Gilliam, 132
Gillians, 126
Gillispie, 127, 132
Gillmore, 34
Gilly, 32, 94, 96
Gilman, 3, 8
Gilmer, 22, 167
Gilmore, 61-62
Ginnett, 15
Gipson, 5
Given, 36, 41
Givin, 34, 37
Glass, 11, 27, 91
Glasscock, 103
Glazebrook, 15
Glenn, 3
Glinn, 4
Glover, 54
Gochnauer, 102
Goddin, 14-15, 21
Godwin, 45, 50
Going, 16
Gooch, 22, 127, 129, 134-135
Goodall, 5, 162-163
Goodin, 22
Gooding, 114, 61
Goodman, 6, 21
Goodrich, 47
Goodson, 45, 50-51, 54
Goodwin, 6, 13, 43, 127, 129-131, 135-137, 139-14
Goodwyn, 146
Goold, 14
Gord, 168
Gorder, 86
Gordon, 23-24, 140, 165
Gore, 107, 125
Gorode, 29
Goulden, 1, 65
Goulding, 11

Gouldman, 66, 69
Governauer, 111
Goyne, 15
Grabil, 97
Grady, 58, 105, 136
Graham, 34, 41, 96-97, 114
Grant, 30
Grantham, 98
Gravatt, 73
Gravely, 16, 25-27, 29
Graves, 22, 69, 140, 162-163, 165
Gray, 7, 38, 47-48, 50, 55, 103, 171
Grayson, 103, 160, 162
Greaver, 100
Green, 9, 24, 32, 44-45, 47, 72, 74, 96, 100, 121, 168, 170
Greene, 82
Greenlaw, 72
Greenlease, 122
Greenow, 72
Gregg, 80, 103, 105-107, 114, 125
Gregory, 23, 25, 32, 79, 82, 144, 146, 150
Grenlease, 122
Gresham, 61, 63-64, 69, 79, 86, 88-89
Grey, 125
Griffin, 13, 21-23, 45-46, 60, 53, 75
Griffith, 39, 107
Griggs, 26-27, 29, 32
Grimes, 158
Grimsley, 167
Grinnas, 158
Grinstead, 127
Grisham, 60
Groce, 44
Groes, 43
Grogg, 38
Groom, 134
Grover, 20
Grubb, 99, 114-117, 119, 124
Grubbs, 8, 13, 128, 140
Grubs, 12
Gryer, 31
Grymes, 73
Gulick, 109, 111, 123

Gum, 35-36, 39-40
Gunn, 19, 152
Gunnel, 129
Gunter, 81, 129-130
Guthrie, 63
Guthrow, 64
Guy, 23, 70, 124
Guynn, 172
Gwaltney, 44, 47-49, 52, 68
Gwaphmey, 5
Gwathney, 23, 81
Gwin, 168
Gwyn, 64
Gwynn, 70
Hacket, 135
Hackett, 126, 132, 135
Haden, 138
Haine, 168
Haines, 166
Hainton, 27
Hairfield, 26
Hairston, 29, 32-33
Hale, 1
Haleman, 141
Haley, 20, 102
Hall, 5-7, 21, 30, 35-36, 44-46, 47, 49, 52-53, 63, 87, 96, 119, 128, 130-131, 133, 142, 172
Halley, 8
Halstead, 43
Halterman, 39
Hamblen, 97, 99-101
Hamilton, 41, 89, 92, 107, 116, 122, 131, 133
Hamlet, 29
Hamlin, 144
Hammack, 144
Hammer, 38
Hammesly, 123
Hammock, 147
Hammonds, 89-90, 147
Hampton, 95, 105, 108
Hancock, 1-2, 23, 53, 130
Hand, 8
Haners, 80
Hanes, 14-15

Hankins, 16, 30, 57-58
Hanks, 90
Hansford, 75
Harbor, 30
Harbour 97
Harcum, 88
Hard, 8
Harden, 7
Hardenet, 16
Hardin, 120
Harding, 21, 120, 124, 149, 151, 155-156
Hardy, 25, 29, 99, 144-145, 148, 152, 156
Harewood, 58, 70
Harger, 29
Hargrave, 51, 139
Hargrove, 79
Harington, 62
Haris, 104, 127
Harlon, 165
Harlow, 7, 15, 58, 135, 137-138, 165
Harper, 39, 128, 134, 136
Harrell, 55
Harris, 1, 3, 7, 9, 11, 27, 30-31, 55, 61, 66, 95, 126, 29-131, 133-134, 139-142, 159
Harrison, 9, 20-21, 45, 71, 86, 103, 121, 158, 165, 168
Harriss, 33, 51, 144-146
Hart, 60, 63, 131, 134
Harvie, 18
Harwood, 19
Hasler, 129
Hatch, 5
Hatchell, 45, 143
Hatcher, 25, 106-107, 113
Hatchett, 144
Hathaway, 85, 87
Hatten, 111
Hauling, 109
Havender, 121, 123
Havenner, 121
Haves, 1
Havnner, 123
Haw, 8

Hawan, 82
Hawes, 81
Hawkins, 128, 137, 144, 152, 163, 166, 172
Hawthorn, 145, 147
Hawthorne, 147
Hay, 11
Haydon, 87-88
Hayne, 60
Haynes, 63, 69-70,
Haynie, 86, 88
Hayunes, 122
Hazall, 23
Hazard, 86
Hazelgrove, 5
Hazlewood, 57
Headly, 87
Headrick, 96
Heater, 116, 124
Heath, 79
Heaton, 105-106, 116, 124
Heburn, 94
Hedgepeth, 53
Hedgpeth, 53
Hedrick, 23
Heffelfinger, 32
Helm, 107
Hempstone, 123, 125
Henderson, 2, 61, 89, 122, 141, 163
Hendrick, 4
Henegar, 100
Henly, 15, 22, 58, 66
Henshaw, 70, 153, 157, 163, 166
Hensly, 30
Henson, 130, 133, 139
Hepburn, 152
Herndon, 153
Herrell, 102
Herriford, 30
Herring, 141
Hesser, 104-105
Hester, 130, 134, 136
Hevner, 35, 38-40
Hewlett, 1
Hibbs, 103
Hickinson, 141

Hicklan, 91
Hicklin, 37, 40, 42
Hickman, 115, 117, 132
Hicks, 16, 25, 27, 109, 112, 145, 159, 173
Hidy, 40
Higgason, 7, 140
Higgins, 11
Higgon, 119
Higgs, 27, 30
Hilgoe, 113
Hill, 10, 13, 18, 21, 26, 30-31, 46, 49, 53, 66-67, 80, 82-83, 86, 91, 105, 139-140, 157, 159, 161, 165, 168
Hilliard, 22
Hillyard, 77, 80
Hilton, 147
Hilyard, 64
Hinchey, 128
Hiner, 35, 37, 40-41
Hines, 8, 43, 127, 148
Hinton 86, 88, 90
Hirst, 106-107
Hite, 37, 148
Hiten, 131
Hiter, 127
Hites, 127
Hix, 37-38
Hixon, 109
Hobbs, 91, 94-95, 97, 100
Hobson, 19
Hockaday, 55
Hodge, 35
Hodges, 170, 174
Hodgess, 171
Hodson, 110
Hoffman, 9, 41, 163, 165-166, 168
Hogan, 78
Hogeland, 107, 112
Hoggad, 140
Hogue, 107, 109
Holaday, 127
Holaway, 133
Holladay, 44
Holland, 44-46, 49-54, 134
Hollandsworth, 28-29, 33

Hollaway, 43-44, 48, 51
Holler, 29
Holliman, 47, 49
Hollins, 10-11, 140
Holloway, 2, 45
Holly, 26, 116
Holman, 15
Holmes, 4, 106-108
Holt, 32, 45, 52, 82, 88
Holtzclaw, 120
Homes, 149
Honcke, 159
Hood, 110, 164
Hoomes, 73
Hooper, 10, 21, 77, 132
Hope, 127-128, 135, 141
Hopkins, 4, 23, 138-139
Hopper, 27
Horcke, 159
Hord, 73-74
Horn, 84
Horner, 14
Horton, 93, 95
Hoskins, 18, 62, 67, 98-99
Hottkins, 49
Houchins, 126, 137
Hough, 113, 118, 123
Houghman, 104, 123
Houk, 40
Houland, 71
Houlsclagh, 163
Houndshell, 99
House, 70, 113
Householder, 116-117
Housen, 122
Houser, 122
Hously, 96
Houston, 69
Howan, 82
Howard, 63, 97-98
Howbette, 171
Howell, 11, 52, 66, 105
Howers, 122
Howerton, 68
Hubbard, 58, 90, 97-98
Huchins, 78

Hucksteap, 10
Huckster, 10
Huckston, 10
Hudgins, 60, 169-174
Hudson, 73, 150, 156, 168
Huff, 94
Huffman, 157-158, 160, 163
Hugart, 26
Hugast, 26
Hughes, 8, 12, 95, 172, 174
Hughlett, 90
Hughs, 107-108
Hughson, 127, 133-134, 140
Hulce, 21
Hull, 35-36, 42, 44-45
Hume, 157, 162, 165, 168
Hummer, 121
Humphrey, 103, 135, 140
Humphry, 104-105, 12
Humphrys, 74
Humsner, 121
Hundley, 16, 18, 27, 29, 61-63, 68, 82, 132
Hundly, 28, 32
Hunley, 162, 172-173
Hunnicutt, 47
Hunt, 160
Hunter, 28, 72, 132
Hunton, 158, 163
Hurd, 28
Hurst, 105, 173
Hurt, 151, 155-156, 164-166
Hutchason, 67, 69
Hutcherson, 159-160, 167
Hutchings, 90
Hutchinson, 14, 22, 82, 84, 11-, 120, 132
Hutchison, 110-112
Hutsell, 92
Hyden, 97, 100
Ichis, 74
Inge, 146-147
Ingram, 87-90, 146
Inscoe, 72-73
Iracete, 72
Irby, 4, 20, 144

Isbell, 127-128
Ish, 110, 121
Itson, 112
Jack, 40
Jackson, 2, 7, 40, 66, 81, 97, 123, 125, 127-128, 141, 143, 147, 159, 167
Jacob, 21
Jacobs, 104-105
Jamaica, 44
James, 2, 6, 41, 57, 59, 85, 101, 104-105, 110, 113, 118, 125, 145, 171
Janney, 106-107, 125
Janny, 106-107
Jarrell, 160, 162
Jarrett, 30
Jarvis, 18, 172
Jayne, 94, 101
Jefferson, 85, 148, 152
Jeffreys, 149
Jeffries, 19, 62-64, 67-68
Jenkins, 8, 11, 46, 48, 50, 74-75, 161-14, 166-167
Jennings, 14, 18, 20, 126, 130, 135, 149, 151
Jerge, 152
Jesse, 88, 96, 101
Jessee, 101
Jeter, 75, 150-152
Jett, 71, 74
Jimmerson, 26
Jinkins, 23, 104, 111, 113, 121, 123
Johns, 35, 41, 56, 143, 156
Johnson, 5, 7, 10-12, 19, 22, 44-47, 50-54, 71, 74, 76-79, 82, 88, 103, 107, 111, 115, 119, 123, 126, 130-136, 138-139, 141, 147
Johnston, 26, 93, 96
Joice, 31-32
Joiner, 44, 54
Jolliff, 46
Jolly, 103
Jonas, 7
Jones, 2-3, 6, 8-10, 12, 15, 22, 24, 26, 28-30, 32-33, 35, 37-39, 43, 45, 47-49, 52, 55, 57-59, 64-66, 68, 71-76, 80, 82, 86-87, 89, 94, 98, 100, 107-108, 118, 121-122, 128, 132, 134-137, 139, 143-44, 147-148, 153, 158-160, 162, 170-173
Jordan, 1, 43-44, 45, 47, 54-55, 146, 149
Jordon, 9-10, 19, 40
Joseph, 93
Joyner, 46
Justis, 144
Kalb, 115
Kaoll, 21
Kasco, 19
Kaufman, 60-61
Kay, 69
Ke__n, 87
Kean, 159
Kearn, 116-117
Keeble, 172
Keen, 109, 121, 130
Keeper, 131
Keese, 173
Keeton, 151-152
Keister, 41
Kelly, 11, 85, 93-94, 147
Kemp, 66, 117
Kemper, 165
Kendrick, 108
Kenne, 87
Kennedy, 6, 159
Kenner, 86-88
Kennon, 127, 129, 134
Kensey, 4
Kensor, 87
Kent, 12, 19, 126
Kepler, 21
Kesear, 139
Key, 48, 69
Keys, 72
Kidd, 62
Kilburn, 93-94
Kilby, 161, 164
Kilgoe, 113
Killroy, 124
Kimball, 51
Kimbrough, 2, 8, 130, 137

Kinan, 170
Kincheloe, 103
Kinde, 71
Kindell, 112
Kiner, 159
King, 4, 11, 14, 23, 26-27, 29, 31, 73, 77-79, 81-82, 105, 140
Kingfield, 26
Kinkead, 35, 37, 41-42
Kinney, 136, 140
Kinny, 40
Kinser, 100
Kinzy, 163
Kirby, 12, 55
Kirk, 88, 90, 97
Kirkerson, 157
Kirkham, 90
Kirkit, 113
Kirsted, 170
Kirtley, 158, 162, 168
Kitchen, 52
Kligh, 160
Knight, 55, 149-150
Knighton, 134
Koger, 92
Koonts, 41
Korb, 2
Kummer, 121
Kyrine, 78
Kzrine, 78
Lacock, 107-108, 119
Lacrae, 5
Lacy, 28, 139, 159, 167
Ladd, 20, 24
Lafever, 122-123
Laffoon, 147-148
Laman, 161
Lamb, 36
Lambert, 3, 91 92, 124, 146
Lamkin, 30
Lancaster, 162
Land, 5, 27
Landers, 122-123
Landreth, 93
Landrum, 134
Lane, 120, 172-173

Lang, 102
Langden, 6
Langest, 63, 67-69
Langford, 50, 138
Langston, 82
Lano, 27
Lants, 40
Largent, 63
Largest, 69
Larmer, 91
Larmore, 97
Lasly, 138
Lassiter, 128
Latimer, 47
Latimore, 49, 55
Lauck, 103
Laugham, 65
Lauries, 18
Lavender, 28
Law, 16-17, 25
Lawdon, 21
Lawrence, 16, 24-25, 28, 30, 51-52, 104, 127
Lawson, 60, 63, 86, 89, 92-93
Layne, 37
Lea, 135
Leach, 40
Leadbetter, 3
Leake, 15, 26, 30, 129, 138
Leathers, 167
Ledbetter, 7
Lee, 21, 26, 61, 72, 74-75, 83, 87-88, 90, 111, 146, 152, 165
Lefaver, 128
Leftwich, 18, 83
Legg, 93, 95
Leis, 161
Leitch, 161
Leland, 85-87, 89
Lemons, 27
Leslie, 113, 117
Lester, 26, 50-52, 150
Levissy, 92
Lewis, 27, 30, 45, 61, 73, 77, 80, 110-111, 121, 136, 146, 163, 170, 172

Life, 40
Light, 83
Lightfoot, 44, 168
Lightner, 34, 36
Ligner, 4
Lignes, 4
Ligon, 10
Likkey, 108
Likky, 105
Lillard, 164, 166-167
Lilly, 174
Lindsay, 21, 57-58, 131, 136, 164
Lindsey, 158
Lipscomb, 10, 77-79, 82, 84, 127, 137, 150, 168
Lipscombe, 8
Little, 47-48
Littlepage, 78, 83
Littleton, 102-103, 123
Litton, 93, 96
Littrell, 98
Lock, 98
Locke, 89, 147
Locker, 130, 138
Lockhart, 92
Lockridge, 35, 41
Lodge, 105
Loffland, 21
Lomax, 73
Long, 35, 100, 102, 119, 137, 140, 153
Longan, 128
Longest, 67-68
Longworth, 87
Louck, 103
Louckett, 102
Love, 113-114, 145, 151, 172
Lovel, 26, 168
Lovett, 105
Loving, 68-69
Low, 53, 89, 92
Lowe, 110
Lowenstein, 23
Lowry, 1-2, 4-7, 138
Loy, 125
Loyall, 133-134

Loyd, 91-92, 96, 141, 159-160
Lucallus Hospital, 102
Lucas, 72, 96
Lucious, 112
Luck, 5, 52, 120, 128-129
Luckett, 109, 111, 117, 127
Luckey, 38
Lucus, 94
Luddon, 168
Lude, 22
Ludy, 98
Lugnot, 22
Lukhard, 77
Lumpkin, 8, 14, 61, 64, 68-70, 80, 172
Lumpkins, 6, 62
Lumsden, 128
Lunsden, 7
Lunsford, 86, 88
Lyne, 19, 68
Lynes, 122
Lynham, 21
Lynn, 110
Lyon, 122
Mabes, 30
Mac, 9
Machem, 170
Macon, 18
Maddux, 144
Madison, 11, 82, 88, 165-166
Magahe, 124
Mage, 144
Mager, 79
Magith, 103-104
Mahan, 155
Mahlon, 68
Mahon, 32, 68
Mahone, 58, 80
Mainous, 95
Mairn, 122
Majors, 30
Malcomb, 37, 40
Mallery, 6
Mallony, 1, 8
Mallory, 1, 5, 8, 13, 23
Malloy, 4, 13, 137, 139

Malone, 18, 153
Mankins, 120, 122
Manly, 57
Mann, 7, 28-29, 65, 68, 115-116, 118
Manning, 49, 58, 114
Mansfield, 131, 136
Manson, 147
Mantto, 11-12
Marable, 145, 151
Marchant, 172
Marders, 72-73
Mardus, 72
Mark, 72
Marks, 162
Marlow, 116
Marmaduke, 72
Marquiss, 159
Marshal, 41
Marshall, 26, 31, 49, 60-61, 72, 74, 81, 101, 107, 148, 151, 162
Marston, 57-58
Martin, 1, 11-12, 16, 21, 28-29, 55, 58, 69, 79, 82, 96, 98, 100
Masden, 86, 88
Mash, 97
Mashan, 111
Mashi, 169
Maslow, 132
Masoh, 169
Mason, 3, 10, 23, 31, 72, 76, 135, 140
Mass, 112
Massey, 73
Massie, 3, 65-66, 128, 137
Massy, 165
Matheny, 34
Mathew, 120
Mathews, 1, 31, 49, 54, 110, 119, 125, 132, 171 172
Matlock, 97
Mattert, 20
Matthews, 1, 22, 147
Maukins, 120
Maupin, 130
Mauzy, 40
Maxwell, 15

May, 34, 134, 143, 145, 162, 164
Maynard, 7
Mayo, 23
Mayse, 27
Mayton, 144
McAfee, 99
Mcalister, 151
McAlister, 151, 162, 167
McAllister, 45
McCarty, 75, 103, 112, 114, 123
McCerune, 151
McClanahan, 71-72, 76
McClancy, 92
McClenny, 48, 54
McClung, 40
McComber, 122
McConnell, 15
McCoud, 161
McCoull, 19
McCoy, 40
McCray, 107
McDaniel, 30, 71, 73, 106, 114
McDougal, 12
McDowell, 4, 7-8
McElroy, 92
Mcfarland, 120
McGee, 8, 11
McGehee, 130, 133-134, 136, 144
McGeigh, 109
McGeorge, 79, 82, 84
McGinniss, 73
McGlofflin, 37
McGruder, 22
McGuire, 75
McIlhany, 114
McIntire, 160
McKemmy, 124
McKenney, 71
McKenny, 58, 89
McKenzie, 8, 19, 23
McKinny, 94
McLeonard, 69
McMullen, 107
McNulty, 36-37
McPhearson, 98, 123
McPope, 50

McRae, 21
McTombin, 12
McViegh, 112
Meacham, 170
Mead, 107, 119
Meaddous, 26
Meade, 133
Meadows, 143
Meeks, 27, 136
Meltear, 54
Melton, 5, 12-14, 1127, 137
Merchant, 173
Merchants, 114
Meredith, 3, 64, 66, 78, 140-141
Michaels, 21
Michie, 131, 136, 138
Middleton, 111
Miffleton, 71-72, 75
Milbourn, 96
Milbourne, 92
Milby, 43, 62, 66, 70
Miler, 170
Miles, 27, 82, 112, 117
Miliham, 100
Mill, 77
Millborn, 108
Miller, 5, 8, 38, 41, 97-98, 118-119, 157, 160, 162-164, 170-171, 173-174
Mills, 5, 10, 12, 27, 29, 31-32, 80, 92, 122, 133, 136
Milstead, 121
Mimford, 46, 48, 52
Miner, 75
Mingo, 54
Mink, 100
Minor, 9, 57, 67-68, 75, 78, 83, 118, 125-26, 39, 170
Minos, 55, 57, 125-126
Minson, 20
Minter, 16-17, 25, 31-32, 95, 169, 171, 173
Minyard, 44
Misen, 81
Miskell, 121
Mitchel, 26-27, 29-31
Mitchell, 7, 62, 84, 86-90, 135, 163

Mock, 113, 114, 117-118
Moffitt, 111, 119, 123
Mohan, 155
Monagne, 88
Monaham, 93
Monat, 104
Monday, 110, 119
Money, 124
Monk, 72
Montfort, 50
Montgomery, 1
Montieth, 75
Moody, 6, 47, 51
Mooly, 99
Moor, 27, 32
Moore, 22, 55, 61, 80, 82, 87, 93, 99, 104, 106, 108-110, 116, 144, 148-149, 156
Moran, 122
Mordecai, 15
Morecock, 58
Morgan, 84, 97, 99, 123, 147, 172-174
Morison, 33
Morris, 9, 14, 21, 27, 31, 55, 62, 91, 106, 134, 136-138, 140, 172
Morrison, 17, 55, 82-83, 106, 114-117, 124 131
Morriss, 31, 49, 54, 57-58, 74, 162
Morton, 30, 97
Mosby, 4, 13, 174
Moss, 120, 130, 138
Motley, 65, 69
Moughan, 170
Mount, 103-104
Mourtin, 35
Moxley, 120
Moyers, 35, 96
Muire, 61, 64, 66
Mullen, 124
Mullinix, 36, 38-39
Mullins, 30
Muncy, 97, 99, 101
Munday, 69, 79-80
Murphy, 45, 52, 55, 131, 36
Murra, 43

Murrey, 102
Murry, 153, 158, 161
Muse, 69, 121
Myers, 119, 123
Naley, 111
Nance, 30, 32
Napier, 28, 31, 96
Nash, 90
Neal, 121, 156
Neale, 77
Neane, 114
Near, 116, 118
Neat, 113
Neblett, 146
Nelms, 53-54
Nelson, 1-2, 4, 9, 20, 81, 131, 133, 135-136, 138, 146
Neuce, 79
Newbery, 92
Newbill, 64
Newby, 48, 52
Newcomb, 64, 66
Newcum, 150
Newlon, 102-104
Newman, 5, 39, 45, 96, 137, 163
Newstep, 57
Newton, 123
Nicewaner, 115
Nicewarner, 124
Nichol, 162
Nicholas, 13, 35, 38-40
Nichols, 104-109, 113-114, 161, 163
Nicholson, 81, 161-162, 166
Nicken, 87, 90
Nixon, 108-109, 116
Noble, 103
Noe, 96, 99
Noel, 1, 68, 84, 137
Noland, 5, 114
Norman, 27, 32, 65
Norment, 4, 8, 30, 81
Norris, 85-87, 90
Norsworthy, 43, 49
Norwell, 98
Notling, 3
Nowlin, 16

Nublett, 148
Nuckolds, 129, 132-133, 139
Nuckolls, 3, 5-6, 15, 22
Nun, 28
Nunn, 28, 32, 64-65, 68, 83, 126, 135
Nutt, 88
O'Banion, 111
O'Brian, 120
Oakes, 42
Oakly, 2, 31
Oaks, 99
Ococran, 105
Oden, 111
Odle, 27, 31
Offett, 121
Ogburn, 145
Ogden, 113
Ogg, 132
Olile, 72
Olinger, 95
Olive, 73
Oliver, 61-62, 87, 97, 145
Oneal, 106
Oneille, 167
Orgain, 147
Orr, 96, 98
Orsborn, 113
Orsborne, 105, 112
Orsborne, 112
Osborn, 103-104
Osborne, 92-93, 105
Oster, 171
Otey, 10, 19
Outland, 52
Outlin, 54
Overby, 145-146, 148
Overfield, 105
Overton, 9, 12, 138, 155
Owen, 170, 173
Owens, 50, 68, 72-73, 76, 169
Owns, 72
Oxford, 92
Oxley, 118
Pace, 26, 29-30, 90
Page, 2, 8

Painter, 118
Palmeer, 105
Palmer, 104, 111, 122-123
Pancost, 104, 106
Pankey, 30
Pardblem, 65
Parish, 144, 147
Parkenson, 4, 53
Parker, 11, 44, 52, 60, 69, 71
Parkerson, 48-49
Parkins, 74
Parr, 46-47, 49, 53
Parris, 140
Parrish, 5, 134, 136, 139, 148
Parrott, 100-101, 131, 173
Parsley, 10
Parsly, 11
Parson, 114, 118, 128
Parsons, 11, 16, 93-96, 101, 128, 133, 141
Pasley, 22
Passon, 114, 118
Passons, 16
Pasteur, 44
Pate, 12, 94, 128
Paterson, 146
Patman, 5, 7
Patrick, 44
Patterson, 14, 32, 80
Paxson, 114, 118-119
Payne, 11, 27, 33, 74, 87, 89, 130, 139, 161
Peace, 10, 144, 147-148
Peacock, 113, 121
Pead, 147, 174
Pearce, 19-20, 44-45, 49, 52, 54, 63, 145, 147
Pearson, 16, 19, 141, 151
Peatch, 108
Peay, 16
Peck, 38-39, 50, 105
Pecks, 13
Pedigo, 26
Pedin, 43
Peed, 71, 73
Peirce, 57, 88, 90

Peirpoint, 113-114
Peligh, 169
Pemberton, 41, 63, 73, 78-79
Pendergrass, 97
Pendleton, 3, 63, 65, 67, 93, 127, 129, 133, 135, 137
Penington, 95
Pennington, 95-97
Peragoy, 157
Perdue, 31
Perkins, 2-4, 6-7, 14, 30, 129, 131-133, 35, 137, 139, 147
Perrin, 4, 8
Perry, 123, 126, 149, 166
Persons, 54
Pettus, 126, 152
Petty, 145
Petus, 129
Peyton, 14, 23-24
Philips, 70, 137, 146
Phillips, 1, 28, 49, 72, 118
Philpot, 26, 28-29
Pickett, 20
Picot, 18
Pierce, 58, 130
Piggot, 112
Piggott, 55-59, 104, 106-107
Pilcher, 24, 82
Piles, 111
Pillsberry, 65
Pinden, 50
Pinder, 50
Pinforn, 44
Pinner, 50
Pirm, 86
Pirne, 89
Piteker, 111
Pitman, 50, 87, 90
Pitt, 44-45, 50
Pitts, 48, 69, 74, 80
Pizzini, 15
Plast__, 104
Plastic, 102
Pleasants, 4, 20-21, 130
Poe, 19
Poers, 123

Poindexter, 126, 130, 134, 137-138
Pointer, 70
Poitiany, 8
Poland, 110
Pollard, 2-4, 9, 20, 63, 65, 69, 72, 78-80, 82-84, 150
Polly, 53
Polter, 120
Ponton, 144
Pool, 121, 149, 171
Pope, 165
Porter, 74, 119, 127, 135, 140
Porterfield, 115
Post, 57
Postin, 105
Poston, 110
Poteet, 97, 101
Pottie, 130
Potts, 72-73, 76, 112-113, 124
Poultney, 149
Poulton, 123
Pouton, 144
Powel, 46
Powell, 13, 50-51, 53, 77, 81, 83, 103-104, 109, 132-133, 160
Powers, 6, 15, 77, 79, 82, 84, 138
Pratt, 32, 75, 158, 173
Pratte, 171
Prentiss, 14
Presgrave, 111
Presgraves, 120-121
Presler, 50
Presman, 98
Presson, 47, 53
Price, 6, 9, 27, 30-32, 44, 67, 72, 74, 124, 151, 159
Priddy, 2, 13, 22
Prince, 60, 67, 82, 103, 124
Pritchet, 33
Propst, 38
Prost, 166
Pruett, 66
Pryor, 21
Puck, 52-53
Puffenbarger, 39
Pugh, 105, 172

Puliam, 27, 32
Puller, 81, 83
Pulley, 149
Pulliam, 2, 4
Pullin, 37, 39-42
Purcell, 64
Purden, 51
Purdy, 25
Purington, 152
Purrington, 132
Pursell, 86, 106, 112-113
Pursly, 88
Purvis, 50-51
Puryear, 3, 15
Pusey, 119
Putman, 7
Pyncs, 70
Pyrtle, 28-29
Quarles, 82-84, 126, 137
Quisenberry, 74-76
Racer, 160, 167
Radford, 63
Ragland, 1, 136
Ragsdale, 145, 148
Rainey, 145
Rains, 90
Raintree, 13
Raley, 102
Rally, 53
Ralston, 41
Ramey, 119
Ramsey, 18
Ramy, 26
Randell, 75
Randolph, 21
Ransbotton, 166
Ransone, 87, 170
Ranzley, 30
Rash, 143-144, 148
Rataway, 111
Ratcliff, 22
Rawlings, 92, 137
Rawls, 51
Rayford, 53
Razor, 94
Read, 23, 66, 83

Reamy, 30, 73
Reany, 72
Recter, 122
Red, 23, 33, 112
Redd, 1, 22, 29, 32, 60, 77, 144
Redman, 72, 149
Reed, 37, 97, 113, 124, 165
Reeder, 102
Reese, 19, 95, 114, 117, 144, 147, 173
Reeve, 15
Reid, 31, 159
Reins, 14
Renalds, 164
Rench, 52
Rennic, 22
Reser, 162
Respass, 172
Retherford, 97
Revais, 121
Reviere, 61
Rexrode, 35-36, 38-39
Reynolds, 16, 43-44, 129-131, 139, 159, 162, 164
Rhodes, 54, 104, 112, 119
Rice, 2, 79, 82-83, 88, 114, 119, 129
Richards, 64, 67, 103, 109, 160-161
Richardson, 12, 16, 25-26, 55, 57, 82, 128, 133, 139, 150, 171-172
Richerson, 61
Richmond, 94
Ricks, 48
Riddle, 131
Rider, 34, 83, 158, 160
Riding, 74
Ridings, 100
Ridwell, 118
Riggen, 47
Rileigh, 21
Rimer, 39
Rinne, 111
Riodon, 136
Ripley, 55
Ritchie, 115
Roab, 151
Roach, 74-75, 82, 114

Roane, 65-66, 77, 80
Robbins, 88, 95
Roberson, 75
Roberts, 21, 48, 51-53, 60, 81, 83, 85, 93, 127, 137, 160
Robertson, 61, 89, 137, 144, 147, 151
Robinett, 92
Robins, 79
Robinson, 4, 10, 15, 21, 23-24, 64, 66, 78-80, 86, 88-89, 97, 99-100, 122, 126, 132
Robson, 166
Roch, 3
Rodgers, 160
Rofson, 157
Rogers, 58, 71, 78, 88, 99, 105, 107-110, 144
Roller, 92-93, 116
Rollins, 72, 74-75, 103, 119, 123
Rollison, 74
Rolls, 157
Rolston, 121
Ronley, 73
Roper, 19
Ropley, 170
Ropp, 24, 115
Rose, 50, 65, 74, 162, 165
Rosnick, 92
Ross, 29, 50, 103
Rossell, 103
Rosson, 157, 163, 167
Roulett, 71
Roulette, 72
Rouse, 67, 158-159, 161
Rouseau, 110
Route, 90
Rowe, 67, 80, 83, 89
Rowell, 109
Rowland, 98
Rowlett, 156
Rowzee, 159
Rowzie, 5
Roy, 19, 62, 65, 171
Royster, 7
Rucker, 162

Ruckman, 35
Rucks, 155
Ruder, 102
Ruffin, 9
Ruffner, 126
Ruleman, 40
Run, 102
Ruse, 114, 117
Rush, 58, 162, 164, 167
Rusk, 111
Russell, 92, 96-97, 113, 118, 123, 145, 151
Rust, 117, 123
Rutherford, 9, 22, 91
Rutherfort, 156
Rutledge, 150, 156
Ryall, 13
Ryals, 71
Ryan, 133
Ryland, 15, 67, 70, 81, 149
Saag, 78
Saay, 78
Sacrae, 2, 5-6
Sadler, 171
Saffes, 111
Sagal, 119
Sage, 91, 96
Sale, 66-67, 69, 79, 81
Sales, 71
Salmons, 27-29
Salter, 57
Sammons, 70
Samples, 38
Sampson, 48
Sams, 32
Samuel, 69, 79
Sanbower, 115
Sander, 40
Sanders, 23, 88-89, 109, 119-120, 122-124
Sanderson, 139
Sands, 107
Sanner, 132
Sarden, 51
Saterwhite, 137
Satifield, 149

Satterfield, 27
Satterwhite, 15
Sattonfield, 31
Saunders, 4, 7, 23, 48, 51, 54, 58, 63, 68, 90, 135, 140, 150, 170
Savage, 18
Savedge, 48
Sayers, 98
Scales, 30-31
Schermerhorn, 18
Schofield, 90
Schooley, 118-119, 124
Schoolfield, 30
Schools, 68-70
Schroffe, 161
Scoggin, 148
Scot, 158, 166
Scott, 49, 67, 72, 74, 82, 97, 149, 159
Scrange, 73
Scrivner, 73
Scruggs, 138, 146
Scully, 20
Scutchins, 45
Seal, 158, 166
Seargeant, 130, 138-139
Seaton, 24, 103, 113
Seay, 5-6, 29, 31, 137, 142, 144
Sebastian, 75
Sebree, 87-88, 90
Seddons, 133
Sedgwick, 18
Segar, 69
Segg, 94
Seggs, 95
Self, 71
Selus, 74
Sephenson, 110
Sercy, 168
Seron, 1
Settle, 110
Sexton, 121
Seybert, 38-39
Shackford, 70
Shackleford, 66, 70, 87
Shackleton, 155

Shacleford, 26
Shaddock, 134
Shafer, 115
Shamblin, 102, 104-106, 112, 119
Shane, 111
Shanklin, 72
Sharp, 7, 37, 96, 127
Sharpe, 20, 128, 132-133, 141
Shaver, 37, 40
Shawen, 119
Shay, 85, 87
Shearman, 89
Sheffield, 27
Shelburn, 151
Shelby, 45
Shelly, 45, 54
Shelton, 3, 9, 31, 66, 100, 131, 139-141, 155
Shepard, 173
Shepherd, 43, 46, 93, 165
Sheppard, 13, 15, 24, 104
Shepperson, 12
Shields, 23
Shiflet, 139
Shineberry, 38
Shipman, 111
Shipp, 159
Shirley, 168
Shirtlicea, 170
Shisler, 134
Shivers, 45-46
Shoemaker, 98, 107, 114, 117
Shoemate, 26-29
Short, 48, 99, 115
Shorts, 112
Shotwell, 167
Shreves, 124
Shrevis, 117, 120
Shrivers, 119
Shryock, 122
Shumate, 120
Sibley, 10
Sikes, 115
Silcott, 104, 106, 109
Simmonds, 85-86
Simmons, 38-40, 171-172

Simms, 6, 14, 120, 161, 164, 167
Simpkin, 68
Simpson, 108, 110, 62, 167
Sims, 35, 65, 97, 100-101, 127-129, 135, 137, 139
Sinclair, 124
Singers, 135
Singleton, 31, 170
Sinton, 23
Siron, 41
Sirow, 41
Sisk, 164
Sith, 119, 124
Sithe, 101
Sitlington, 38, 42
Sively, 65
Sizer, 22, 83
Skelton, 67-68
Skinner, 110, 121, 148, 159-160
Slack, 112
Sladen, 33
Slater, 58, 117
Slaughter, 4, 10, 78-79, 83, 166
Slaven, 36
Sledd, 9, 21
Sleet, 174
Slemp, 95
Slimp, 93-94
Smallridge, 35
Smart, 123, 171
Smith, 3, 6, 8-10, 13, 20-22, 26, 29, 31, 35, 40-41, 44, 62, 64-65, 67, 69, 74, 78, 80, 82, 89, 90, 92, 96-97, 107-109, 111, 114-116, 118, 120, 126-128, 130-133, 140, 142, 145-146, 149-153, 158-159, 61, 163-164, 166-168, 73-174
Smither, 68
Smithson, 145, 147, 150-151
Smoot, 14, 161, 165
Smythe, 93
Snead, 7-8, 147-148
Sneal, 89
Sneed, 143
Snelson, 133
Snider, 38, 96, 100, 122

Snodgrass, 100
Snow, 138
Snyder, 39, 153
Soath, 62
Sockly, 60
Solomon, 121
Somers, 111
Sorrell, 88
Southall, 19, 54
Southard, 69, 164
Southgate, 69
Souttice, 167
Sowder, 116
Sowell, 101
Spain, 151
Spangler, 100
Sparkes, 167
Sparks, 158, 160, 164-165, 168
Speaks, 100, 116
Spencer, 31, 55, 61, 63, 65-66, 95, 149
Spicer, 1, 5, 129, 133
Spilers, 79
Spillman, 74, 108
Spilman, 88-89
Spindle, 6
Spiners, 172
Spinks, 124
Spivey, 52-53
Spotts, 23
Spraggins, 58
Spratley, 51
Spriggs, 85, 89
Spring, 123
Sprinkle, 91, 96, 159, 162
Sproul, 91
Sproule, 91
St. Clair, 23
St. Jno, 144
St. John, 144
Stagg, 51
Stallings, 47
Staly, 4
Stane, 21
Stanley, 2, 29
Stanly, 7

Stapler, 72
Staples, 23, 31, 71-72, 149, 156
Stapleton, 92
Stapus, 71
Starke, 4, 79
Stas, 118-119
Staten, 116
Stattions, 124
Steakes, 172
Stedam, 94
Steel, 157
Stegall, 26
Steis, 118
Stephens, 46, 51, 81, 86
Stephenson, 36-39, 48, 53, 112
Stergil, 93
Sterling, 32
Stern, 149
Stevenson, 157
Steward, 11, 127
Stewart, 15, 37, 40-42, 95, 145-146, 169
Stickley, 91
Stiff, 61
Stockdell, 153
Stocks, 113, 117
Stocton, 26
Stokes, 68, 75, 143, 145, 149, 152, 156
Stone, 2-4, 21, 27-31, 62-65, 113-114, 117, 143, 152
Stoneburrows, 117
Stonesaffer, 160
Stonestreet, 120
Storrs, 22
Story, 164, 166
Stott, 45, 86
Stout, 92, 127
Stovall, 30
Stover, 167
Strand, 46, 54
Strat, 147
Stratler, 116
Stratton, 30
Stream, 116
Street, 12, 149

Streil, 70
Streit, 70
Strickler, 164
Stringfellow, 104
Stringfield, 46
Strong, 2, 6, 128, 137
Strongfield, 45
Strother, 72, 159
Stuart, 21, 72-73, 76, 83
Stubblefield, 96
Stubbs, 62
Stuck, 116-117
Stutenberger, 115
Stutts, 25-27
Sublett, 19
Sulivan, 86
Sullivan, 86, 112
Summers, 88, 120
Susong, 98
Suth, 102
Suthard, 158
Suttin, 81
Suttle, 73
Suttles, 73, 96
Sutton, 9, 15, 65
Swadley, 36
Swan, 157, 165
Swanks, 117
Swann, 125
Swarts, 110
Sweat, 82
Swecker, 38
Sweeney, 20
Sweet, 83
Swerts, 110
Swift, 6, 128, 140
Sword, 65, 92
Sybert, 92
Sydner, 12
Syne, 19
Syston, 10
Tabb, 15, 23, 171, 173-174
Tabot, 27
Taff, 90
Taliaferio, 22
Taliaferro, 5, 64, 75, 79, 81, 84, 165

Talip, 160
Talley, 2-3, 8, 11, 18, 88, 85-86, 126, 131-132, 136
Tally, 8, 12, 21, 87, 127, 129, 131, 135
Tanner, 47, 58, 157, 160-161, 163-164
Tapscott, 86, 90
Tarrant, 80
Tarver, 28
Tary, 1
Tate, 107, 128-129
Tatum, 19, 160, 165
Tavenner, 103-104, 106-108, 112
Tayloe, 74
Taylor, 2, 4, 6, 20-21, 23, 30-31, 45, 51, 57-57, 60-61, 67, 72-75, 78, 89, 91, 95, 97, 101, 106-107, 111, 122, 143, 146-147, 157, 162-163
Teasbloom, 73
Tebbs, 77, 121
Teel, 28
Teller, 3, 28
Temple, 77
Tennent, 73
Tenny, 25
Terrell, 1-3, 5-6, 23, 128, 130, 134, 168
Terrier, 174
Terry, 5, 39, 79, 83, 135, 167
Thacker, 5, 129
Tharp, 92
Thomas, 4, 8, 14, 16-17, 29, 44-45, 48, 57, 72, 86, 90, 100, 103-105, 112, 125, 131, 133, 139, 161, 164-165, 167-170, 173
Thomasson, 15, 28-29, 126-127, 132-133
Thompson, 1-2, 6, 14, 71, 73, 94, 96, 98-100, 106, 108, 112-113, 123, 125, 129-130, 132, 134-135, 139, 143, 145, 148, 150, 160
Thornhill, 167
Thornton, 77
Thrift, 123, 161
Throgmorton, 19, 104, 152

Thurston, 60-62, 66
Tiffey, 76
Tigner, 81
Tillage, 58
Tillett, 109, 123
Timberlake, 8, 19, 81, 129, 134, 140, 142
Tinsley, 1, 7-9, 13-14, 23, 159-160
Tinsly, 30
Tippett, 158
Tipplet, 121
Tisdale, 137, 143, 145, 149, 151
Titus, 117, 124
Todd, 43, 65-66
Toler, 22
Tomkies, 4
Tomlin, 10, 53-54, 81-82
Tomlinson, 10, 146
Tompkins, 77, 81, 83
Tompson, 79
Toombs, 66, 82
Towles, 86-87
Towns, 26
Townsend, 34, 37, 151, 155
Tracey, 105
Trainen, 5
Trainer, 36
Trainham, 130
Trammell, 124
Trant, 80
Travis, 94
Treacle, 72, 90
Treakle, 87, 89
Trent, 19, 31-33
Trett, 94
Trevilian, 132
Trevillian, 4
Trewt, 27
Trible, 64
Trice, 70, 129-130, 134, 136-137
Trigger, 73, 75
Trimble, 37-38
Trimmer, 10, 79
Triplett, 108, 119
Trotter, 32
Troyman, 160, 165, 168

Truisdale, 81
Truman, 18
Trusell, 112
Tubb, 102
Tuck, 80-83
Tucker, 11-12, 19, 21, 65, 145, 149, 157, 159, 165
Tude, 21-22
Tulloh, 129
Tunstall, 24, 61
Tunstill, 149
Tuppence, 60, 66
Turner, 1-2, 10-12, 20-21, 26-28, 30, 32, 44-53, 62, 73, 75, 78, 82, 84, 126, 128, 138-141, 147-148, 168, 170
Turpin, 19, 80
Tush, 32
Twopence, 84
Tyler, 1, 9-11, 13, 23, 101, 111, 120, 138
Tynes, 44, 46-47, 51, 55
Tyree, 9-10, 19
Tyston, 10
Underwood, 49, 52-53
Updike, 105
Urquhart, 49-50
Utley, 5
Utz, 157-162, 164, 166-167
Vaiden, 58
Vail, 45
Valentine, 54, 83
Valmes, 49, 51
Vance, 42
Vandementer, 21
Vandevender, 39
Vandeventer, 101
Vanlew, 19
Vanness, 71, 86
Vansickle, 108
Varner, 38
Vasteurs, 44
Vaughan, 2, 18, 149
Vaughen, 2-3
Vaughn, 46, 49, 51-53, 64, 83
Veal, 121-122

Vendeventer, 114
Venibal, 95
Vent, 41
Vernon, 30, 159
Vesst, 135
Vest, 2-3, 129, 132
Via, 10-11, 24
Vias, 79, 82
Vickers, 115, 119
Vincell, 116
Vinn, 89
Virts, 109, 117-120, 124
Vius, 82
Vollmes, 48
Voss, 21
Waddell, 55
Waddey, 85
Waddle, 10
Waddy, 85, 134, 137
Wade, 3, 10, 13, 15, 19, 21, 29, 31, 34, 36, 94, 108, 122
Wador, 72
Waggoner, 38, 40
Waid, 12
Wail, 44
Walden, 63-65
Waldrep, 4
Waldrop, 3, 14
Waldrope, 127, 129, 133, 140
Walker, 26- 28, 58, 66-67, 69, 72, 79, 82, 84-85, 97, 103-104, 110, 119-120, 126, 128, 137-138, 148, 151, 153, 161, 165, 168
Walkerson, 44
Wallace, 55, 57, 72, 74-75, 151, 155, 162
Wallen, 93
Waller, 27, 32
Wallis, 93
Walter, 122, 26, 129, 141
Walters, 166
Walton, 22, 60, 62, 64, 132-133, 137, 141-142
Warburton, 55
Ward, 43, 45, 58, 88, 94, 128, 151
Ware, 19, 61, 137

Wariner, 20
Waring, 19, 80
Warner, 114, 119, 155
Warren, 27, 57-58, 98, 101, 159
Wartman, 123
Warwick, 88-90
Wash, 3-4, 6, 131, 141
Washington, 49, 60, 71, 73, 76, 113, 115
Wastman, 123
Waters, 78, 118
Wathington, 60
Wathman, 115
Watkins, 18, 21, 27, 31-33, 46, 52-53, 61, 67-68, 89, 135-136, 138-139, 150
Watson, 16, 27, 75-76, 138, 150, 152-154, 155-156
Watt, 11
Watters, 166
Wattman, 115, 117
Watts, 88, 150
Waybright, 40
Wayland, 158, 161, 163
Wayman, 165
Waymer, 165
Wayne, 21
Weakley, 161, 164, 166
Wear, 116, 118
Weatherford, 150
Weaver, 74, 153, 157-158, 165
Webb, 50, 83, 87, 14-, 144
Wedderbum, 64
Weeks, 111
Welch, 103, 168
Welks, 111
Wells, 27, 29, 31, 93-95
Welsh, 72
Wert, 75
Wesly, 119
Wessels, 89
West, 10, 20, 29, 50-51, 87
Westin, 169
Westman, 122
Weston, 172-173
Wetherall, 164

Wever, 158
Weymouth, 55
Whaley, 120
Wharton, 131
Whayne, 60
Wheeler, 136, 138
Whichello, 14
Whillow, 28
Whitaker, 58, 104, 106
White, 4-6, 8, 10-11, 38, 47-49, 52, 54, 68, 71, 77-78, 81, 83, 107-108, 113-114, 116, 124, 127, 129-130, 134, 141, 143-144, 149-150, 169-174
Whitecotton, 39
Whitehead, 43-45, 49
Whitelow, 153
Whitfield, 50, 54
Whitley, 51, 54
Whitlock, 78, 83, 126-127, 129-130
Whitly, 44, 48, 50, 62
Whitman, 125
Whitmore, 124
Whitney, 44
Whitt, 95
Wicewaner, 115
Wicker, 11-12, 81
Wickes, 11-12
Wickham, 9, 14
Wickoff, 111
Wigal, 101
Wiggonton, 124
Wilamer, 120
Wilcher, 4
Wilder, 89
Wildman, 109
Wiley, 37, 47
Wilfong, 35
Wilhoit, 164
Wilkerson, 45, 73-74, 109, 183
Wilkinson, 129, 132, 138, 141, 148
Wilks, 32, 144
Willeford, 46
Willeroy, 77-78
William, 93
Williams, 15, 17, 19, 27, 38, 61-64, 66-67, 79, 85, 87, 108, 117-118, 124, 132, 138-139, 147-150, 155-156170, 172-174
Williamson, 13, 149
Willis, 13, 93-94, 99, 159
Wills, 44, 50
Wilson, 27, 29-30, 32, 37-41, 44, 49, 54-55, 58, 67-68, 91, 94, 106, 110, 112, 120, 122, 149-150, 152
Wiltshire, 3
Wily, 103
Wimbaugh, 124
Wimer, 39
Wince, 124
Wincel, 115-116
Winder, 169, 72
Winekoop, 108, 125
Wines, 118
Wingfield, 3-5, 7-9, 25
Winkfield, 74
Winkler, 23
Winn, 7-8, 143, 148-149, 152, 155
Winner, 115-116
Winston, 1-2, 5, 9, 18, 126-127, 134, 137, 139
Wirts, 109
Wise, 37, 64, 117
Wiseman, 98
Wisker, 11
Withers, 163
Woddy, 89
Wolfenbarger, 100
Wolford, 116
Woliver, 97
Womble, 44, 47, 51, 53-55
Wood, 4, 10, 90, 119, 132, 144, 151, 155
Woodard, 97, 166
Woodfin, 21
Woodley, 49
Woodman, 136
Woods, 36, 151
Woodson, 3, 5-6, 22, 98, 143, 156
Woodward, 22
Woody, 11-12, 28, 83
Woolfolk, 130, 132
Woollard, 80

Wooton, 150, 152
Wootton, 26
Worly, 92
Wormley, 80
Wormly, 81
Wornell, 103
Worrell, 74
Worthington, 112
Wotchall, 47
Wren, 22
Wrenn, 45, 120, 151
Wright, 3, 12, 42, 46, 49-50, 63-64, 67-68, 70, 114, 117-118, 135, 139
Wyat, 51
Wyatt, 4, 10, 25-27, 60, 62-63, 83, 174
Wynn, 94, 96, 98, 100
Wyrick, 99
Yager, 115, 157-158, 161
Yarbrough, 8, 20, 156
Yarington, 62
Yates, 57, 150
Yeager, 37
Yearmans, 6
Yeary, 95, 97
Yeomans, 5-6
Yerby, 87, 89
Young, 15, 55, 62, 91, 94, 107-108, 142, 156
Yowell, 153, 159, 161, 163-164, 166-167
Zion, 95-96

Other books by the author:

1890 Union Veterans Census: Special Enumeration Schedules Enumerating Union Veterans and Widows of the Civil War. Missouri Counties: Bollinger, Butler, Cape Girardeau, Carter, Dunklin, Iron, Madison, Mississippi, New Madrid, Oregon, Pemiscot, Petty, Reynolds, Ripley, St. Francois, St. Genevieve, Scott, Shannon, Stoddard, Washington, and Wayne

Alabama 1850 Agricultural and Manufacturing Census: Volume 1 for Dale, Dallas, Dekalb, Fayette, Franklin, Greene, Hancock, and Henry Counties

Alabama 1850 Agricultural and Manufacturing Census: Volume 2 for Jackson, Jefferson, Lawrence, Limestone, Lowndes, Macon, Madison, and Marengo Counties

Alabama 1860 Agricultural and Manufacturing Census: Volume 1 for Dekalb, Fayette, Franklin, Greene, Henry, Jackson, Jefferson, Lawrence, Lauderdale, and Limestone Counties

Alabama 1860 Agricultural and Manufacturing Census: Volume 2 for Lowndes, Madison, Marengo, Marion, Marshall, Macon, Mobile, Montgomery, Monroe, and Morgan Counties

Delaware 1850-1860 Agricultural Census, Volume 1

Delaware 1870-1880 Agricultural Census, Volume 2

Delaware Mortality Schedules, 1850-1880; Delaware Insanity Schedule, 1880 Only

Dunklin County, Missouri Marriage Records: Volume 1, 1903-1916

Dunklin County, Missouri Marriage Records: Volume 2, 1916-1927

Florida 1860 Agricultural Census

Georgia 1860 Agricultural Census: Volume 1 Comprises the Counties of Appling, Baker, Baldwin, Banks, Berrien, Bibb, Brooks, Bryan, Bullock, Burke, Butts, Calhoun, Camden, Campbell, Carroll, Cass, Catoosa, Chatham, Charlton, Chattahooche, Chattooga, and Cherokee

Georgia 1860 Agricultural Census: Volume 2 Comprises the Counties of Clark, Clay, Clayton, Clinch, Cobb, Colquitt, Coffee, Columbia, Cowota, Crawford, Dade, Dawson, Decatur, Dekalb, Dooly, Dougherty, Early, Echols, Effingham, Elbert, Emanuel, Fannin, and Fayette

Kentucky 1850 Agricultural Census for Letcher, Lewis, Lincoln, Livingston, Logan, McCracken, Madison, Marion, Marshall, Mason, Meade, Mercer, Monroe, Montgomery, Morgan, Muhlenburg, and Nelson Counties

Kentucky 1860 Agricultural Census: Volume 1 for Floyd, Franklin, Fulton, Gallatin, Garrard, Grant, Graves, Grayson, Green, Greenup, Hancock, Hardin, and Harlin Counties

Kentucky 1860 Agricultural Census: Volume 2 for Harrison, Hart, Henderson, Henry, Hickman, Hopkins, Jackson, Jefferson, Jessamine, Johnson, Morgan, Muhlenburg, Nelson, and Nicholas Counties

Kentucky 1860 Agricultural Census: Volume 3 for Kenton, Knox, Larue, Laurel, Lawrence, Letcher, Lewis, Lincoln, Livingston, Logan, Lyon, and Madison

Kentucky 1860 Agricultural Census: Volume 4 for Mason, Marion, Magoffin, McCracken, McLean, Marshall, Meade, Mercer, Metcalfe, Monroe and Montgomery Counties

Louisiana 1860 Agricultural Census: Volume 1 Covers Parishes: Ascension, Assumption, Avoyelles, East Baton Rouge, West Baton Rouge, Boosier, Caddo, Calcasieu, Caldwell, Carroll, Catahoula, Clairborne, Concordia, Desoto, East Feliciana, West Feliciana, Franklin, Iberville, Jackson, Jefferson, Lafayette, Lafourche, Livingston, and Madison

Louisiana 1860 Agricultural Census: Volume 2

Maryland 1860 Agricultural Census: Volume 1

Maryland 1860 Agricultural Census: Volume 2

Mississippi 1860 Agricultural Census: Volume 1 Comprises the Following Counties: Lowndes, Madison, Marion, Marshall, Monroe, Neshoba, Newton, Noxubee, Oktibbeha, Panola, Perry, Pike, and Pontotoc

Mississippi 1860 Agricultural Census: Volume 2 Comprises the Following Counties: Rankin, Scott, Simpson, Smith, Tallahatchie, Tippah, Tishomingo, Tunica, Warren, Wayne, Winston, Yalobusha, and Yazoo

Montgomery County, Tennessee 1850 Agricultural Census

New Madrid County, Missouri Marriage Records, 1899-1924

Pemiscot County, Missouri Marriage Records, January 26, 1898 to September 20, 1912: Volume 1

Pemiscot County, Missouri Marriage Records, November 1, 1911 to December 6, 1922: Volume 2

South Carolina 1860 Agricultural Census: Volume 1

South Carolina 1860 Agricultural Census: Volume 2

South Carolina 1860 Agricultural Census: Volume 3

Tennessee 1850 Agricultural Census for Robertson, Rutherford, Scott, Sevier, Shelby and Smith Counties: Volume 2

Tennessee 1860 Agricultural Census: Volume 1

Tennessee 1860 Agricultural Census: Volume 2

Texas 1850 Agricultural Census, Volume 1: Anderson through Hunt Counties

Texas 1850 Agricultural Census, Volume 2: Jackson through Williamson Counties

Virginia 1850 Agricultural Census, Volume 1

Virginia 1850 Agricultural Census, Volume 2

Virginia 1860 Agricultural Census, Volume 1

Virginia 1860 Agricultural Census, Volume 2

www.ingramcontent.com/pod-product-compliance
Lightning Source LLC
Chambersburg PA
CBHW080431230426
43662CB00015B/2246